裁判例から読み解く
自治体の債権管理

【著】
青田悟朗
【監修】
前川拓郎
（弁護士）

第一法規

はしがき

　自治体債権管理に関しては，東京弁護士会，大阪弁護士会をはじめとする各種解説書が出版されるようになり，債権管理に取り組む自治体職員にとって喜ばしいことであり，実務面でもより進んできたことを実感します。

　筆者として債権管理に関する研修会で説明する度に，時効に限らず，沢山の裁判例が出されていることに気付き，裁判例を分析することは実務上にも十分に資するとの思いから，また，自治体債権管理に特化した判例集は類書がみられないことから，この度，このような裁判集を出させていただくことにした次第です。

　本書では最高裁の判例を中心とすることは，もちろん，下級審レベルでも理由が分かりやすく，実務に資すると思われる点から取り上げることにしました。

　下級審レベルの裁判例は，同様の事案であっても，今後，反対の結論，違った理由になるであろうことは想像に難くないことですが，現時点で有効と思われるものは取り上げました。

　まず，判決理由の中心となる部分の抜き出しを行い，できるだけ解説を付けました。

　行政実例についても取り上げ，参考文献についても裁判例の論評はもちろん，判決理由について該当する箇所を広く取り上げ，読者の利便に資するよう参照条文を付けました。

　さらには，拙著の「自治体のための債権回収Q＆A現場からの質問【改訂版】」（第一法規，2015年）の該当部分を付けることによって，より効果的に理解できるようにしました。

　裁判例は，できるだけ，中心となる理由を抜書きしましたが，本書に挙げた部分を絶対視することなく，読者の皆さんも疑問を感じたら原文を当たって適切なものかどうか検証していただきたいところです。

　今後，さらに充実させるよう，新たな裁判例を加え，より分かりやすい説明に心がけたいと思います。

　本書の監修に当たっては，Q＆Aでも監修していただいた大阪弁護士会の前川拓郎弁護士にお願いしたところ，快くお引き受けいただき，詳細に

ご指導いただいたことを感謝いたします。

　Q＆A同様，第一法規株式会社編集第二部の梅牧文彦さんには，目次，索引を含め大変ご苦労をおかけしましたことを改めて感謝申し上げます。

　最後に，読者の皆さんには次の文章を噛みしめていただきたいと思います。

　「法規を適用し，結論へと進んでいく論理の運びについてであるが，これは，部外者には比較的アプローチしやすい対象である。私たちは，公開されている判決のなかに記された事実のデータを利用して私たちなりに考えていくことができるが，しかし，裁判官は自らが心証を形成するさいに用いた事実すべてをさらけだすわけではないようなので，事実に迫る，ということはほんとうは私たちには不可能かもしれない。(中略)結論として，判決は，正・不正，適当・不適当，是・非の観点から見て，つねに相対的な価値しかもちえない（柴田光蔵「タテマエの法ホンネの法」日本評論社，2002年，45頁)」

平成28年3月

青田　悟朗

凡　例

1．本書の構成
　・各判例、裁判例の冒頭では，本文又は判決要旨を抜粋して掲載しています。
　・原則項目として取り上げた判例，裁判例ごとに「解説」を記載し、必要に応じて「実務上のポイント」「行政実例」「参考通知」「参考文献」「参照条文」（抄録）を掲載しています。

　・「自治体のための債権回収Q&A　現場からの質問【改訂版】」（第一法規、2015年）に関連するQ&Aが掲載されている場合は、該当の質問番号を記載しています。
　　　　例：○債権回収Q&A☞8参照

2．法令
　・法令の引用表記は、正式法令名のほか以下の略語を用いています。
　　自治法・・・・・・・地方自治法
　　自治令・・・・・・・地方自治法施行令

3．判例
　〔判例引用例〕
　　最大判昭和45年7月15日民集24巻7号771頁　⇒　昭和45年7月15日最高裁判所大法廷判決最高裁判所民事判例集24巻7号771頁
　　最一小判平成10年9月10日集民189号819頁　⇒　最高裁判所第一小法廷判決最高裁判所裁判集民事189号819頁

　〔主要判例略語〕
　　　最大判　　　　最高裁判所大法廷判決
　　　最○小判　　　最高裁判所第○小法廷判決
　　　○○高判　　　○○高等裁判所判決
　　　○○地判　　　○○地方裁判所判決

○○地○○支判　　　○○地方裁判所△△支部判決

　※判例情報データベース『D1-Law.com 判例体系』（有料）に収録されているものは，判例書誌情報の末尾に判例 ID を掲載しました。

4．判例集略語
　　民集　　最高裁判所民事判例集
　　集民　　最高裁判所裁判集民事
　　刑集　　最高裁判所刑事判例集
　　判時　　判例時報
　　判タ　　判例タイムズ
　　判自　　判例地方自治
　　行集　　行政事件裁判例集

5．本書で取り上げた法令は，主に平成 28 年 4 月 1 日公布日現在の内容を基に記述しています。

目次

1 債権の性質

1 水道料金の性質1
　（大阪地判昭和42年11月30日判時514号70頁（27201268））‥ 1
2 水道料金の性質2
　（大阪高判昭和44年9月29日判時599号35頁（27201269）・藤田宙靖・
　地方自治判例百選〔別冊ジュリスト71〕1981年，154頁）‥‥‥ 2
3 水道料金の性質3
　（東京高判平成13年5月22日（28100339），最二小決平成15年10月
　10日判例集未登載（28100340））‥‥‥‥‥‥‥‥‥‥‥‥‥‥ 4
4 住宅使用料の性質1
　（大阪地判昭和34年9月18日下級民集10巻9号1916頁）‥‥‥ 6
5 住宅使用料の性質2
　（名古屋地判昭和41年6月18日判時471号23頁（27661199））‥ 7
6 住宅使用料の性質3
　（名古屋地判昭和42年3月15日判時479号19頁（27460731））‥ 8
7 住宅使用料の性質4
　（大阪高判昭和45年1月29日判タ249号157頁（21032181））‥ 10
8 住宅使用料の性質5
　（松江地判昭和45年2月9日下級民集21巻1・2号275頁
　（27403462））‥‥‥‥‥‥‥‥‥‥‥‥‥‥‥‥‥‥‥‥‥‥ 11
9 住宅使用料の性質6
　（東京地判昭和57年5月19日判時1062号110頁（27460903））‥ 12
10 住宅使用料の性質7
　（最一小判昭和59年12月13日民集38巻12号1411頁（27000001））

		································ 13
11	公営住宅法の入居決定は行政処分である	
	（大阪地決昭和 49 年 12 月 10 日判時 770 号 76 頁（27818130））	·· 16
12	市営住宅入居者への収入超過認定及び付加使用料納付通知は，私法上の意思表示である	
	（名古屋地判昭和 41 年 6 月 18 日判時 471 号 23 頁（27661199））	·· 17
13	公立病院診療債権の性質	
	（最二小判平成 17 年 11 月 21 日民集 59 巻 9 号 2611 頁（28102401））	18
14	地方公務員の日直手当請求権	
	（最一小判昭和 41 年 12 月 8 日民集 20 巻 10 号 2059 頁（27001135）） ································	21
15	補助金の支給の性質 1	
	（大阪高判昭和 54 年 7 月 30 日行裁例集 30 巻 7 号 1352 頁（27603762）） ································	23
16	補助金の支給の性質 2	
	（大阪高判平成 18 年 11 月 8 日裁判所ウェブサイト掲載（28152454）） ································	24
17	条例による乳幼児医療費助成の処分性	
	（名古屋地判平成 16 年 9 月 9 日判タ 1196 号 50 頁（28092873）） ··	25
18	障害者自立支援法 29 条による支払決定は行政処分ではない	
	（東京高判平成 26 年 1 月 16 日裁判所ウェブサイト掲載（28230173）） ································	27
19	労働者災害補償保険法による労災就学援護費の決定は行政処分である	
	（最一小判平成 15 年 9 月 4 日集民 210 号 385 頁（28082411）） ····	29
20	借地権確認土地引渡請求事件	
	（東京高判昭和 44 年 3 月 27 日高裁民集 22 巻 1 号 181 頁（27200785）） ································	31
21	生活保護費返還金の性質	
	（仙台地判平成 17 年 6 月 30 日裁判所ウェブサイト掲載（28131527）） ································	33

22	商法の時効と不当利得	
	（最二小判平成3年4月26日集民162号769頁（27809113））‥‥	38
23	下水道使用料の性質	
	（東京地判平成23年12月9日判例集未登載）‥‥‥‥‥‥‥	39
24	第三者行為損害賠償請求権の性質	
	（最一小判平成10年9月10日集民189号887頁（28032716））‥	43
25	弁済供託の性質	
	（最大判昭和45年7月15日民集24巻7号771頁（27000711））‥	44
26	自動車損害賠償保障法に基づく塡補金請求権	
	（大阪高判平成16年5月11日交通事故民事裁判例集37巻3号573頁（28091692））‥‥‥‥‥‥‥‥‥‥‥‥‥‥‥‥‥‥‥‥‥‥	46
27	廃棄物処理手数料は自治法227条の手数料である	
	（金沢地判昭和41年1月28日判時439号107頁（27602982））‥	49
28	大学と学生の在学関係	
	（最二小判平成18年11月27日民集60巻9号3597頁（28112531））‥‥‥‥‥‥‥‥‥‥‥‥‥‥‥‥‥‥‥‥‥‥‥‥‥‥‥‥	51
29	水道料金の減免は行政処分に当たる	
	（奈良地判平成15年11月12日判自271号56頁（28110112））‥‥	51
30	立替金支払請求権（求償権）には短期消滅時効は適用されない	
	（東京地判平成19年3月28日判例集未登載）‥‥‥‥‥‥‥‥	53
31	ホテルディナーショー代金債権の時効	
	（東京地判平成11年9月29日判タ1086号147頁（28071052））‥	54
32	民法724条の短期消滅時効の趣旨	
	（最三小判昭和49年12月17日民集28巻10号2059頁（27000401））	56
33	利息制限法を超えた利息の不当利得返還請求権は，商行為による場合でも，10年の消滅時効になる	
	（最一小判昭和55年1月24日民集34巻1号61頁（27000185））	57
34	マンション管理費の時効は民法169条に該当する	
	（最二小判平成16年4月23日民集58巻4号959頁（28091161））	58
35	ＮＨＫ受信料の消滅時効期間	
	（最二小判平成26年9月5日判時2240号60頁（28223724））‥‥	58

2 時効

1 時効完成後に納税義務を承認しても効力はない
（行裁一部判大正 7 年 6 月 3 日法律新聞 1426 号 23 頁）.......... 60

2 時効の援用は裁判外でもなし得る
（大判昭和 10 年 12 月 24 日民集 14 巻 2096 頁（27500768））...... 61

3 時効援用権の喪失
（最大判昭和 41 年 4 月 20 日民集 20 巻 4 号 702 頁（27001201）).. 61

4 誤信させたことによる時効援用権の喪失
（東京地判平成 7 年 7 月 26 日金融・商事判例 1011 号 38 頁
（28020377））.. 64

5 時効完成後の債務につき一部弁済の有効性
（宇都宮簡判平成 24 年 10 月 15 日金融法務事情 1968 号 122 頁
（28210966））.. 65

6 債務承認後の時効進行
（最一小判昭和 45 年 5 月 21 日民集 24 巻 5 号 393 頁（27000727）） 66

7 時効完成した債権の相殺
（最一小判昭和 39 年 2 月 20 日集民 72 号 223 頁（27402406））.... 68

8 相殺適状の要件
（最一小判平成 25 年 2 月 28 日民集 67 巻 2 号 343 頁（28210715）） 70

9 相殺の撤回をしても時効中断は生じる
（最二小判昭和 35 年 12 月 23 日民集 14 巻 14 号 3166 頁（21014111））
.... 71

10 時効による債権消滅の効果
（最二小判昭和 61 年 3 月 17 日民集 40 巻 2 号 420 頁（27100036）） 71

11 第三者弁済は債務者承認の下で時効中断する
（東京地判昭和 59 年 11 月 28 日判タ 553 号 195 頁（27443055）).. 73

12 債権者は時効援用できない
（大判大正 8 年 7 月 4 日大審院民録 25 輯 1215 頁（27522883）） .. 75

13 催告を繰り返しても時効中断されない
（大判大正 8 年 6 月 30 日大審院民録 25 輯 1200 頁（27522881）).. 75

14 催告 6 か月以内の承認は時効中断する

	（大阪高判平成 18 年 5 月 30 日判タ 1229 号 264 頁（28130508））	77
15	国税徴収権の消滅時効の中断と民法 153 条の準用の有無	
	（最一小判昭和 43 年 6 月 27 日民集 22 巻 6 号 1379 頁（21028281））	78
16	主債務の時効が 10 年に延長された場合の保証債務の時効	
	（最一小判昭和 43 年 10 月 17 日集民 92 号 601 頁（27403243））	79
17	時効 10 年延長後の差押えによる時効期間	
	（東京地判平成 12 年 7 月 7 日金融・商事判例 1123 号 59 頁（28061805））	81
18	10 年延長後の弁済による消滅時効期間	
	（大阪地判平成 10 年 9 月 24 日金融法務事情 1534 号 72 頁（28040161））	82
19	主債務者の破産と保証人の時効援用	
	（最三小判平成 11 年 11 月 9 日民集 53 巻 8 号 1403 頁（28042623））	83
20	破産と法人の債務	
	（最二小判平成 15 年 3 月 14 日民集 57 巻 3 号 286 頁（28080937））	85
21	他人の債務のために自己の所有物件に抵当権を設定した者は，右債務の消滅時効を援用することができる	
	（最一小判昭和 43 年 9 月 26 日民集 22 巻 9 号 2002 頁（27000918））	88
22	保証人は主たる債務の時効を主張して保証債務の消滅を主張できる	
	（最一小判昭和 45 年 6 月 18 日民集 24 巻 6 号 544 頁（27000718））	89
23	保証人のした債務の承認は主債務者に対する時効中断の事由にならない	
	（大判昭和 5 年 9 月 17 日法律新聞 3184 号 9 頁（27540166））	90
24	1 人の時効の援用は他の者に及ぶことはない	
	（大判大正 6 年 8 月 22 日民録 25 輯 1095 頁）	90
25	保証人の 1 人に対する債務免除は他の保証人に及ばない	
	（最二小判昭和 43 年 11 月 15 日民集 22 巻 12 号 2649 頁（27000893））	91
26	破産手続において保証人が債権者に弁済した場合，求償権は時効中断する	
	（最一小判平成 7 年 3 月 23 日民集 49 巻 3 号 984 頁（27826861））	92

27	保証人が主債務を相続した場合は保証債務の弁済であっても主債務の承認になる	
	（最二小判平成 25 年 9 月 13 日民集 67 巻 6 号 1356 頁（28212942））	93
28	保証人は保証債務を完全に支払った後，主債務の時効の援用はできない	
	（名古屋高判平成 21 年 7 月 16 日裁判所ウェブサイト掲載（28153305））	93
29	一部納付による時効中断 1	
	（大判昭和 16 年 2 月 28 日法律学説判例評論全集 30 巻民法 84 頁（27825243））	94
30	一部納付による時効中断 2	
	（最一小判昭和 36 年 8 月 31 日民集 15 巻 7 号 2027 頁（27002262））	94
31	一部納付による時効中断 3	
	（東京地判平成 17 年 2 月 18 日判例集未登載）	95
32	利息の支払いは時効中断の効力ある債務の承認である	
	（大判昭和 3 年 3 月 24 日法律新聞 2873 号 13 頁（27550926））	96
33	期限の利益喪失条項のある契約につき消滅時効の起算点	
	（最二小判昭和 42 年 6 月 23 日民集 21 巻 6 号 1492 頁（27001066））	96
34	執行に着手して差し押えるべき物がなくても時効中断を生ずる	
	（大判大正 15 年 3 月 25 日大審院民集 5 巻 214 頁（27510769））	98
35	滞納処分と時効中断の効力	
	（名古屋地判昭和 42 年 1 月 31 日訟務月報 13 巻 4 号 490 頁（21025092））	98
36	動産執行による時効中断の効力	
	（最三小判昭和 59 年 4 月 24 日民集 38 巻 6 号 687 頁（27000018））	99
37	未成年者の債務承認	
	（大判昭和 13 年 2 月 4 日大審院民集 17 巻 87 頁（27500351））	100
38	遅延損害金の時効	
	（大判大正 8 年 10 月 29 日大審院民録 25 輯 1854 頁（27522926））	102
39	利息の時効 1	
	（大判大正 6 年 8 月 22 日大審院民録 23 輯 1293 頁（27522477））	102

40 利息の時効2

(大判昭和12年12月17日大審院裁例集11巻民311頁（27545530）)
.... 103

41 あらかじめ相殺の意思表示を要しないとした約定書は承認に該当しない

(東京高判平成8年4月23日判時1567号100頁（28010818）) ‥ 103

42 仮差押えと時効中断の効力

(最三小判平成10年11月24日民集52巻8号1737頁（28033352）)
.... 104

43 税の減額と介護保険料の減額

(大阪高判平成23年8月30日判例集未登載（28212056）) 105

3 債権管理の手法

1 滞納処分ができる債権は裁判所による徴収手段は使えない

(最大判昭和41年2月23日民集20巻2号320頁（21022862）) ‥ 108

2 差し押さえるべき財産がないときは時効中断のために訴訟が認められる

(岡山地判昭和41年5月19日行裁例集17巻5号549頁（21023601）)
.... 109

3 債権管理に関する自治体の裁量

(最二小判平成16年4月23日民集58巻4号892頁（28091160）) 111

4 履行延期特約に延納利息を付さない条件は違法

(京都地判昭和61年4月10日判時1213号74頁（27803730）) ‥ 112

5 自治法236条2項の意味

(最三小判平成19年2月6日民集61巻1号122頁（28130401）) 115

6 国のする私債権の納入告知による時効中断

(最二小判昭和53年3月17日民集32巻2号240頁（27000251）) 116

7 告知は最初のものに限り時効中断する

(福岡高判昭和32年7月31日訟務月報3巻7号43頁（27440330）)
.... 120

8	督促状の発付及び差押え時期は訓示規定である	
	(徳島地判昭和 30 年 12 月 27 日行裁例集 6 巻 12 号 2887 頁（27601340）)	121
9	督促の法的効果	
	(東京地判平成 25 年 6 月 25 日判例地方自治 373 号 91 頁（28213555）)	122
10	税における督促は行政処分である	
	(山口地判昭和 51 年 11 月 11 日訟務月報 22 巻 12 号 2887 頁（21056061）)	125
11	充当は行政処分であり，督促は滞納処分の前提である	
	(最二小判平成 5 年 10 月 8 日集民 170 号 1 頁（22006661）)	126
12	督促状を発付せず督促手数料を徴収したことは違法である	
	(行裁判昭和 7 年 6 月 21 日行政録 43 輯 545 頁)	130
13	増額更正された場合の延滞税の発生	
	(最二小判平成 26 年 12 月 12 日判時 2254 号 18 頁（28224911）)	131
14	保証人の責任の範囲 1	
	(広島地福山支判平成 20 年 2 月 21 日裁判所ウェブサイト掲載)	132
15	保証人の責任の範囲 2	
	(東京地判平成 24 年 7 月 18 日判例地方自治 374 号 90 頁（28213817）)	134
16	保証人の責任の範囲 3	
	(東京高判平成 25 年 4 月 24 日判時 2198 号 67 頁（28213816）)	135
17	保証人の責任の範囲 4	
	(最一小判平成 9 年 11 月 13 日集民 186 号 105 頁（28030098）)	137
18	保証人の責任の範囲 5	
	(和歌山地田辺支判平成 9 年 11 月 25 日判時 1656 号 129 頁（28033090）)	139
19	公営住宅明渡の要件	
	(大阪地判昭和 34 年 9 月 8 日下級民集 10 巻 9 号 1916 頁（27401545）)	140

20 国民健康保険法5条の「住所を有する者」の判断要素
　（最二小判平成16年1月15日民集58巻1号226頁（28090332））　142
21 日常家事債務の範囲1
　（札幌地判昭和32年9月18日下級民集8巻9号1722頁（27401179））
　　　　　　　　　　　　　　　　　　　　　　　　　　　　　　145
22 日常家事債務の範囲2
　（最一小判昭和44年12月18日民集23巻12号2476頁（27000753））
　　　　　　　　　　　　　　　　　　　　　　　　　　　　　　146
23 日常家事債務の範囲3
　（札幌高判平成22年11月5日判時2101号61頁（28170517））　‥147
24 給水停止の適法性1
　（岡山地判昭和44年5月29日判時568号39頁（27603242））‥‥148
25 給水停止の適法性2
　（神戸地判平成11年1月28日判例地方自治191号52頁（28042648））
　　　　　　　　　　　　　　　　　　　　　　　　　　　　　　149
26 交付要求の性質
　（大阪地判平成24年2月17日裁判所ウェブサイト掲載（28206498））
　　　　　　　　　　　　　　　　　　　　　　　　　　　　　　152
27 差押禁止財産と預金口座
　（最三小判平成10年2月10日金融法務事情1535号64頁
　（28040133））　‥‥‥‥‥‥‥‥‥‥‥‥‥‥‥‥‥‥‥‥‥154
28 児童手当の差押え
　（広島高松江支判平成25年11月27日判例地方自治387号25頁
　（28220186））‥‥‥‥‥‥‥‥‥‥‥‥‥‥‥‥‥‥‥‥‥‥155
29 債権差押における差押債権の特定
　（最三小決平成23年9月23日民集65巻6号2710頁，ジュリスト
　1470号73頁）‥‥‥‥‥‥‥‥‥‥‥‥‥‥‥‥‥‥‥‥‥‥159
30 不服申立てに関する議会への諮問1
　（大阪地判平成20年10月1日判例地方自治322号43頁（28153752））
　　　　　　　　　　　　　　　　　　　　　　　　　　　　　　160
31 不服申立てに関する議会への諮問2

	（東京地判平成 24 年 7 月 24 日判例集未登載）.................	161
32	教示を怠った場合の審査請求期間の進行	
	（最一小判昭和 48 年 6 月 21 日集民 109 号 403 頁（27670703）） ..	163
33	生命保険解約返戻金の取立請求	
	（最一小判平成 11 年 9 月 9 日民集 53 巻 7 号 1173 頁（28042084））	165
34	借用書に記載したみなし送達の有効性	
	（東京地判平成 17 年 9 月 26 日判時 1934 号 61 頁（28101840））..	166
35	免責債権につき支払合意することは無効	
	（横浜地判昭和 63 年 2 月 29 日判タ 674 号 227 頁（27802558）） ..	167
36	差押財産の解除の要否	
	（東京高判平成 26 年 3 月 18 日判例集未登載）.................	168
37	執行停止による免除は更正処分及び加算税賦課決定も消滅する	
	（東京地判平成 23 年 1 月 21 日税務訴訟資料（250 号〜）261 号 11596 順号（28220106））	170
38	相続による債務は分割債務である	
	（東京高判昭和 37 年 4 月 13 日判タ 142 号 74 頁（27450841））	173
39	「地方税の滞納処分の例」の範囲	
	（福岡高那覇支部判平成 23 年 7 月 7 日判タ 1376 号 153 頁（28181985））	173

4 住民監査，損害賠償を請求された事例

1	過料を科さないことは公金の賦課・徴収を怠る事実でない	
	（徳島地判平成 2 年 11 月 16 日判時 1398 号 57 頁（27809035）） ..	176
2	市民税の徴収権を時効消滅させたことによる怠る事実の認定	
	（浦和地判平成 12 年 4 月 24 日判例地方自治 210 号 35 頁（28060662））	177
3	遅延損害金徴収を怠ったことに対する損害賠償	
	（神戸地判平成 14 年 9 月 19 日判例地方自治 243 号 77 頁（28082697））	179
4	自動販売機占用料の損害賠償又は不当利得返還請求権	

（最二小判平成 16 年 4 月 23 日民集 58 巻 4 号 892 頁（28091160）） 179
5　損害賠償請求権に対する「怠る事実」の要件
　　　（最三小判平成 21 年 4 月 28 日集民 230 号 609 頁（28151363）） ·· 180
6　固定資産税滞納処分の裁量
　　　（津地判平成 17 年 2 月 24 日判タ 1217 号 224 頁（28100981）） ···· 181
7　不動産取得税延滞金徴収
　　　（名古屋高判平成 18 年 1 月 19 日裁判所ウェブサイト掲載（28110461））
　　　··· 185
8　特別土地保有税の滞納処分による職務上の義務
　　　（大阪高判平成 19 年 6 月 29 日判例地方自治 302 号 53 頁（28140861））
　　　··· 187
9　市税債権を督促，差押え等の時効中断措置をとらず時効完成したこ
　　との是非
　　　（水戸地判平成 19 年 8 月 8 日裁判所ウェブサイト掲載（28152662）） 188
10　特別土地保有税の時効消滅させたことによる損害賠償
　　　（高松高判平成 20 年 2 月 22 日裁判所ウェブサイト掲載（28152813））
　　　··· 190
11　特別土地保有税の事務引継懈怠に対する損害賠償
　　　（大阪高判平成 21 年 7 月 17 日「税」2010 年 3 月 52 頁） ········ 190
12　国保料の滞納処分を行わず分割納付誓約したことは違法ではない
　　　（大阪地判平成 20 年 6 月 27 日判例地方自治 317 号 67 頁（28151546））
　　　··· 191
13　保育料等不納欠損に対する損害賠償請求
　　　（京都地判平成 22 年 3 月 18 日裁判所ウェブサイト掲載（28160948））
　　　··· 191
14　債権管理条例の債権放棄に対する損害賠償請求
　　　（大阪高判平成 25 年 7 月 26 日判例集未登載（28212700）） ······ 192
15　未収債権の不納欠損に対する住民訴訟
　　　（福岡地判平成 26 年 1 月 30 日判例地方自治 384 号 27 頁（28223467））
　　　··· 194
16　催告後 6 月内に時効中断しなかったことの管理懈怠

　　　　（東京高判平成 13 年 2 月 22 日裁判所ウェブサイト掲載）‥‥‥‥ 195
17　債権放棄の議決の違法性
　　　　（最二小判平成 24 年 4 月 20 日集民 240 号 185 頁（28180879））‥ 196
18　生活保護法 78 条による返還金に対する損害賠償
　　　　（東京地判平成 25 年 2 月 28 日判例地方自治 375 号 71 頁（28220086））
　　　　‥‥‥‥‥‥‥‥‥‥‥‥‥‥‥‥‥‥‥‥‥‥‥‥‥‥‥‥‥ 197

5　情報共有，守秘義務

1　弁護士法 23 条の 2 の照会に応じて前科及び犯罪経歴を報告したことは公権力の違法な行使に当たる
　　　　（最三小判昭和 56 年 4 月 14 日民集 35 巻 3 号 620 頁（27000139）） 199
2　弁護士照会と税理士の守秘義務
　　　　（大阪高判平成 26 年 8 月 28 日判時 2243 号 35 頁（28230741））‥ 201
3　公営住宅法と地方税法の関係
　　　　（大阪高判昭和 45 年 1 月 29 日判タ 249 号 157 頁（21032181））‥ 202
4　公務員の守秘義務
　　　　（東京高判昭和 59 年 6 月 28 日判時 1121 号 26 頁（21080577））‥ 205
5　滞納処分としての差押処分取消，調査権の範囲
　　　　（大阪地判平成 26 年 1 月 23 日判例地方自治 392 号 52 頁（28231395））
　　　　‥‥‥‥‥‥‥‥‥‥‥‥‥‥‥‥‥‥‥‥‥‥‥‥‥‥‥‥‥ 205
6　公務員の守秘義務と利用関係
　　　　（東京地判平成 14 年 9 月 27 日税務訴訟資料（250 号～）252 号 9207
　　　　順号（28072753））‥‥‥‥‥‥‥‥‥‥‥‥‥‥‥‥‥‥‥‥‥ 209

6　その他

1　支払督促と議会の議決の関係
　　　　（最一小判昭和 59 年 5 月 31 日民集 38 巻 7 号 1021 頁（27000010））
　　　　‥‥‥‥‥‥‥‥‥‥‥‥‥‥‥‥‥‥‥‥‥‥‥‥‥‥‥‥‥ 211
2　訴訟等における議決の意義

(東京高判平成13年8月27日判時1764号56頁（28062349））‥ 214
3　和解の範囲
(岡山地判平成14年1月30日判例地方自治238号12頁（28071809））
.... 215
4　給与支払いの相殺
(最二小判昭和45年10月30日民集24巻11号1693頁（27000680））
.... 216
5　下水道使用料と損害賠償請求権との相殺
(大阪地判平成20年10月1日判例地方自治322号43頁（28153752））
.... 216
6　税の充当は行政処分に当たる
(最三小判平成6年4月9日集民172号363頁)................. 218
7　公営住宅の入居の地位は承継の対象とならない
(最一小判平成2年10月18日民集44巻7号1021頁（27807221））219
8　名義人に対する勝訴判決により同居家族を退去させることができる
(最二小判昭和28年4月24日民集7巻4号414頁（27003322））　221
9　迷惑行為に対する明渡請求
(大阪地判平成1年4月13日判タ704号227頁（27804759））‥‥ 222
10　不法占拠に対する損害賠償請求
(名古屋高判平成12年8月10日裁判所ウェブサイト掲載（28152056））
.... 222
11　明渡請求の際の近傍同種家賃による請求
(福岡高判平成16年7月21日裁判所ウェブサイト掲載（28092147））
.... 223
12　応能応益家賃導入の是非
(広島高判平成14年10月15日裁判所ウェブサイト掲載（28080360））
.... 224
13　路上喫煙防止条例に基づく過料処分
(東京高判平成6年6月26日判時2233号103頁（28222990））‥ 224
14　過料の範囲
(名古屋地判平成16年9月22日判例地方自治266号68頁

xvii

	（28092871））・・・	226
15	検査章の呈示	
	（最二小判昭和 27 年 3 月 28 日刑集 6 巻 3 号 546 頁（21004090））	228
16	課税後に登記簿の所有者が変更されても不当利得とはならない	
	（大阪地判昭和 51 年 8 月 10 日行裁例集 27 巻 8 号 1461 頁	
	（21055191））・・・	229
17	真実の所有者を知っていても登記簿上の課税は適法	
	（福岡地判昭和 56 年 4 月 23 日行裁例集 32 巻 4 号 616 頁（21073181））	
	・・	230
18	地方税法の課税免除と減免	
	（千葉地判平成 12 年 12 月 20 日判例地方自治 216 号 25 頁（28062097））	
	・・	231
19	審査申出，取消訴訟等を経ていない国家賠償請求の可否	
	（最一小判平成 22 年 6 月 3 日民集 64 巻 4 号 1010 頁（28161470））	232
20	地方税法の過納金還付は民法の不当利得の特則である	
	（広島地判昭和 56 年 6 月 9 日行裁例集 32 巻 6 号 889 頁（21073662））	
	・・	234
21	公示送達の要件 1	
	（東京地判昭和 44 年 3 月 5 日判時 558 号 45 頁（21029991））・・・・	235
22	公示送達の要件 2	
	（東京地判昭和 59 年 9 月 28 日税務訴訟資料（1 〜 249 号）139 号 662	
	頁（21080797））・・	236
23	免職処分の県公報への掲載は処分通知と同様の効果である	
	（最一小判平成 11 年 7 月 15 日集民 193 号 469 頁（28041261））・・	238
24	法令解釈を誤ったとして損害賠償を求めた事例	
	（最一小判昭和 49 年 12 月 12 日民集 28 巻 10 号 2028 頁（27000403））	
	・・	240
25	法令解釈が分かれるものにつき担当者の過失の有無	
	（最二小判平成 16 年 1 月 15 日民集 58 巻 1 号 226 頁（28090332））	240
26	租税法律関係における信義則の法理の適用	
	（最三小判昭和 62 年 10 月 30 日集民 152 号 93 頁（22002024））・・	242

27 地方税法 17 条の 6 第 3 項 3 号にいう決定,裁決又は判決があった場合の意義
(最三小判平成 27 年 5 月 26 日裁判所時報 1628 号 2 頁(28231826))
.... 243

28 施設分担金支払債務不存在確認請求事件
(最二小判平成 27 年 5 月 19 日判例地方自治 397 号 50 頁(28233029))
.... 245

索引 247
判例年次索引 250

1 債権の性質

1 水道料金の性質 1
（大阪地判昭和 42 年 11 月 30 日判時 514 号 70 頁（27201268））

「水道水の供給とその料金の支払いとは相互に対価的関係に立つものであつて，その点においては私法上の双務契約と性質を異にするところはなく，(中略) 水道法第 15 条第 1 項には（中略）水道事業者と使用者の関係が対等の立場に立つ契約関係である旨の文言を使用しているものであるから，(中略) 本件水道料金債権は私法上の債権であつて，民法の適用があるものと解する。」

解説

破産した会社に対する水道料金債権は日用品の供給に当たり，一般先取特権を有するかどうかが争われた中で，水道料金は，水道法の規定から水道の供給と料金は契約関係に立つものとし，民法の適用があるものとしました。

破産手続において，一定期間ごとに債権額を計算する継続的給付契約については，申立日の属する期間内の給付に係る請求権が財団債権となります。

東京地裁の手引きによると，継続的供給契約の仕分けの仕方で，財団債権は日割り計算でなく，月ごと（請求書・納付書ごと）で判断し，申立日を含む算定期間の上水道，電気，ガス料金，電話料金はすべて財団債権とされています。

破産手続開始の申立て前に給付した分は，破産債権となります。ただし，個人の破産の場合，電気，ガス，水道の料金は，最後の 6 か月分は，先取特権（民法 310 条）として優先的破産債権となります。

水道料金の性質2
（大阪高判昭和44年9月29日判時599号35頁（27201269）・藤田宙靖・地方自治判例百選〔別冊ジュリスト71〕1981年，154頁）

　本書1―1の判決（大阪地判昭和42年11月30日判時514号70頁）（27201268）の控訴審です。

「水道水の供給とその料金の支払とは相互的対価関係に立つものであり，その限りにおいて私法上の双務契約と性質を異にするものではなく，また，水道法15条1項は「水道事業者は需用者から給水契約の申込をうけたときは……」と規定して，水道事業者と需用者の関係が対等の立場に立つ契約関係をあらわす文言を使用していることなどから考えると，地方公共団体の水道事業における水道水の供給による水道料金債権は，その性質が私法上の債権であつて民法の適用をうけるものと解すべきである。」

解説

　水道の契約は，事業者と需要者が契約内容を協議することなく，水道事業者があらかじめ定めた契約内容に需要者が機械的に従うことにより成立する附合契約になります。

　電気，水道，ガスなどの供給契約，運送契約などは，附合契約の形態をとっています。

　水道料金は通常は基本料金と従量料金からなっており，基本料金は使用水量の有無にかかわらず最低限必要な経費（固定的経費）の一部を，水道使用者のメーターの口径別負担割合に応じて支払う仕組みになっています。

　東京地八王子支決昭和50年12月8日判時803号18頁（27404475）では，水道の利用は私法関係としながら，下水道の利用は公権力の行使として公法関係であるとしています。

「公営水道の場合は事業者と需要者との契約関係によらしめるとともに給水区域内の住民に対し給水の申込みを強制するような仕組みを採つていないのに対し，公共下水道の場合は住民が公共下水道を使用するについて

は管理者たる地方公共団体の承諾や許可等を何ら必要とせず，かえつて排水区域内の住民であることにより事実上当然にその使用を強制される（（筆者注：下水道法）同法10条1項）ことから明らかなようにその使用関係は事業者と需要者との契約関係に基づくものとは到底考えられないことなどを併せ考えると，下水道事業と水道事業とはひとしく地方公共団体が事業主体としてこれを行う場合ではあつても，その法的性格を全く異にするものであり，<u>下水道の法的性格はあたかも一般交通の用に供することを目的とした公道に近いもの</u>というべきであつて，住民による公道の通行などと同様に排水区域の住民は他人の共同使用を妨げない限度でその用方に従い自由に右下水道を使用することができるものであり，その使用関係は契約関係に基づくものではなくいわゆる公共用営造物の一般使用の関係であり，その法的性格は公法関係で事業主である地方公共団体が公共下水道の使用を制限する行為はいわゆる公権力の行使に該当すると解する」

実務上のポイント

水道法15条によると，事業者の給水義務として正当の理由がない場合を除き需要者からの申込みは拒否できません。正当の理由については，物理的に供給できない場合や別人による申込みであったとしても，実質上は，給水停止された者について料金を支払わないまま給水を受けるためになされた申込みにすぎないといえる場合などがこれに当たります。

給水停止については，本書3―24 給水停止の適法性1（岡山地判昭和44年5月29日判時568号39頁（27603242））及び3―25 給水停止の適法性2（神戸地判平成11年1月28日判自191号52頁（28042648））を参照してください。

参考文献

附合契約に関する説明です。

「われわれ消費者が日常経験する契約のほとんどは，契約条件についての細かな交渉などなしに，すでに出来あがった契約条件をそのまま受け入れるという形で締結される。たとえば，先の電車やバスへの乗車がそうであるし（契約条件の詳細を理解している人は少ない），アパートの賃貸借

契約，ホテルの宿泊契約，宅配便の契約など，全てそうである。このような，相手方当事者（多くは大企業）の作成した契約条件をそのまま飲むか，契約しないかの自由しかない契約のことを附合契約（contratd'adhesion）という。またそこで使われるあらかじめ作成された契約条項のことを約款ないし普通契約条款（Allgemeine Geschäftsbedingungen）という（内田貴『民法Ⅱ債権各論』17頁（東京大学出版会，第3版，2011年））。」

参照条文
水道法
（給水義務）
第15条　水道事業者は，事業計画に定める給水区域内の需要者から給水契約の申込みを受けたときは，正当な理由がなければ，これを拒んではならない。

📖 **債権回収 Q&A** ☞ 1参照

3　水道料金の性質3
（東京高判平成13年5月22日（28100339），最二小決平成15年10月10日判例集未登載（28100340））

「水道供給事業者としての被控訴人（筆者注：自治体）の地位は，一般私企業のそれと特に異なるものではないから，控訴人と被控訴人との間の水道供給契約は私法上の契約であり，したがって，被控訴人が有する水道料金債権は私法上の金銭債権であると解される。また，水道供給契約によって供給される水は，民法173条1号所定の「生産者，卸売商人及び小売商人が売却したる産物及び商品」に含まれる」

解説
東京高裁判決（平成13年5月22日）では，水道料金での遅延損害金の適用については争われていませんが，事業性，商品代金という性質から商

事利息の6％（商法514条）の適用が認められたものと理解できます。

本判決・決定及本書1—13 公立病院診療債権の性質（最二小判平成17年11月21日民集59巻9号2611頁（28102401））により，自治体債権を長限りで債権放棄することについて条例化するきっかけになりました。

実務上のポイント

遅延損害金は，契約書等に定めがなければ，法定利率によることになります（民法419条）。法定利率は，債権者，債務者のどちらかが事業性を有する場合は商事利息になります（商法514条，最一小判昭和30年9月8日民集9巻10号1222頁（27003014））。

行政実例

水道料金の時効について最高裁決定（平成15年10月10日）を受けて行政実例は次のように変更されています。

平成16年11月18日付け総務省自治財政局公営企業課事務連絡

「水道料金の消滅時効は当該債権が私法上の金銭債権にあたると解されることから民法173条1号の規定により2年と解釈」する。

参照条文

民法

第173条　次に掲げる債権は，2年間行使しないときは，消滅する。
(1) 生産者，卸売商人又は小売商人が売却した産物又は商品の代価に係る債権

（法定利率）

第404条　利息を生ずべき債権について別段の意思表示がないときは，その利率は，年5分とする。

（金銭債務の特則）

第419条　金銭の給付を目的とする債務の不履行については，その損害賠償の額は，法定利率によって定める。ただし，約定利率が法定利率を超えるときは，約定利率による。

商法

（商事法定利率）
第514条　商行為によって生じた債務に関しては，法定利率は，年6分とする。

📖 **債権回収 Q&A** ☞ 1，34 参照

 住宅使用料の性質1
（大阪地判昭和34年9月18日下級民集10巻9号1916頁）

「公営住宅は，住宅に困窮する低額所得者に対して低廉な家賃で賃貸することにより，国民生活の安定と社会福祉の増進のために設けられるものであり（公営住宅法第1条参照），その賃貸居住の関係は，営造物の利用関係として，制度的，技術的には，公法的側面を帯有することを否定しえないのであるが，公法的といつてもそれは，いわゆる公法上の管理関係であつて，権力の行使を本質とするものではない。公営住宅法には，その利用関係を公法関係として扱う趣旨を定めたと認めなければならない規定はない（第18条（著者注：現行25条）による事業主体の長が行なう入居者の選考決定は相手方の同意を要する行政行為とみることができるが，それは，利用関係の設定以前の段階に属し，利用関係の設定行為そのものではないし，利用関係の性質を決定するものと認められない）。のみならず，公営住宅法第1条の「低廉な家賃で賃貸する」という文言と規定の趣旨に照らせば，公営住宅利用の法律関係は私法上の賃貸借関係にほかならないと解する」

解説

公営住宅の入居決定はその後の利用関係の性質を決定するものではないとし，公営住宅といっても賃貸借という性質から利用関係は私法上の関係としています。

判決では公営住宅の管理を「公法上の管理関係」としていますが，公営

1 債権の性質

住宅法が適用されない場合は民法，借地借家法等が適用されるとする考え方で整理できます。

参照条文

公営住宅法

（この法律の目的）

第1条　この法律は，国及び地方公共団体が協力して，健康で文化的な生活を営むに足りる住宅を整備し，これを住宅に困窮する低額所得者に対して低廉な家賃で賃貸し，又は転貸することにより，国民生活の安定と社会福祉の増進に寄与することを目的とする。

（入居者の選考等）

第25条　事業主体の長は，入居の申込みをした者の数が入居させるべき公営住宅の戸数を超える場合においては，住宅に困窮する実情を調査して，政令で定める選考基準に従い，条例で定めるところにより，公正な方法で選考して，当該公営住宅の入居者を決定しなければならない。

2　事業主体の長は，借上げに係る公営住宅の入居者を決定したときは，当該入居者に対し，当該公営住宅の借上げの期間の満了時に当該公営住宅を明け渡さなければならない旨を通知しなければならない。

債権回収Q&A☞1，9参照

---

5 住宅使用料の性質2
（名古屋地判昭和41年6月18日判時471号23頁（27661199））

「公営住宅の貸借関係の性質についても公法関係と解する見解があるが，通説は，公営住宅の貸借関係は，民法及び借家法を一般法とし，公営住宅法を特別法として適用する私法関係と解している。（中略）そうすれば被告が公営住宅法，同施行令，名古屋市営住宅条例に基づいて原告に対してなした前記収入超過の認定及び付加使用料納付の通知は，借家法第7条（筆

者注：現行借地借家法 32 条）の賃料増額の請求に該当するもので，ただその要件，手続，賃料増額の限度が右特別法の規定により，借家法第 7 条の場合と異るに過ぎないと解する」

解説

　公営住宅使用料の算定における収入超過の認定は，要件，手続，賃料増額の限度は異なるものの，借地借家法の場合と本質的に異ならないとしました。

　借家法 7 条（筆者注：現行借地借家法 32 条）は，次の「6　住宅使用料の性質 3（名古屋地判昭和 42 年 3 月 15 日判時 479 号 19 頁（27460731））」を参照してください。

📖 債権回収 Q&A ☞ 1，9 参照

6　住宅使用料の性質 3
（名古屋地判昭和 42 年 3 月 15 日判時 479 号 19 頁（27460731））

　「公営住宅は公営住宅法第 1 条に明らかなように，住宅に困窮する低額所得者に対して低廉な家賃で賃貸することにより，国民生活の安定と社会福祉の増進のために設けられた公の営造物である。従って，それを特定の者に使用させるについては，管理上一定の規則に従って使用許可の手続を履むことが必要であり，この面からは公法的色彩を帯有することを否定できない。しかし，右の使用許可によって地方公共団体と使用者との間に設定される使用関係そのものは，公権力に基づくものではなく，私法上の賃貸借関係であると解するのが相当である。従って，公営住宅の使用関係については，民法及び借家法を一般法とし，公営住宅法を特則として適用すべきものである。そうすると，被告が公営住宅法・同施行令・名古屋市営住宅条例に基づいて原告に対してなした前記収入超過の認定，及び付加使用料納付の通知は，借家法第 7 条（筆者注：現行借地借家法 32 条）の賃

料増額の請求に該当するもので，ただ，その要件・手続および賃料増額の限度等が，右特別法の規定により，借家法第7条（筆者注：現行借地借家法32条）の場合と異なるにすぎないと解するを相当とする。してみれば，被告のなした右行為は，一見公権力の行使のようにみえるけれども，その内実は，地方公共団体が入居者に対し私法上の賃料増額の意思表示をしたものというべく，行政処分でないこと明らかである。」

解説

公営住宅使用料の算定における収入超過の認定及び納付通知は，借地借家法の賃料増額の請求に該当し，公権力の行使とはいえず、行政処分ではないとしました。

参照条文

公営住宅法

（家賃の決定）

第16条　公営住宅の毎月の家賃は，毎年度，入居者からの収入の申告に基づき，当該入居者の収入及び当該公営住宅の立地条件，規模，建設時からの経過年数その他の事項に応じ，かつ，近傍同種の住宅の家賃（中略）以下で，政令で定めるところにより，事業主体が定める。ただし，入居者からの収入の申告がない場合において，第34条の規定による請求を行つたにもかかわらず，公営住宅の入居者がその請求に応じないときは，当該公営住宅の家賃は，近傍同種の住宅の家賃とする。

2　前項の近傍同種の住宅の家賃は，近傍同種の住宅（その敷地を含む。）の時価，修繕費，管理事務費等を勘案して政令で定めるところにより，毎年度，事業主体が定める。

3　第1項に規定する入居者からの収入の申告の方法については，国土交通省令で定める。

4　事業主体は，第1項の規定にかかわらず，病気にかかつていることその他特別の事情がある場合において必要があると認めるときは，家賃を減免することができる。

借地借家法

（借賃増減請求権）

第32条　建物の借賃が，土地若しくは建物に対する租税その他の負担の増減により，土地若しくは建物の価格の上昇若しくは低下その他の経済事情の変動により，又は近傍同種の建物の借賃に比較して不相当となったときは，契約の条件にかかわらず，当事者は，将来に向かって建物の借賃の額の増減を請求することができる。ただし，一定の期間建物の借賃を増額しない旨の特約がある場合には，その定めに従う。

2　建物の借賃の増額について当事者間に協議が調わないときは，その請求を受けた者は，増額を正当とする裁判が確定するまでは，相当と認める額の建物の借賃を支払うことをもって足りる。ただし，その裁判が確定した場合において，既に支払った額に不足があるときは，その不足額に年1割の割合による支払期後の利息を付してこれを支払わなければならない。

3　建物の借賃の減額について当事者間に協議が調わないときは，その請求を受けた者は，減額を正当とする裁判が確定するまでは，相当と認める額の建物の借賃の支払を請求することができる。ただし，その裁判が確定した場合において，既に支払を受けた額が正当とされた建物の借賃の額を超えるときは，その超過額に年1割の割合による受領の時からの利息を付してこれを返還しなければならない。

📖 **債権回収Q&A**☞ 1，9参照

住宅使用料の性質4
（大阪高判昭和45年1月29日判タ249号157頁（21032181））

「公営住宅は，地方公共団体が国の補助をうけて住宅に困窮する低額所得者に対し低廉な家賃で賃貸することにより，国民生活の安定と社会福祉の増進に寄与することを目的として，建設されるものであつて（公営住宅法第1条，第2条参照），（中略）入居者の選考，決定（同法第18条）と

いう一定の使用許可手続をとることが必要であり，地方公共団体と個人との間の使用関係の設定は，公法的な一面をもつことを否定できないけれども，公権力の行使を本質とするものではなくて，いわゆる公法上の管理関係と解すべきである。しかし，いつたん使用を許されて入居した後の公営住宅の利用関係については，公営住宅法が賃貸（第1条,第2条），家賃（第1条，第2条，第12ないし14条）敷金（第13条）というような私法上の賃貸借契約に通常使用される用語を使用しており，<u>公営住宅の利用と家賃の支払との関係が対価関係にあることなどから考えると，その利用関係は私法上の家屋賃貸借関係と性質を異にするものではない。</u>」

解説

本書1—4の判決（大阪地判昭和34年9月18日下級民集10巻9号1916頁）と同様に，公営住宅の使用関係を住宅使用と家賃（使用料）は対価関係にあることから賃貸借関係の性質とは異ならないとしました。

📖 債権回収Q&A☞ 1，9参照

---

8 住宅使用料の性質5
（松江地判昭和45年2月9日下級民集21巻1・2号275頁（27403462））

「公営住宅の利用関係については公営住宅法，同施行令，同施行規則及び公営住宅法25条（筆者注：現行53条）の委任に基づき制定された条例並びに一般法として民法及び借家法が適用されるのであつて，地方自治法244条は適用されない。」

解説

公営住宅法は民法及び借地借家法の特別法であるとし，自治法上の「公の施設」の適用はされないとしました。

参照条文

地方自治法

（公の施設）

第244条　普通地方公共団体は，住民の福祉を増進する目的をもってその利用に供するための施設（これを公の施設という。）を設けるものとする。

2　普通地方公共団体（中略）は，正当な理由がない限り，住民が公の施設を利用することを拒んではならない。

3　普通地方公共団体は，住民が公の施設を利用することについて，不当な差別的取扱いをしてはならない。

📖 **債権回収 Q&A☞ 1，9参照**

9　住宅使用料の性質6
（東京地判昭和57年5月19日判時1062号110頁（27460903））

「公営住宅法は，国及び地方公共団体が協力して，健康で文化的な生活を営むに足りる住宅を建設し，これを住宅に困窮する低額所得者に対して低廉な家賃で賃貸することにより，国民生活の安定と社会福祉の増進に寄与することを目的とし（同法1条），公営住宅の建設・管理等について規定する。したがつて，公営住宅の使用関係については，右目的に副つて特別に立法された公営住宅法の規定がまず適用されるべきである。しかし，公営住宅法には，借家法及び民法の適用を一切排除する趣旨の規定は見当らず，同法自体が賃貸・家賃・敷金という用語を用いていることからしても，同法に特段の規定のない場合には，借家法及び民法が適用されるものと解する」

解説

公営住宅法は借家法及び民法を排除せず，適用される場合があるとしましたが，他の債権についても自治法に規定がなければ補充的に民法等が適

用されることになります。

📖 **債権回収 Q&A** ☞ 1，9参照

---

10 住宅使用料の性質7
（最一小判昭和59年12月13日民集38巻12号1411頁（27000001））

「公営住宅法は，国及び地方公共団体が協力して，健康で文化的な生活を営むに足りる住宅を建設し，これを住宅に困窮する低額所得者に対して低廉な家賃で賃貸することにより，国民生活の安定と社会福祉の増進に寄与することを目的とするものであつて（1条），この法律によつて建設された公営住宅の使用関係については，管理に関する規定を設け，家賃の決定，家賃の変更，家賃の徴収猶予，修繕義務，入居者の募集方法，入居者資格，入居者の選考，家賃の報告，家賃の変更命令，入居者の保管義務，明渡等について規定し（第3章），また，法の委任（25条）に基づいて制定された条例も，使用許可，使用申込，申込者の資格，使用者選考，使用手続，使用料の決定，使用料の変更，使用料の徴収，明渡等について具体的な定めをしているところである（3条ないし22条）。右法及び条例の規定によれば，公営住宅の使用関係には，公の営造物の利用関係として公法的な一面があることは否定しえないところ（中略）使用許可を受けて事業主体と入居者との間に公営住宅の使用関係が設定されたのちにおいては，前示のような法及び条例による規制はあつても，事業主体と入居者との間の法律関係は，基本的には私人間の家屋賃貸借関係と異なるところはなく，このことは，法が賃貸（1条，2条），家賃（1条，2条，12条，13条，14条）等私法上の賃貸借関係に通常用いられる用語を使用して公営住宅の使用関係を律していることからも明らかであるといわなければならない。したがつて，<u>公営住宅の使用関係については，公営住宅法及びこれに基づく条例が特別法として民法及び借家法に優先して適用されるが，法及び条例に特別の定めがない限り，原則として一般法である民法及</u>

び借家法の適用があり，その契約関係を規律するについては，信頼関係の法理の適用があるものと解すべき」

> **解説**

　本書1—4から1—10までの判決につき，公営住宅の使用関係は，公の営造物の利用関係として公法的な一面があるとしながら，入居者が使用許可を受けて事業主体と入居者との間に公営住宅の使用関係が設定されれば，法律関係は，私人間の家屋賃貸借関係と異なるところはないとしました。いずれの判決も債権の時効は示していませんが，このような公営住宅の使用関係は賃貸借関係と異ならないという解釈によれば，公営住宅使用料の時効は5年（民法169条）になるものと考えます。

　公営住宅の使用関係は住宅困窮者に対して低廉な家賃で賃貸することにより，国民生活の安定と社会福祉の増進に寄与することを目的としながらも，その本質は賃貸借であって，その限りにおいては借地借家法及び民法の適用を受けるとしています。

　このような判決理由から自治体の各債権における具体的な法律の適用は，債権の性質を重視していることを読み取ることができます。

> **実務上のポイント**

　債権の根拠法を確認し，民事で同様の債権があるのかどうか，性質を見極めて，具体的な法律の適用を判断することになります。「公の施設使用料」であるから公債権として自治法が適用されるという考え方は，本書1—3の水道料金の判決（最二小決平成15年10月10日（28100340））で否定されたところです。

　公営住宅使用料の時効は，自治法236条でなく民法169条が適用されるとしますと，債権放棄も含めて不納欠損のあり方を検討せざるを得なくなります。

　民事債権では時効経過しても行方不明の場合は時効の援用を受けることができず，債権として消滅せず，いつまでも管理しなければならないことから，いずれ債権放棄せざるを得なくなります。

　破産免責決定，相続による限定承認についても，徴収見込みのない，価

値のない債権になることから債権放棄の対象とすることになります。

破産免責決定の意味するところとして、「免責制度は、破産者に対し、破産手続によって配当を受けることができなかった残余の債務について、破産者の責任を免除させる（（財）法曹会編『例題解説新破産法』362，363頁（法曹会，2009年））」ことになり、債権者としては請求ができなくなります。

限定承認は、「相続人が被相続人の債務と遺贈とについて、相続において得た財産を限度として責任を負うことを留保して行う相続の承認であって、相続財産が負債超過のおそれがあるような場合はその清算を行い、その結果債務が残ればそれに対しては責任を負わず、積極財産が残ればそれを相続する制度である（民法922）。（青木孝徳編『債権管理法講義』156頁（（財）大蔵財務協会，2015年））」とされていますから、破産免責決定された債権と同様に権利行使ができないため、徴収見込みのない、価値のない債権になります。

参考文献

公営住宅について公法的な一面があるとするのは入居決定のあり方に現れています。

「入居者の資格は公営住宅法23条及び公営住宅条例に定められており、この入居者の決定は、事業主体の長が法令の規定に従って行う行政庁の「処分」と解されています（大阪地決昭和49年12月10日判時770号76頁（注：本書1—11参照））（大阪弁護士会、自治体債権管理研究会編『Q＆A自治体の私債権管理・回収マニュアル』43頁（ぎょうせい，2012年））。」

入居の地位は相続により承継されないことも民間賃貸住宅との違いとして現れます。本書6—7の判決（最一小判平成2年10月18日民集44巻7号1021頁（27807221））を参照してください。

債権の性質から法律の適用を当てはめることについては、「公の施設の利用関係から生じる金銭の支払いであって、私法上の法律関係と実質的に変わらないものについては、少なくともその時効については民法が適用されると解すべきであると思われる。（債権管理・回収研究会編『自治体職

員のための事例解説　債権管理・回収の手引き』1410頁（第一法規，加除式））」という見解もあります。

参照条文

公営住宅法

（入居者資格）

第23条　公営住宅の入居者は，少なくとも次に掲げる条件を具備する者でなければならない。

(1) その者の収入がイ又はロに掲げる場合に応じ，それぞれイ又はロに定める金額を超えないこと。

　　イ　入居者の心身の状況又は世帯構成，区域内の住宅事情その他の事情を勘案し，特に居住の安定を図る必要がある場合として条例で定める場合入居の際の収入の上限として政令で定める金額以下で事業主体が条例で定める金額

　　ロ　イに掲げる場合以外の場合　低額所得者の居住の安定を図るため必要なものとして政令で定める金額を参酌して，イの政令で定める金額以下で事業主体が条例で定める金額

(2) 現に住宅に困窮していることが明らかであること。

民法

（定期給付債権の短期消滅時効）

第169条　年又はこれより短い時期によって定めた金銭その他の物の給付を目的とする債権は，5年間行使しないときは，消滅する。

📖 **債権回収 Q&A** ☞ 1，9参照

公営住宅法の入居決定は行政処分である
（大阪地決昭和49年12月10日判時770号76頁（27818130））

「公営住宅の入居者決定後事業主体と入居決定者との間で設定される公

営住宅利用の法律関係は私法上の賃貸借関係であるけれども、右利用関係の発生原因である公営住宅法18条(筆者注：現行25条)に定める入居者の決定は事業主体の長が法令の規定に従って行なう行政行為とみることができ、行政事件訴訟法44条にいう「行政庁の処分」に該当するものと解せられる。」

解説

本書1－4の判決（大阪地判昭和34年9月18日下級民集10巻9号1916頁）と同様に、公営住宅の入居決定は行政処分としました。

参照条文

公営住宅法
（入居者の選考等）
第25条　事業主体の長は、入居の申込みをした者の数が入居させるべき公営住宅の戸数を超える場合においては、住宅に困窮する実情を調査して、政令で定める選考基準に従い、条例で定めるところにより、公正な方法で選考して、当該公営住宅の入居者を決定しなければならない。

行政事件訴訟法
（仮処分の排除）
第44条　行政庁の処分その他公権力の行使に当たる行為については、民事保全法（平成元年法律第91号）に規定する仮処分をすることができない。

市営住宅入居者への収入超過認定及び付加使用料納付通知は、私法上の意思表示である

（名古屋地判昭和41年6月18日判時471号23頁（27661199））

「被告が公営住宅法、同施行令、名古屋市営住宅条例に基づいて原告に対してなした前記収入超過の認定及び付加使用料納付の通知は、借家法第7条（筆者注：現行借地借家法32条）の賃料増額の請求に該当するもの

で，ただその要件，手続，賃料増額の限度が右特別法の規定により，借家法第7条の場合と異るに過ぎないと解する」

解説

名古屋地判（昭和42年3月15日判時479号19頁（27460731））についても同様に，「公営住宅法21条の2（筆者注：現行16条）に基づく割増賃料の賦課は，借家法7条（筆者注：現行借地借家法32条）による家賃増額請求権と性質を同じくする私法上の形成権の行使にほかならず，行政処分ではない」としました。

13 公立病院診療債権の性質
（最二小判平成17年11月21日民集59巻9号2611頁（28102401））

「公立病院において行われる診療は，私立病院において行われる診療と本質的な差異はなく，その診療に関する法律関係は本質上私法関係というべきであるから，公立病院の診療に関する債権の消滅時効期間は，地方自治法236条1項所定の5年ではなく，民法170条1号により3年と解すべき」

解説

公立病院診療費は「公の施設の使用料」であるから時効は自治法が適用されると自治体側は主張しましたが，判決では債権の性質から法律関係をみて時効の適用を判断しました。

自治法236条は，①時効経過により債権は消滅し，②時効の援用は不要であり，③時効の利益は放棄できないとしていますが，これは私債権とは違って公債権の管理上，早期に回収，終息させるためであって，民法の補充的な規定とされています。自治体債権であっても民法が適用される債権は民法の規定に従うことになります。

民法では時効完成しても債務者が時効援用するか，時効の利益を放棄し

て支払うかは任意とされます。

判例の態度は、時効の判断も含めて債権の性質により法律の適用を当てはめる傾向になっています。

この判決から公立学校の授業料の法律関係を類推解釈しますと、「公の施設の使用料」であるから、自治法が適用されるとするのでなく、公立、私立を問わず、債権の性質は学校授業料であり、教育提供の対価ということから民法170条3号が適用され、時効は3年になるものと考えます。

参考文献

地方税の場合は、時効に対する意思表示は必要ではなく、時効完成により債権は絶対的に消滅する考え方です。

消滅時効の効力等

(1) 時効の援用及び時効の利益放棄

〔地方税の徴収権は、その時効期間が満了したときは、絶対的に消滅し、時効の利益を受けるが、時効が完成しているから義務はないという意思表示をする必要がなく、また時効により利益を受ける者が、時効が完成しているけれども義務を履行するとの意思表示はできないものである（地方税制度研究会監修『市町村事務要覧　税務編（1）総則』2307頁（ぎょうせい、加除式））。〕

本判決については、「これまでの最高裁と共通の判断枠組を用いている。それは、問題となる「法律関係」を評価し、そこに民法の要素があるかどうかを見極める手法だといえる。もっとも、そうした作業は時効を離れてすでに一般的に行われている。実際、最高裁は、たとえば公営住宅の利用関係につき、入居後は民法上の賃貸借関係だと評価した上で、信頼関係理論を適用して明渡請求を認容し（最判昭和59・12・13民集38巻12号1411頁（27000001）、（筆者注：本書1―10の判決））、さらに、公立病院での診療行為につき、私立病院でのそれとの区別を意識することなく診療契約を観念した上で、その責任を判断しているからである（最判昭和61・5・30判時1196号107頁）。後者の判決を踏まえると、本判決は、医療契約について公私の病院を区別しないで民法を適用する解釈を時効期間のレベルでも貫いたものと位置付けられる（金山直樹『時効における理論と解釈』

348頁（有斐閣，2009年））」との見解があります。

　また，自治体債権について，「自治法236条（会計法30条も同じ。）は，伝統的な通説で説かれているような公法上の金銭債権に関する一般規定ではなく，むしろ地方公共団体に対する債権のうち，時効に関し，他に適切な適用法条がないものに適用される補足的性質の規定に過ぎないと解すべきである。（吉野夏己『紛争類型別行政救済法　第3版』289頁（成文堂，2012年））」との見解があります。

　公法，私法の区分については次のような見解があります。
　「私法と公法の区別については，よりくわしく検討すると，その基準が明らかでなく，この区分は不要であると説く見解が，むしろ有力である。しかし，さしあたっては，取引のルールを主体とする私法と，社会全体の調整を定める公法とを区分して，両者の違いを知っておくほうが便利である。また，私見によれば，限界領域は定かでないとしても，典型的なあり方として建前を異にする公法と私法を区分することは，十分可能である（石田喜久夫『民法の常識』2頁（有斐閣，1993年））」

参照条文

民法
（3年の短期消滅時効）
第170条　次に掲げる債権は，3年間行使しないときは，消滅する。ただし，第2号に掲げる債権の時効は，同号の工事が終了した時から起算する。
　(1)　医師，助産師又は薬剤師の診療，助産又は調剤に関する債権

地方自治法
（金銭債権の消滅時効）
第236条　金銭の給付を目的とする普通地方公共団体の権利は，時効に関し他の法律に定めがあるものを除くほか，5年間これを行なわないときは，時効により消滅する。普通地方公共団体に対する権利で，金銭の給付を目的とするものについても，また同様とする。
2　金銭の給付を目的とする普通地方公共団体の権利の時効による消滅に

ついては，法律に特別の定めがある場合を除くほか，時効の援用を要せず，また，その利益を放棄することができないものとする。普通地方公共団体に対する権利で，金銭の給付を目的とするものについても，また同様とする。

📖 債権回収 Q&A ☞ 1 参照

地方公務員の日直手当請求権
（最一小判昭和 41 年 12 月 8 日民集 20 巻 10 号 2059 頁（27001135））

「地方公共団体の職員の日直手当は，職員の時間外労働の対償たる性質を有するものであるから，労働基準法にいう賃金であると解すべきであり（労働基準法 11 条参照），労働基準法 115 条は『この法律の規定による賃金，災害補償その他の請求権は，2 年間これを行わない場合においては，時効によつて消滅する。』と規定しているので，同法 115 条の規定は，前記地方自治法 233 条において準用される会計法 30 条の『他の法律』の規定にあたるものといわなければならない。そして，前記地方公務員法 58 条 2 項は，地方公共団体の職員に関しては，右労働基準法 115 条の適用を除外していないのであるから，地方公共団体の職員の日直手当請求権は，いわゆる公法上の金銭債権ではあるが，右労働基準法 115 条の規定により，2 年間これを行使しなければ時効によつて消滅するものといわなければならない。」

解説

　日直手当請求権は労働の対価としての性質から労働基準法が適用され，時効は 2 年としました。この判決においても債権の性質から法律の適用関係を判断していることが理解できます。
　ここで「公法上の金銭債権」という意味は，時効完成すると債権は消滅し，自治法 236 条 1 項と同様の適用があるという意味に過ぎないと考えら

れます。

　地方公共団体に対する損害賠償請求権は民法が適用されるとした判決（最三小判昭和46年11月30日民集25巻8号1389頁（27000597））も同様の考え方です。

参照条文
地方公務員法
　（他の法律の適用除外等）
第58条
2　労働安全衛生法（昭和47年法律第57号）第2章の規定並びに船員災害防止活動の促進に関する法律（昭和42年法律第61号）第2章及び第5章の規定並びに同章に基づく命令の規定は，地方公共団体の行う労働基準法（昭和22年法律第49号）別表第1第1号から第10号まで及び第13号から第15号までに掲げる事業に従事する職員以外の職員に関して適用しない。

労働基準法
第11条　この法律で賃金とは，賃金，給料，手当，賞与その他名称の如何を問わず，労働の対償として使用者が労働者に支払うすべてのものをいう。
　（国及び公共団体についての適用）
第112条　この法律及びこの法律に基いて発する命令は，国，都道府県，市町村その他これに準ずべきものについても適用あるものとする。
　（時効）
第115条　この法律の規定による賃金（退職手当を除く。），災害補償その他の請求権は2年間，この法律の規定による退職手当の請求権は5年間行わない場合においては，時効によつて消滅する。

補助金の支給の性質1
（大阪高判昭和54年7月30日行裁例集30巻7号1352頁（27603762））

「一定の受給要件を定めて補助金給付をなすものである場合においては，その受給要件を備えた者には等しくこれに与らしめようとするものであることは疑を容れる余地のないところである。そしてまた被控訴人も，地方自治法232条の2に基づき予算を計上して市議会の議決を受けるとともに，本件要綱によつて一定の受給要件を定立して関係者に周知させて，受給資格を有すると思料する者の申請に応じようとしているのである。さればもはや，その支給・不支給が被控訴人の権限にあるとはいえ，それが絶対的な自由裁量に委せられて，要綱の定める受給要件を充たす者についても，支給しないこととする恣意的自由を有するものとは到底考えられず，本件要綱に定められた受給要件を充たした者からの受給申請に対しては，これを拒否するにつき合理的な事由の存しない限り，被控訴人は本件要綱の定める給付をなすべき義務が生ずるものと解すべきである。（中略）よつて，本件給付制度における本件要綱に基づく申請は，これを行訴法3条5項にいう法令に基づく申請と解すべきであり，これに対する被控訴人の応答は処分性を有するものと認められる。」

解説
要綱による支給であっても法律を具体化し，一定の受給要件を定めて支給する補助金の決定は行政処分としました。

参照条文
行政事件訴訟法
（抗告訴訟）
第3条　この法律において「抗告訴訟」とは，行政庁の公権力の行使に関する不服の訴訟をいう。
5　この法律において「不作為の違法確認の訴え」とは，行政庁が法令に

基づく申請に対し，相当の期間内に何らかの処分又は裁決をすべきであるにかかわらず，これをしないことについての違法の確認を求める訴訟をいう。

16 補助金の支給の性質2
（大阪高判平成18年11月8日裁判所ウェブサイト掲載（28152454））

「地方公共団体のする補助金の支給（地方自治法232条の2）は，本来私法上の贈与の性質を有するものというべきであり，そもそも公権力の行使という性格は希薄である。これを<u>公権力の行使と認めるためには，補助金支給を申請することのできる地位に権利性を付与したと認めるに足りる法令の規定が必要</u>というべきである。」

解説

身体障害者療護施設設置に伴う補助金の交付申請について，市が何らの処分をしないことが違法であることを確認する請求でしたが，本書1—15の判決（大阪高判昭和54年7月30日行裁例集30巻7号1352頁(27603762)）とは反対に，市補助金交付要綱は条例や命令ではなく，市長が内部規則として制定したものであって，法令としての拘束力があるとはいえないとしました。さらに，条例等の法令の形式を選択せず，あえて要綱という方式を選択している以上，これを法令と同視するような解釈はとり得ないとし，補助金交付申請に対する市長の拒否は，行政処分と認めることはできないとしました。

参照条文

地方自治法

（寄附又は補助）

第232条の2　普通地方公共団体は，その公益上必要がある場合においては，寄附又は補助をすることができる。

17 条例による乳幼児医療費助成の処分性
（名古屋地判平成 16 年 9 月 9 日判タ 1196 号 50 頁（28092873））

「給付行政の分野では，私法上の申込み，承諾の契約関係に類することが多いが，補助支給を受ける権利を与えるとともに，行政側の一方的な支給決定という形式を採り行政処分として構成する場合がある。行政処分としては，その根拠となる法令の目的，要件，手続，効果を検討し，行政側の優越的意思の発動として私人に対して受忍すべき一般的拘束を有しているか，このような意思の発動を適法とするための要件を定めているかどうかを判断して決定すべきである。」

解説

乳幼児の医療費助成に関し，条例で要件を定めて支出することは処分性を有する場合があるとした判決です。

補助金等に係る予算の執行の適正化に関する法律 21 条で補助金の返還金は滞納処分ができますが，国の債権に適用され，自治体には同法は適用されず，贈与契約になるのか，行政処分であるのかを判断しなければなりません。

一見して契約のようであっても，法令の定めにより行政庁に特別な権限を与えている場合には，行政処分によることになり，一定の行政目的を達成するために公法的な規制を加えているという考え方は，後掲の本書 1 — 25 の判決（最大判昭和 45 年 7 月 15 日民集 24 巻 7 号 771 頁（27000711））である弁済供託の性質にも通じるものです。

自治体の補助金を贈与契約とするのか，行政処分とするのかは，具体的な要件（対象，所得要件，申請手続等）を見て，不服申立てが可能であるなら，行政処分として取り扱い，取消処分を経た返還金も自治法が適用されるとする考えで整理する必要があります。

参考文献

補助金の性質については、「本来は私法的な関係であっても、法律、政令、条例に特別な定めがあって、それが行政庁に特別な権限を付与している場合には、行政処分により法律関係が具体化されることになる。こうした場合は、一定の行政目的を達成するために、私的自治に委ねるのではなく、公法的な規制を加えることが得策であるとの政策判断に基づいて、そのような法技術を用いているもの（東京弁護士会弁護士業務改革委員会自治体債権管理問題検討チーム編『自治体のための債権管理マニュアル』260頁（ぎょうせい、2008年））」とされ、また、「当該行政庁の行為が処分性を有するか否かは、（中略）その根拠となる法令の目的、要件、手続、効果などを個別具体的に検討して判断するほかはない（前掲書、260頁）」という見解があります。

参照条文

補助金等に係る予算の執行の適正化に関する法律

（定義）
第2条　この法律において「補助金等」とは、国が国以外の者に対して交付する次に掲げるものをいう。

（徴収）
第21条　各省各庁の長が返還を命じた補助金等又はこれに係る加算金若しくは延滞金は、国税滞納処分の例により、徴収することができる。
2　前項の補助金等又は加算金若しくは延滞金の先取特権の順位は、国税及び地方税に次ぐものとする。

📖 **債権回収 Q&A** ☞ 1, 19 参照

■ 債権の性質

18 障害者自立支援法29条による支払決定は行政処分ではない
（東京高判平成26年1月16日裁判所ウェブサイト掲載（28230173））

「障害者自立支援法における重度訪問介護の対象や内容をどのようなものとするかは，国民全体の制度に対する理解を前提とし，社会情勢や経済状況等をも勘案した上で，国会による広範な立法裁量に任されているところであるから，支給決定障害者が病院に入院している期間中については，病院による看護に委ねることとして，同法による重度訪問介護による支援の対象ではないとしても，そのことが直ちに違法になることはない」

解説

原審（東京地判平成25年1月29日判時2191号33頁（28212872））では，「障害者自立支援法には，介護給付費についての市町村等による支給決定に関する規定はなく，介護給付費は，同法29条3項及び4項並びにこれらの委任を受けた告示及び政令によって具体的に定まることとされているのであり，他に，市町村等による決定等の形成行為又は確認行為によって初めて具体的な権利が発生することとされていることをうかがわせる規定はない」という形式的な要件で処分性を認めませんでした。

参考文献

処分性を認めるについて，どの段階で確定するのかの判断は難しいものがあります。

「問題は，この支給決定によって既に支給決定障害者の権利義務の範囲が十分に確定されており，したがって支払決定なるものには法的効果が認められないか，それとも支払決定によって新たに確定されるべき支給決定障害者の権利義務の範囲が残されており，したがって支払決定にも法的効果が認められるのかにある。言い換えれば，一連の行政庁の行為が観念され得る場合にどの段階において私人の権利義務の範囲が確定するのかという，私人の権利義務の「具体化の段階」が問題となっている。（西上治『障

害者自立支援法29条1項に基づく支払決定の処分性と、入院中の介護の重度訪問介護該当性』自治研究91巻7号135頁（2015年））」

参照条文

障害者の日常生活及び社会生活を総合的に支援するための法律

（介護給付費又は訓練等給付費）

第29条　市町村は，支給決定障害者等が，支給決定の有効期間内において，都道府県知事が指定する障害福祉サービス事業を行う者（以下「指定障害福祉サービス事業者」という。）若しくは障害者支援施設（以下「指定障害者支援施設」という。）から当該指定に係る障害福祉サービス（以下「指定障害福祉サービス」という。）を受けたとき，又はのぞみの園から施設障害福祉サービスを受けたときは，厚生労働省令で定めるところにより，当該支給決定障害者等に対し，当該指定障害福祉サービス又は施設障害福祉サービス（支給量の範囲内のものに限る。以下「指定障害福祉サービス等」という。）に要した費用（食事の提供に要する費用，居住若しくは滞在に要する費用その他の日常生活に要する費用又は創作的活動若しくは生産活動に要する費用のうち厚生労働省令で定める費用（以下「特定費用」という。）を除く。）について，介護給付費又は訓練等給付費を支給する。

3　介護給付費又は訓練等給付費の額は，1月につき，第1号に掲げる額から第2号に掲げる額を控除して得た額とする。

(1)　同一の月に受けた指定障害福祉サービス等について，障害福祉サービスの種類ごとに指定障害福祉サービス等に通常要する費用（特定費用を除く。）につき，厚生労働大臣が定める基準により算定した費用の額（その額が現に当該指定障害福祉サービス等に要した費用（特定費用を除く。）の額を超えるときは，当該現に指定障害福祉サービス等に要した費用の額）を合計した額

(2)　当該支給決定障害者等の家計の負担能力その他の事情をしん酌して政令で定める額（当該政令で定める額が前号に掲げる額の100分の10に相当する額を超えるときは，当該相当する額）

4　支給決定障害者等が指定障害福祉サービス事業者等から指定障害福祉

サービス等を受けたときは，市町村は，当該支給決定障害者等が当該指定障害福祉サービス事業者等に支払うべき当該指定障害福祉サービス等に要した費用（特定費用を除く。）について，介護給付費又は訓練等給付費として当該支給決定障害者等に支給すべき額の限度において，当該支給決定障害者等に代わり，当該指定障害福祉サービス事業者等に支払うことができる。

19 労働者災害補償保険法による労災就学援護費の決定は行政処分である
（最一小判平成 15 年 9 月 4 日集民 210 号 385 頁（28082411））

「「労災就学援護費の支給について」と題する労働省労働基準局長通達（昭和 45 年 10 月 27 日基発第 774 号）は，労災就学援護費は（筆者注：労働者災害補償保険）法 23 条の労働福祉事業として設けられたものであることを明らかにした上，その別添「労災就学等援護費支給要綱」において，労災就学援護費の支給対象者，支給額，支給期間，欠格事由，支給手続等を定めており，所定の要件を具備する者に対し，所定額の労災就学援護費を支給すること，労災就学援護費の支給を受けようとする者は，労災就学等援護費支給申請書を業務災害に係る事業場の所在地を管轄する労働基準監督署長に提出しなければならず，同署長は，同申請書を受け取ったときは，支給，不支給等を決定し，その旨を申請者に通知しなければならないこととされている。このような労災就学援護費に関する制度の仕組みにかんがみれば，法は，労働者が業務災害等を被った場合に，政府が，（筆者注：労働者災害補償保険）法第 3 章の規定に基づいて行う保険給付を補完するために，労働福祉事業として，保険給付と同様の手続により，被災労働者又はその遺族に対して労災就学援護費を支給することができる旨を規定しているものと解するのが相当である。（中略）具体的に支給を受けるためには，労働基準監督署長に申請し，所定の支給要件を具備していることの確認を受けなければならず，労働基準監督署長の支給決定によって初めて具体的な労災就学援護費の支給請求権を取得するものといわなけれ

ばならない。そうすると、<u>労働基準監督署長の行う労災就学援護費の支給又は不支給の決定は、法を根拠とする優越的地位に基づいて一方的に行う公権力の行使であり、被災労働者又はその遺族の上記権利に直接影響を及ぼす法的効果を有するものであるから、抗告訴訟の対象となる行政処分に当たるものと解する</u>」

実務上のポイント

　本判決では、通達や要綱を含めて支給要件を定めて決定する仕組みは、行政処分に該当するとしましたが、本書1－17の条例による乳幼児医療費助成の処分性の判決（名古屋地判平成16年9月9日判タ1196号50頁（28092873））も含めて要件等が具体的で個人の権利として特定されるのか、不服申立てが可能かどうかの判断が必要になります。

参考文献

　給付行政における行政処分性を解説した文献です。

　「給付行政における行政主体と私人の関係は、基本的に、規制行政におけるような命令・強制の関係はなく、対等・平等な関係として捉えることができる。（中略）法律で行政処分としての扱いをしているような場合には『行政処分』性が認められる（公民館の使用許可、公営住宅の入居決定、幼稚園への入園決定など、事例は数多い）。それでは給付の基準が法令ではなく要綱や通達で定められている場合には、どのように考えられるだろうか。一般論としていえば、要綱や内部的基準による給付は、法律上の制度ではないので、給付拒否や給付の変更の決定を取消訴訟で争うことは認められないことになろう（東京高判平成元・7・11行集40巻7号925頁参照）。しかし、㉕判決（筆者注：本判決）では、通達と要綱で具体的な支給要件が定められている労災就学援護費の支給について、それが労働者災害保険補償法の全体の仕組みの中で予定されている事業であることから、不支給決定の処分性が肯定されている（曽和俊文・山田洋・亘理格『現代行政法入門』233, 234頁（有斐閣、第3版、2015年））。」

　労災就学援助費と保険給付の仕組みについての論評です。

　「同判決の是非はともあれ、その結論を支える制度的な論拠としては、

(1)保険給付決定の処分性が肯定されること，(2)労災就学援護費は保険給付を補完するものとして置付けられること，(3)通達・要綱レベルにおいてではあるが労災就学援護費についても保険給付と同様の仕組みが採用されていることが挙げられる（太田匡彦「判批」行政百選Ⅱ 340, 341 頁（有斐閣，第 6 版，2012 年））。（西上治『障害者自立支援法 29 条 1 項に基づく支払決定の処分性と，入院中の介護の重度訪問介護該当性』自治研究 91 巻 7 号 136 頁（2015 年））」

参照条文

労働者災害補償保険法

第 23 条　傷病年金は，通勤により負傷し，又は疾病にかかつた労働者が，当該負傷又は疾病に係る療養の開始後 1 年 6 箇月を経過した日において次の各号のいずれにも該当するとき，又は同日後次の各号のいずれにも該当することとなつたときに，その状態が継続している間，当該労働者に対して支給する。

(2)　当該負傷又は疾病による障害の程度が第 12 条の 8 第 3 項第 2 号の厚生労働省令で定める傷病等級に該当すること。

20 借地権確認土地引渡請求事件

（東京高判昭和 44 年 3 月 27 日高裁民集 22 巻 1 号 181 頁（27200785））

「控訴人は，本件土地を借り受けたことをもつて，私法上の契約が成立したものと主張するけれども，当時施行されていた東京市条例昭和 9 年第 37 号東京市中央卸売市場業務規程—特にその 47 条，51 条，別表参照 1（乙第 2 号証）および原審証人 I の供述によれば，右規程が土地についての公的な処分を除外する趣旨のものとは考えられず，控訴人が借り受けたのも，同規程に基づいてなされたことが認められるので，控訴人の主張は採用し難く，控訴人が借り受けたのは，<u>行政財産についてなされた使用許可処分によるもの</u>であるというべきである。（中略）地方自治法第 238

条の4第5項（筆者注：現238条の5第4項）は行政財産の使用を許可した場合において、公用若しくは公共用に供するため必要を生じたとき、又は許可の条件に違反する行為があると認めるときは、普通公共団体の長（中略）は、その許可を取り消すことができる。」

解説

　普通財産の貸付は、損失補償しなければならないものの、公用又は公共用に供するため必要を生じたときは、解除ができますので民間における貸借と違って、行政処分に近い性質のものとしました。

　普通財産の貸付であっても、公共用として必要があれば解除できるという権利の内在的な制約があります。ただし、本判決は昭和40年代で、該当債権を行政財産の使用許可によるものと判断しており、また、時効についても判断しているものではありませんので、先例としての価値には疑問があります。

参考文献

　自治法238条の5第4項の「国、地方公共団体その他公共団体において公用又は公共用に供するため必要を生じたとき」については、「普通財産の所有者である普通地方公共団体がこれを行政財産として使用することに決めた場合や、国やその他の地方公共団体、公共団体が、道路等に使用するために買収等の申入れをしてきたような場合である（村上順・白藤博行・人見剛編『別冊法学セミナー　新基本法コンメンタール地方自治法』320頁（日本評論社，2011年））」とされています。

参照条文

地方自治法

　（普通財産の管理及び処分）

第238条の5

4　普通財産を貸し付けた場合において、その貸付期間中に国，地方公共団体その他公共団体において<u>公用又は公共用に供するため必要を生じたときは，普通地方公共団体の長は，その契約を解除することができる</u>。

5 前項の規定により契約を解除した場合においては，借受人は，これによつて生じた損失につきその補償を求めることができる。

📖 **債権回収 Q&A** ☞ 5 参照

---

21 生活保護費返還金の性質
（仙台地判平成 17 年 6 月 30 日裁判所ウェブサイト掲載（28131527））

「（筆者注：生活保護）法 78 条の文言は，費用の徴収に支弁者の裁量を認めており，これは，被保護者の困窮状態や不正の程度等の事情によっては，徴収額をその費用の一部に限る余地がある場合を考慮した規定と解される。そうすると，同条は，<u>不当利得に基づく返還請求権又は不法行為に基づく損害賠償請求権とは別個の，法が特別に定めた公法上の返還請求権であると解すべきである。</u>」

解説

生活保護法 78 条による生活保護費返還金を公法上の返還請求権としていますが，行政処分を考える上で参考になります。

取消決定による返還金は，性質として滞納処分ができない公債権として整理できます。

悪意のある不当利得（民法 704 条）返還金については，報酬の請求及び受領が不法行為に該当する場合には，損害賠償請求権として民法 724 条により，被害者が加害者を知った時から 3 年又は不法行為の時から 20 年間請求することができます。しかし，生活保護法 78 条の返還金は，判決理由のように不当利得，不法行為の特則であって，民法によることなく，債権の成立として取消決定によるところから，時効は自治法 236 条の適用があるものと考えられます。

生活保護法 78 条による返還金は，その後，同法の改正により同条 4 項が追加され，滞納処分ができる債権に改められました（平成 26 年 7 月 1

日施行)。もちろん,施行日以前の支給は滞納処分の対象にはなりませんし,時効については自治法236条が適用されます。生活保護法78条1項は本人による不正の場合,2項は医療機関等の不正の場合,3項は就労自立給付金の不正受給の場合です。

　介護保険の不正利得の返還金についても介護保険法22条が改正され,介護保険法の徴収金に位置付けられ,時効は2年とされ,滞納処分ができるようになりました(介護保険法及び老人福祉法の一部を改正する法律(平成20年法律第42号),参考通知2③参照)。介護保険の不当利得は不正利得と違って自治法236条により時効は5年であり,滞納処分はできません。

　改正の内容は介護保険法22条3項の返還金について「支払わせることができる」を「徴収することができる」に改めたものです。

　国民健康保険法65条3項にも同様の不正利得の返還金がありますが,介護保険法22条3項のように「徴収することができる」という改正はされず,「支払わせることができる」という文言のままですから滞納処分はできないものと考えます。

　国民健康保険法65条1項は徴収金扱いですから,この場合の国民健康保険料の時効は2年で,滞納処分ができます。

参考通知

1　介護保険法及び老人福祉法の一部を改正する法律等の施行について(抄)(平成21年3月30日付け老発第0330076号厚生労働省老健局長通知)
　　6　その他
　(1)　返還金等の取扱い
　　　事業者が偽りその他不正の行為を行った場合の返還金及び加算金の回収について,保険者が確実に回収できるようにするため,地方税の滞納処分の例によることを可能とするものであること。

2　高額医療合算介護(予防)サービス費の受給権及び介護報酬の返還請求権の消滅時効の取扱いに関する事務連絡等の一部改正について(抄)(平成23年10月7日付け厚生労働省老健局介護保険計画課通知)
　　介護給付費請求書等の保管についての新旧対照表中,改正後(新)の欄

② 過払の場合（不正請求の場合を含まない。）の返還請求
　過払の場合（不正請求の場合を含まない。）の返還請求の消滅時効は，公法上の債権であることから，地方自治法第236条第1項の規定により5年
③ 過払の場合（不正請求の場合に限る。）の返還請求
　過払の場合（不正請求の場合に限る。）の返還請求の消滅時効は，徴収金としての性格を帯びることから，介護保険法第200条第1項の規定により2年

参考文献

「不当利得返還請求権の発生原因となった法律関係が商行為の無効，行政行為の無効等であった場合に，その時効期間を商事消滅時効の5年，会計法30条の5年と考えるか，それとも民法167条の規定する10年と考えるか，という点である。（中略）現実の取引社会においては時効期間に即して証拠保全行為が行われることが多く，当事者双方がともに無効事由を意識していることは例外であることを考えると，商事時効，会計法30条の適用を不当利得返還請求権の消滅時効の原則と考えるべき（加藤雅信『注釈民法（18）』703条部分375頁（有斐閣，1991年））」として行政上の取消決定を経る債権は民法が適用されないとする見解があります。

一方で，「ただ判例は，商行為の事例に関し，解除に関しては商事時効説をとりながら（最判昭35・11・1民集14・13・2781），不当利得に関しては民事時効説をとっており（前掲書，375頁）」本書1—33の利息制限法を超えた利息の不当利得返還請求権の判決（最一小判昭和55年1月24日民集34巻1号61頁，いわゆる過払金返還請求権（27000185））では借入れそのものが商行為であっても不当利得返還請求権は民事上の債権として時効10年としました。

参照条文

民法
　（悪意の受益者の返還義務等）
第704条　悪意の受益者は，その受けた利益に利息を付して返還しなけれ

ばならない。この場合において、なお損害があるときは、その賠償の責任を負う。

（不法行為による損害賠償請求権の期間の制限）

第724条　不法行為による損害賠償の請求権は、被害者又はその法定代理人が損害及び加害者を知った時から3年間行使しないときは、時効によって消滅する。不法行為の時から20年を経過したときも、同様とする。

地方自治法

（金銭債権の消滅時効）

第236条　金銭の給付を目的とする普通地方公共団体の権利は、時効に関し他の法律に定めがあるものを除くほか、5年間これを行なわないときは、時効により消滅する。普通地方公共団体に対する権利で、金銭の給付を目的とするものについても、また同様とする。

生活保護法

第78条　不実の申請その他不正な手段により保護を受け、又は他人をして受けさせた者があるときは、保護費を支弁した都道府県又は市町村の長は、その費用の額の全部又は一部を、その者から徴収するほか、その徴収する額に100分の40を乗じて得た額以下の金額を徴収することができる。

2　偽りその他不正の行為によつて医療、介護又は助産若しくは施術の給付に要する費用の支払を受けた指定医療機関、指定介護機関又は指定助産機関若しくは指定施術機関があるときは、当該費用を支弁した都道府県又は市町村の長は、その支弁した額のうち返還させるべき額をその指定医療機関、指定介護機関又は指定助産機関若しくは指定施術機関から徴収するほか、その返還させるべき額に100分の40を乗じて得た額以下の金額を徴収することができる。

3　偽りその他不正な手段により就労自立給付金の支給を受け、又は他人をして受けさせた者があるときは、就労自立給付金費を支弁した都道府県又は市町村の長は、その費用の額の全部又は一部を、その者から徴収するほか、その徴収する額に100分の40を乗じて得た額以下の金額を徴収することができる。

4　前3項の規定による徴収金は、この法律に別段の定めがある場合を除

き，国税徴収の例により徴収することができる。

介護保険法
（不正利得の徴収等）
第22条　偽りその他不正の行為によって保険給付を受けた者があるときは，市町村は，その者からその給付の価額の全部又は一部を徴収することができるほか，当該偽りその他不正の行為によって受けた保険給付が第51条の3第1項の規定による特定入所者介護サービス費の支給，第51条の4第1項の規定による特例特定入所者介護サービス費の支給，第61条の3第1項の規定による特定入所者介護予防サービス費の支給又は第61条の4第1項の規定による特例特定入所者介護予防サービス費の支給であるときは，市町村は，厚生労働大臣の定める基準により、その者から当該偽りその他不正の行為によって支給を受けた額の100分の200に相当する額以下の金額を徴収することができる。

2　前項に規定する場合において，訪問看護，訪問リハビリテーション，通所リハビリテーション若しくは短期入所療養介護，定期巡回・随時対応型訪問介護看護又は介護予防訪問看護，介護予防訪問リハビリテーション，介護予防通所リハビリテーション若しくは介護予防短期入所療養介護についてその治療の必要の程度につき診断する医師その他居宅サービス若しくはこれに相当するサービス，地域密着型サービス若しくはこれに相当するサービス，施設サービス又は介護予防サービス若しくはこれに相当するサービスに従事する医師又は歯科医師が，市町村に提出されるべき診断書に虚偽の記載をしたため，その保険給付が行われたものであるときは，市町村は，当該医師又は歯科医師に対し，保険給付を受けた者に連帯して同項の徴収金を納付すべきことを命ずることができる。

3　市町村は，第41条第1項に規定する指定居宅サービス事業者，第42条の2第1項に規定する指定地域密着型サービス事業者，第46条第1項に規定する指定居宅介護支援事業者，介護保険施設，第53条第1項に規定する指定介護予防サービス事業者，第54条の2第1項に規定する指定地域密着型介護予防サービス事業者又は第58条第1項に規定する指定介護予防支援事業者（中略）が，偽りその他不正の行為により第

41条第6項,第42条の2第6項,第46条第4項,第48条第4項,第51条の3第4項,第53条第4項,第54条の2第6項,第58条第4項又は第61条の3第4項の規定による支払を受けたときは,当該指定居宅サービス事業者等から,その支払った額につき返還させるべき額を徴収するほか,その返還させるべき額に100分の40を乗じて得た額を徴収することができる。

国民健康保険法

(不正利得の徴収等)

第65条　偽りその他不正の行為によつて保険給付を受けた者があるときは,保険者は,その者からその給付の価額の全部又は一部を徴収することができる。

2　前項の場合において,保険医療機関において診療に従事する保険医又は健康保険法第88条第1項に規定する主治の医師が,保険者に提出されるべき診断書に虚偽の記載をしたため,その保険給付が行われたものであるときは,保険者は,当該保険医又は主治の医師に対し,保険給付を受けた者に連帯して前項の徴収金を納付すべきことを命ずることができる。

3　保険者は,保険医療機関等又は指定訪問看護事業者が偽りその他不正の行為によつて療養の給付に関する費用の支払又は第52条第3項(中略)若しくは第54条の2第5項の規定による支払を受けたときは,当該保険医療機関等又は指定訪問看護事業者に対し,その支払つた額につき返還させるほか,その返還させる額に100分の40を乗じて得た額を支払わせることができる。

📖 **債権回収 Q&A** ☞ 13, 14 参照

商法の時効と不当利得
(最二小判平成3年4月26日集民162号769頁(27809113))

「本件不当利得返還請求権は，商行為たる船体保険契約及び質権設定契約に基づき保険者から質権者に支払われた保険金の返還に係るものではあっても，保険者に法定の免責事由があるため支払原因が失われ法律の規定によって発生する債権であり，<u>その支払の原因を欠くことによる法律関係の清算において商事取引関係の迅速な解決という要請を考慮すべき合理的根拠は乏しい</u>から，商行為から生じた債権に準ずるものということはできない。したがって，本件不当利得返還請求権の消滅時効期間は，民事上の一般債権として，民法 167 条 1 項により 10 年と解するのが相当である（最高裁昭和 53 年（オ）第 1129 号同 55 年 1 月 24 日第一小法廷判決・民集 34 巻 1 号 61 頁（筆者注：27000185）参照）。」

解説

本書 1—33 の判決（最一小判昭和 55 年 1 月 24 日民集 34 巻 1 号 61 頁）と同様に債権の原因，性質から時効が判断されたものです。しかし，行政上の取消しを経て不当利得となる返還金については，本書 1—21 の判決（仙台地判平成 17 年 6 月 30 日裁判所ウェブサイト掲載（28131527））では民法の適用を認めていません。

参照条文

民法

（不当利得の返還義務）

第 703 条　法律上の原因なく他人の財産又は労務によって利益を受け，そのために他人に損失を及ぼした者（以下この章において「受益者」という。）は，その利益の存する限度において，これを返還する義務を負う。

23　下水道使用料の性質
（東京地判平成 23 年 12 月 9 日判例集未登載）

「（筆者注：下水道は）市町村又は都道府県が，都市の健全な発達及び公

衆衛生の向上に寄与し，併せて公共用水域の水質の保全に資することを目的として，主として市街地における下水を排除し，又は処理するために設けられた施設である（下水道法1条，2条3号，3条）から『公の施設』に当たる」とし，下水道使用料は「地方自治法225条によって普通地方公共団体が徴収できる『公の施設』についての使用料である」

解説

　下水道使用料の納入通知は，自治法225条にいう「使用料」の徴収に関する処分に当たるとしました。

　下水道使用料の性質については，本書1－2の解説の東京地八王子支決昭和50年12月8日判時803号18頁（27404475）と同様です。

　改正行政不服審査法では30日以内の不服申立期間は3か月にされ，議会への諮問は存置されています（改正行政不服審査法18条，自治法229条，231条の3関連）。

参考文献

　下水道使用料の納入通知が「使用料」の徴収に関する処分に当たることの意味については，次のような説明があります。

　「下水道使用料の納入通知が地方自治法225条にいう「使用料」の徴収に関する処分に当たるとなると，それに不服がある者は，30日以内に審査請求をしなければならず（地方自治法229条3項），審査請求をしなければ裁判所に出訴することができない（審査請求前置主義。同条6項）ことになります。地方公共団体としても，この審査請求に対しては，議会に諮問し，その答申を受けてから決定しなければなりません（地方自治法229条4項）。また，納入通知には教示文を記載しなければならないことになります（行政不服審査法57条）。ところで，下水道使用料の納入通知は賦課処分ですから，それにより，金額，納期限等が確定し，具体的な下水道使用料の納入義務が発生することになると思います。消滅時効も，この納期限の翌日から進行することになると思いますが，<u>地方自治法には，地方税法18条3項のように，徴収権の消滅時効の規定が見当たりません。</u>納入通知がない限り，消滅時効が進行しないというのも妙な気がします（弁

護士羽根一成「争訟法務最前線」　東京平河法律事務所ホームページ　第62回（『地方自治職員研修』2012年2月号掲載分））。」

参照条文

下水道法

（この法律の目的）

第1条　この法律は、流域別下水道整備総合計画の策定に関する事項並びに公共下水道、流域下水道及び都市下水路の設置その他の管理の基準等を定めて、下水道の整備を図り、もつて都市の健全な発達及び公衆衛生の向上に寄与し、あわせて公共用水域の水質の保全に資することを目的とする。

（用語の定義）

第2条

(3)　公共下水道　次のいずれかに該当する下水道をいう。

　イ　主として市街地における下水を排除し、又は処理するために地方公共団体が管理する下水道で、終末処理場を有するもの又は流域下水道に接続するものであり、かつ、汚水を排除すべき排水施設の相当部分が暗渠である構造のもの

（管理）

第3条　公共下水道の設置、改築、修繕、維持その他の管理は、市町村が行うものとする。

2　前項の規定にかかわらず、都道府県は、2以上の市町村が受益し、かつ、関係市町村のみでは設置することが困難であると認められる場合においては、関係市町村と協議して、当該公共下水道の設置、改築、修繕、維持その他の管理を行うことができる。この場合において、関係市町村が協議に応じようとするときは、あらかじめその議会の議決を経なければならない。

地方自治法

（使用料）

第225条　普通地方公共団体は、第238条の4第7項の規定による許可を受けてする行政財産の使用又は公の施設の利用につき使用料を徴収する

ことができる。

（分担金等の徴収に関する処分についての審査請求）

第229条　普通地方公共団体の長以外の機関がした分担金、使用料、加入金又は手数料の徴収に関する処分についての審査請求は、普通地方公共団体の長が当該機関の最上級行政庁でない場合においても、当該普通地方公共団体の長に対してするものとする。

2　普通地方公共団体の長は、分担金、使用料、加入金又は手数料の徴収に関する処分についての審査請求があつたときは、議会に諮問してこれを決定しなければならない。

3　議会は、前項の規定による諮問があつた日から二十日以内に意見を述べなければならない。

4　第二項の審査請求に対する裁決を受けた後でなければ、同項の処分については、裁判所に出訴することができない。

行政不服審査法

（不服申立てをすべき行政庁等の教示）

第82条　行政庁は，審査請求若しくは再調査の請求又は他の法令に基づく不服申立て（以下この条において「不服申立て」と総称する。）をすることができる処分をする場合には，処分の相手方に対し，当該処分につき不服申立てをすることができる旨並びに不服申立てをすべき行政庁及び不服申立てをすることができる期間を書面で教示しなければならない。ただし，当該処分を口頭でする場合は，この限りでない。

2　行政庁は，利害関係人から，当該処分が不服申立てをすることができる処分であるかどうか並びに当該処分が不服申立てをすることができるものである場合における不服申立てをすべき行政庁及び不服申立てをすることができる期間につき教示を求められたときは，当該事項を教示しなければならない。

3　前項の場合において，教示を求めた者が書面による教示を求めたときは，当該教示は，書面でしなければならない。

地方税法

（地方税の消滅時効）

第18条

3 地方税の徴収権の時効については、この款に別段の定があるものを除き、民法の規定を準用する。

第三者行為損害賠償請求権の性質
(最一小判平成10年9月10日集民189号887頁 (28032716))

「国民健康保険の保険者が交通事故の被害者である被保険者に対して行った療養の給付と、自賠責保険の保険会社が右被害者に対して自賠法16条1項の規定に基づいてした損害賠償額の支払とは、共に一個の交通事故により生じた身体傷害に対するものであって、原因事実及び被侵害利益を共通にするものであるところ、右被保険者が、療養の給付を受けるのに先立って、保険会社から損害賠償額の支払を受けた場合には、右損害賠償額の支払は、右事故による身体傷害から生じた損害賠償請求権全体を対象としており、療養に関する損害をも包含するものであって、保険会社が損害賠償額の支払に当たって算定した損害の内訳は支払額を算出するために示した便宜上の計算根拠にすぎないから、右被保険者の第三者に対する損害賠償請求権は、その内訳のいかんにかかわらず、支払に応じて消滅し、保険者は、療養の給付の時に残存する額を限度として、右損害賠償請求権を代位取得するものと解すべきである。」

参考文献

第三者行為損害賠償請求権についての見解です。
「第三者行為損害賠償請求権は、私債権である。市町村（保険者）は、給付事由が第三者の行為によって生じた場合において、保険給付を行ったときは、その給付の価格の限度において、被保険者が第三者に対して有する損害賠償の請求権を取得する（国民健康保険法64条1項）（大阪弁護士会・自治体債権管理研究会編『地方公務員のための債権管理・回収実務マニュアル　債権別解決手法の手引き』3頁（第一法規、2010年))。」

参照条文

自動車損害賠償保障法

（保険会社に対する損害賠償額の請求）

第16条　第3条（筆者注：自動車損害賠償責任）の規定による保有者の損害賠償の責任が発生したときは，被害者は，政令で定めるところにより，保険会社に対し，保険金額の限度において，損害賠償額の支払をなすべきことを請求することができる。

国民健康保険法

（損害賠償請求権）

第64条　保険者は，給付事由が第三者の行為によつて生じた場合において，保険給付を行つたときは，その給付の価額（中略）の限度において，被保険者が第三者に対して有する損害賠償の請求権を取得する。

25　弁済供託の性質
（最大判昭和45年7月15日民集24巻7号771頁（27000711））

「弁済供託は，弁済者の申請により供託官が債権者のために供託物を受け入れ管理するもので，民法上の寄託契約の性質を有するものであるが，供託により弁済者は債務を免れることとなるばかりでなく，金銭債務の弁済事務が大量で，しかも，確実かつ迅速な処理を要する関係上，法律秩序の維持，安定を期するという公益上の目的から，法は，国家の後見的役割を果たすため，国家機関である供託官に供託事務を取り扱わせることとしたうえ，供託官が弁済者から供託物取戻の請求を受けたときには，単に，民法上の寄託契約の当事者的地位にとどまらず，行政機関としての立場から右請求につき理由があるかどうかを判断する権限を供託官に与えたものと解するのが相当である。したがつて，（中略）供託官が供託物取戻請求を理由がないと認めて却下した行為は行政処分であり，弁済者は右却下行為が権限のある機関によつて取り消されるまでは供託物を取り戻すことができないものといわなければならず，供託関係が民法上の寄託関係である

からといつて，供託官の右却下行為が民法上の履行拒絶にすぎないものということは到底できないのである。（中略）弁済供託が民法上の寄託契約の性質を有するものであることは前述のとおりであるから，供託金の払渡請求権の消滅時効は民法の規定により，10年をもつて完成するものと解する。」

この判決には供託は民法上の寄託契約であって行政処分としない6人の反対意見があり，まず，4人の反対意見は次のとおりです。

「供託および供託官のする行為の法律上の性質は，供託官が行政機関であること等からして一見行政処分の如くであるけれども，その本質は，専ら私法上の法律関係と考えるのが相当であり，（中略）事柄の性質が全体として私法関係に属するとしても，立法政策の必要から，法律は必要に応じこれに公法的要素を添加し，供託関係の発生，変更，消滅を行政行為にかからしめることは可能であり，そのような場合には，その限度において，これを公法関係の面から把握し理解せねばならぬ場合もある。（中略）供託法，供託規則に基づく供託官の行為のごときは，本来公権力の行使に当たる行政行為というべきではなく，民法上の寄託契約の当事者の地位におけるものにすぎず，また，後述するところからみて，立法政策として供託官の行政行為を介在させる必要もないと考えられるから，供託官の行為に公定力を認めることは，理論的にも実定法的にもまことに根拠が薄弱である。」

次に，2人の反対意見は次のとおりです。

「供託の法律的性質を寄託契約，すなわち，私法上の法律関係であると解する。ただ，供託手続が確実にかつ迅速に行なわれるために，国家機関たる供託官がその事務を行なうのであるが，そのことは，何等供託そのものが私法的法律関係たることに影響するものではない。（中略）供託官の処分に関する争訟の形式としては，審査請求ないし抗告訴訟によるべき場合と通常の民事訴訟によるべき場合とがあると考える」

解説

この判例では，訴訟の形式は行政処分としての取消訴訟とするのか，民事訴訟で争うべきか問題とされていますが，供託の却下処分は行政処分で

あるとしながらも，債権の性質により時効は民法167条が適用されるとしています。

参考文献

この判例については，「議論すべき点がある。すなわち，供託物取戻請求を却下した供託官の行為を行政処分として取消訴訟を肯定しつつ，消滅時効に関しては，弁済供託が民法上の寄託契約の資質を有することを理由に民法の規定により10年で時効が完成するとしたことである。「公法」の用語の用い方にもよるが，訴訟の方法について公法（行政事件としての扱い）によりつつ，時効については民法によるとした（債権管理・回収研究会編『自治体職員のための事例解説　債権管理・回収の手引き』421頁（第一法規，加除式））」として場面ごとの法律が適用されるという見解があります。本書1―29の水道料金の減免は行政処分に当たるとした判決（奈良地判平成15年11月12日判自271号56頁（28110112））についても場面ごとに法律を適用するという同様の考え方に基づくものといえます。

参照条文

民法

（債権等の消滅時効）

第167条　債権は，10年間行使しないときは，消滅する。

26 自動車損害賠償保障法に基づくてん補金請求権
（大阪高判平成16年5月11日交通事故民事裁判例集37巻3号573頁（28091692））

「自賠法72条1項に基づくてん補金請求権が公法上の請求権であるとしても，それだけの理由で直ちに弁済期及び遅延損害金に関する民法の規定が適用ないし準用されないと解するのは相当でない。むしろ，国を当事者とする金銭債権について，会計法は，30条ないし32条において時効に関して民法の特則を定めているにもかかわらず，時効以外の点に関して

1 債権の性質

は明文の規定を設けていないが、その趣旨は、公法上の金銭債権であっても、時効以外の点に関しては、その金銭債権の性質に反しない限り、原則として民法の規定を準用する法意に出たものと解する（中略）自賠法72条１項に基づくてん補金請求権は、私法上の金銭債権の場合に準じて、期限の定めのない債務として発生し、民法412条３項によって請求を受けたときから遅滞に陥り、同法419条によって法定利率（同法所定の年５分）による遅延損害金が発生するものと解すべきである。」

解説

公法上の金銭債権であっても、債権の性質に反しない限り時効以外の点では民法の適用はあり得るとし、場合によっては、遅延損害金についても民法が適用されるものとしました。

実務上のポイント

公債権であっても、自治法231条の３第２項により条例で定めていなければ延滞金を徴収できませんが、条例で定めていなくても民法上の遅延利息（遅延損害金）５％（民法404条）として請求できることになります。

参考文献

民法上の遅延利息（遅延損害金）の説明です。

「弁済期を徒過して支払わなかった場合に、弁済期以後に支払うべき分は、利息（約定利息）ではなく、損害賠償である。もっとも、この損害賠償額は、損害金の特約がないときには、利息と同利率で計算されるから（419条１項）、金額は変らない。従って『遅延利息』とも呼ばれる。しかし、その性質は損害賠償である（我妻榮、水本浩・川井健補訂『民法案内Ⅶ』９頁（勁草書房、2008年））。」

参照条文

会計法

（金銭に関する権利の消滅時効）
第30条　金銭の給付を目的とする国の権利で、時効に関し他の法律に規

定がないものは，5年間これを行わないときは，時効に因り消滅する。国に対する権利で，金銭の給付を目的とするものについても，また同様とする。

（納入告知の効力）

第32条　法令の規定により，国がなす納入の告知は，民法第153条（前条において準用する場合を含む。）の規定にかかわらず，時効中断の効力を有する。

自動車損害賠償保障法

（業務）

第72条　政府は，自動車の運行によつて生命又は身体を害された者がある場合において，その自動車の保有者が明らかでないため被害者が第3条の規定による損害賠償の請求をすることができないときは，被害者の請求により，政令で定める金額の限度において，その受けた損害をてん補する。責任保険の被保険者及び責任共済の被共済者以外の者が，第3条の規定によつて損害賠償の責に任ずる場合（中略）も，被害者の請求により，政令で定める金額の限度において，その受けた損害をてん補する。

地方自治法

（督促，滞納処分等）

第231条の3　分担金，使用料，加入金，手数料及び過料その他の普通地方公共団体の歳入を納期限までに納付しない者があるときは，普通地方公共団体の長は，期限を指定してこれを督促しなければならない。

2　普通地方公共団体の長は，前項の歳入について同項の規定による督促をした場合においては，条例の定めるところにより，手数料及び延滞金を徴収することができる。

民法

（法定利率）

第404条　利息を生ずべき債権について別段の意思表示がないときは，その利率は，年5分とする。

（履行期と履行遅滞）

第412条

1 債権の性質

3　債務の履行について期限を定めなかったときは、債務者は、履行の請求を受けた時から遅滞の責任を負う。

（金銭債務の特則）
第419条　金銭の給付を目的とする債務の不履行については、その損害賠償の額は、法定利率によって定める。ただし、約定利率が法定利率を超えるときは、約定利率による。

27　廃棄物処理手数料は自治法227条の手数料である
（金沢地判昭和41年1月28日判時439号107頁（27602982））

「市が行う汚物の収集処分は一面清掃法により市自身に課せられた義務の履行であるが、他面前記のごとき、義務を負担する市住民各自の利益のためなされる役務の提供であることは否定し難いところである。従つて本来普通地方公共団体は、右汚物の収集および処分に関し、地方自治法第222条1項（筆者注：現行227条）所定の手数料を右市住民から徴収しうるものであるところ、清掃法第20条はこれを明文をもつて確認したものと解するのが相当である。されば本件条例第8条第4号により一般家庭から徴収される清掃手数料も市の固有事務で特定の個人のためになされる報償的性質を有する手数料であつて清掃法第20条ないし地方自治法第222条第1項所定の手数料と異質のものではないと解する」

解説

廃棄物手数料は自治法227条の手数料としましたが、時効について自治法236条の適用があるかどうかは判断していません。下記参考文献のように、民法174条3号の「運送賃に係る債権」として時効1年と解することは運搬だけでなくごみ処理に係る手数料から考えると疑問です。

廃棄物処理手数料は、判決では「特定の個人のためになされる報償的性質を有する手数料」としていますが、一方で、債権の性質としては「必ずしも本人の自由意思に基づく物の売買やサービスの提供行為などの収入原

49

因を根拠とすることを収入の本質としない(地方自治関係実務研究会『地方自治法関係実務事典』81頁(第一法規,加除式))」ことから契約的な性質のものと捉えることなく,自治法の適用があってよいものと考えます。

> **参考文献**

廃棄物処理手数料の時効は,次のように民法が適用されるとする見解もあります。

「廃棄物処理事業は,上記判例が判示するように,市町村自身に課せられた義務の履行という側面もあるが,住民各自の利益のためになされる役務の提供という側面もある。そして,<u>同事業は市町村等の地方公共団体が独占している業務ではないので,住民は業者に依頼して処理してもよい。その点からすると,事業者と利用者の関係は基本的に対等の関係にあると解される。</u>(中略)廃棄物処理手数料は,市町村と住民の廃棄物処理に関する委任契約に基づく債権であると解するのが相当だと考える(但し,市町村において自治法上の手数料として徴収条例を定めることを必ずしも否定するものではない。)。そうだとすると,時効期間は民法167条1項により10年ということになるが,民法174条3号の「運送賃に係る債権」として1年と解される余地もある(東京弁護士会弁護士業務改革委員会自治体債権管理問題検討チーム編『自治体のための債権管理マニュアル』275,276頁(ぎょうせい,2008年))。」

> **参照条文**

地方自治法
(手数料)
第227条 普通地方公共団体は,当該普通地方公共団体の事務で特定の者のためにするものにつき,手数料を徴収することができる。

民法
(債権等の消滅時効)
第167条 債権は,10年間行使しないときは,消滅する。
(1年の短期消滅時効)
第174条 次に掲げる債権は,1年間行使しないときは,消滅する。

(3) 運送賃に係る債権

28 大学と学生の在学関係
（最二小判平成 18 年 11 月 27 日民集 60 巻 9 号 3597 頁
(28112531)）

「在学契約は，大学が学生に対して，講義，実習及び実験等の教育活動を実施するという方法で，上記の目的にかなった教育役務を提供するとともに，これに必要な教育施設等を利用させる義務を負い，他方，学生が大学に対して，これらに対する対価を支払う義務を負うことを中核的な要素とする。」

解説
公立学校の授業料債権は「公の施設の使用料」であるから，時効は自治法が適用されるという考えではなく，公立，私立を問わず施設も含め債権の内容は教育提供の対価ですから，時効は民法 173 条 3 号が適用されると考えます。

参照条文
民法
第 173 条　次に掲げる債権は，2 年間行使しないときは，消滅する。
　(3)　学芸又は技能の教育を行う者が生徒の教育，衣食又は寄宿の代価について有する債権

29 水道料金の減免は行政処分に当たる
（奈良地判平成 15 年 11 月 12 日判自 271 号 56 頁
(28110112)）

「原告と A 市間の給水契約は，地方公共団体を一方当事者とする私法上

の契約にすぎないから，本件申請は，契約の一方当事者である原告が契約条件の変更を申し入れ，相手方当事者がこれに応じられない旨の意思表示をしたにすぎないものとして，本来行政処分には当たらないのではないかとの問題点はある。しかしながら，水道水の供給を受けるのは生活において不可欠であり，Ａ市の住民にとっては，Ａ市水道事業から水の供給を受ける以外は，他に水を得る手段は事実上ないこと，Ａ市長も，本件決定が行政処分であることを前提として，審査請求に対する応答をしていること等に本件給水条例の内容を総合して考慮すれば，本件給水条例34条に基づく，利用者の水道料金等の減免申請に対する管理者の応答につき，本件給水条例が行政処分性を付与していると解することができる。」

解説

水道料金の時効は民法が適用されるとしています（本書1―3）が，この判決では水道料金の減免については，行政手続の上で申請に対する処分と解しています。

参考文献

減免については条例により規定されていますが，奨学会貸与条例等における減免規定は「当該条例に減免の決定について議会の関与に係らしめる等議会側に権限留保の規定を置く等の制度となつているような特別の場合を除き，当該条例の事務を執行する長にその判断を委ねているものと解されているので，かかる条例の規定が存するときは，議会による長への専決処分の委任があつたものと解され（地方自治関係実務研究会『地方自治法関係実務事典』1733-10頁（第一法規，加除式））」ます。

参照条文

奈良市水道事業給水条例（昭和33年奈良市条例第14号）
第34条　管理者は，特別の理由がある者については，この条例によつて納付しなければならない料金，分担金，加算分担金，手数料，その他の費用を減免することができる。

行政手続法

(申請に対する審査,応答)
第7条 行政庁は,申請がその事務所に到達したときは遅滞なく当該申請の審査を開始しなければならず,かつ,申請書の記載事項に不備がないこと,申請書に必要な書類が添付されていること,申請をすることができる期間内にされたものであることその他の法令に定められた申請の形式上の要件に適合しない申請については,速やかに,申請をした者(以下「申請者」という。)に対し相当の期間を定めて当該申請の補正を求め,又は当該申請により求められた許認可等を拒否しなければならない。
(理由の提示)
第8条 行政庁は,申請により求められた許認可等を拒否する処分をする場合は,申請者に対し,同時に,当該処分の理由を示さなければならない。ただし,法令に定められた許認可等の要件又は公にされた審査基準が数量的指標その他の客観的指標により明確に定められている場合であって,当該申請がこれらに適合しないことが申請書の記載又は添付書類その他の申請の内容から明らかであるときは,申請者の求めがあったときにこれを示せば足りる。
2 前項本文に規定する処分を書面でするときは,同項の理由は,書面により示さなければならない。

立替金支払請求権(求償権)には短期消滅時効は適用されない
(東京地判平成19年3月28日判例集未登載)

「立替払委託に基づく代位弁済の結果,新たに発生した立替金支払請求権には,同号(筆者注:民法173条1号)が適用されるものではないというべきである。また,同法(筆者注:民法)174条4号も同様の趣旨に基づくものであり,同号の『立替金』とは,同号所定の営業をなす者が,その代価を立て替えた場合に限られると解すべきであるから,その契約関係の外にある者が代位弁済した立替金については,本条の適用がないというべきである。」

> **解説**

短期消滅時効の債権であっても，立替え払いで立替金支払請求権（求償権）を取得すれば一般時効の10年が適用されることになります。立替えが商行為であれば商法522条により時効は5年になります。

> **参照条文**

民法

第173条　次に掲げる債権は，2年間行使しないときは，消滅する。
（1）　生産者，卸売商人又は小売商人が売却した産物又は商品の代価に係る債権

（1年の短期消滅時効）

第174条　次に掲げる債権は，1年間行使しないときは，消滅する。
（4）　旅館，料理店，飲食店，貸席又は娯楽場の宿泊料，飲食料，席料，入場料，消費物の代価又は立替金に係る債権

商法

（商事消滅時効）

第522条　商行為によって生じた債権は，この法律に別段の定めがある場合を除き，5年間行使しないときは，時効によって消滅する。ただし，他の法令に5年間より短い時効期間の定めがあるときは，その定めるところによる。

31　ホテルディナーショー代金債権の時効
（東京地判平成11年9月29日判タ1086号147頁（28071052））

「本件債権は，原告の経営するホテルにおいて多数の参加者を集めてディナーショーを開催する被告が原告との間で締結したホテル利用契約に基づく債権であり，参加者個人の飲食料債権そのものとは異なること（中略）によれば，本件債権の内容は，参加者等の飲食代金を中心とするものではあるが，設営料，音響照明費も含まれていることが認められ，さらに，（中

略）本件契約1は，単に飲食を提供するというよりは，ディナーショーという名にふさわしい内容の宴会を開催することが主目的であり，宴会の内容について交渉する過程で代金額も変更していくものであって，その代金が一律に決まるとはいえない性質のものであること，それゆえ，通常は見積りをした上で，代金額を請求する際には，内訳を示して請求しているのであって，当然，証拠書類の作成が予定されていること，この種の利用代金は，個人の飲食料とは異なり，（中略）決して少額とはいえないものであることが認められる。そうすると，本件債権1は，民法174条4号が予定している飲食料等とは性質を異にするから，同号所定の債権には該当せず，商行為によって生じた債権としてその消滅時効期間は5年と解すべきである。」

解説

民法174条に列挙される債権は金額がほぼ一律に定まり，少額で即時の決済が予定され，頻繁に発生し，証拠書類も作成しないことから，権利を早期に確定するため1年の短い時効にしたものです。

ホテルディナーショーは飲食の提供というより，設営料等も含めた宴会を開催することが目的であって，その時効は飲食代金とせず，商行為の時効5年（商法522条）としました。債権の時効を考える上で参考になる判決です。

参照条文

民法

第174条　次に掲げる債権は，1年間行使しないときは，消滅する。
(4)　旅館，料理店，飲食店，貸席又は娯楽場の宿泊料，飲食料，席料，入場料，消費物の代価又は立替金に係る債権

商法

（商事消滅時効）

第522条　商行為によって生じた債権は，この法律に別段の定めがある場合を除き，5年間行使しないときは，時効によって消滅する。ただし，他の法令に5年間より短い時効期間の定めがあるときは，その定めると

ころによる。

32 民法 724 条の短期消滅時効の趣旨
(最三小判昭和 49 年 12 月 17 日民集 28 巻 10 号 2059 頁 (27000401))

「民法 724 条が短期消滅時効を設けた趣旨は，不法行為に基づく法律関係が，通常，未知の当事者間に，予期しない偶然の事故に基づいて発生するものであるため，加害者は，損害賠償の請求を受けるかどうか，いかなる範囲まで賠償義務を負うか等が不明である結果，極めて不安定な立場におかれるので，被害者において損害及び加害者を知りながら相当の期間内に権利行使に出ないときには，損害賠償請求権が時効にかかるものとして加害者を保護することにあると解される。」

解説

民法 724 条は加害者側に立った時効 3 年と，加害者が知れない 20 年を規定し，一般時効 10 年（民法 167 条）とのバランスを図り，一般時効の特則であるとされています。

参照条文

民法

（不法行為による損害賠償請求権の期間の制限）

第 724 条　不法行為による損害賠償の請求権は，被害者又はその法定代理人が損害及び加害者を知った時から 3 年間行使しないときは，時効によって消滅する。不法行為の時から 20 年を経過したときも，同様とする。

1 債権の性質

33 利息制限法を超えた利息の不当利得返還請求権は，商行為による場合でも，10年の消滅時効になる
（最一小判昭和55年1月24日民集34巻1号61頁（27000185））

「商法522条の適用又は類推適用されるべき債権は商行為に属する法律行為から生じたもの又はこれに準ずるものでなければならないところ，利息制限法所定の制限をこえて支払われた利息・損害金についての不当利得返還請求権は，法律の規定によつて発生する債権であり，しかも，商事取引関係の迅速な解決のため短期消滅時効を定めた立法趣旨からみて，商行為によつて生じた債権に準ずるものと解することもできないから，その消滅時効の期間は民事上の一般債権として民法167条1項により10年と解する」

解説

商行為であっても利息制限法を超えた利息の時効は，民法によるべきものとしました。

参照条文

民法

（債権等の消滅時効）

第167条　債権は，10年間行使しないときは，消滅する。

商法

（商事消滅時効）

第522条　商行為によって生じた債権は，この法律に別段の定めがある場合を除き，5年間行使しないときは，時効によって消滅する。ただし，他の法令に5年間より短い時効期間の定めがあるときは，その定めるところによる。

📖 債権回収 Q&A ☞ 14 参照

34 マンション管理費の時効は民法169条に該当する
（最二小判平成16年4月23日民集58巻4号959頁（28091161））

「本件の管理費等の債権は，前記のとおり，管理規約の規定に基づいて，区分所有者に対して発生するものであり，その具体的な額は総会の決議によって確定し，月ごとに所定の方法で支払われるものである。このような本件の管理費等の債権は，基本権たる定期金債権から派生する支分権として，民法169条所定の債権に当たる」

解説

公営住宅の共益費も使用料と同様に民法169条の定期給付金の時効に該当します。1か月分の一部弁済は残りの月数分に時効中断が全部に及ぶかどうか問題になりますが，月ごとに発生し，別個独立の債務と考えられ，残りの債務に及ばないということになります。

一部納付による時効中断は，本書2—31の判例（東京地判平成17年2月18日判例集未登載）を参照してください。

参照条文

民法

（定期給付債権の短期消滅時効）

第169条　年又はこれより短い時期によって定めた金銭その他の物の給付を目的とする債権は，5年間行使しないときは，消滅する。

35 NHK受信料の消滅時効期間
（最二小判平成26年9月5日判時2240号60頁（28223724））

「上告人の放送の受信についての契約においては，受信料は，月額又は

1 債権の性質

6箇月若しくは12箇月前払額で定められ、その支払方法は、1年を2箇月ごとの期に区切り各期に当該期分の受信料を一括して支払う方法又は6箇月分若しくは12箇月分の受信料を一括して前払する方法によるものとされている。そうすると、上告人の上記契約に基づく受信料債権は、年又はこれより短い時期によって定めた金銭の給付を目的とする債権に当たり、その消滅時効期間は、民法169条により5年と解すべきである。」

解説

未払いのNHK受信料の時効につき一般の10年とするのか、定期給付金の5年とするのか下級審で判断が分かれていましたが、受信契約のあり方から定期給付金（民法169条）の扱いとしました。

実務上のポイント

自治体独自の有線放送施設利用料の時効を自治法が適用される債権に位置付けている例がありますが、債権の内容が有線放送利用料、インターネット接続料等であれば、債権の性質からみて民事債権の定期給付金に近いものがあります。

「公の施設使用料」であるから公債権であり、時効は自治法が適用されるとする論理は、本書1─3 水道料金の性質3判決（東京高判平成13年5月22日、最二小決平成15年10月10日）、1─13 公立病院診療費の判決（最二小判平成17年11月21日民集59巻9号2611頁）により否定されたところです。

2 時　効

1 時効完成後に納税義務を承認しても効力はない
（行裁一部判大正7年6月3日法律新聞1426号23頁）

「会計法第19条（現行30条）ハ同条所定ノ期間ヲ経過シタルトキハ納税義務ヲ当然消滅セシムル趣旨ナルヲ以テ仮ニ納税者ガ時効完成後ニ於テ納税義務ヲ承認スルモ何等ノ効力ナキモノトス。」

解説

　税滞納者が時効完成を知らずに履行した場合，その履行は無効となるもので，税，自治法等の公債権消滅時効については滞納者が時効を知っていると知らないとにかかわらず時効完成により債権が消滅するものです。

　したがって，税，自治法等の適用がある債権においては時効完成後に納付があれば還付しなければなりません。

　税，公課において時効完成後に納付義務者の意思表示を必要としないことは本書1—13の参考文献に記載のとおりです。

参考文献

　「大正10年に会計法が改正され，『期満免除』を『消滅時効』に，『特別の法律』を『他の法律』に改めるとともに，金銭給付を目的とする政府の債権債務の消滅時効の中断停止その他の事項に関し，適用すべき他の法律の規定がないときは民法の規定を準用する旨を規定した（成田頼明ほか編『注釈地方自治法（全訂）』4876頁（第一法規，加除式））」

2　時効の援用は裁判外でもなし得る
（大判昭和 10 年 12 月 24 日民集 14 巻 2096 頁
（27500768））

「時効ノ完成ニ因リ土地ノ所有権ヲ取得シタル甲カ従来ノ所有者ニ対シ裁判外ニ於テ其ノ援用ヲ為シタル事実アル以上ハ同地上ノ樹木ヲ伐採シタル乙ニ於テ右甲ノ所有権取得ヲ主張スルコトヲ妨ケサルモノトス」

解説

判決は取得時効の援用ですが，消滅時効の援用にも当てはまるものとして「民法 145 条は当事者の意思に反して強制的に時効の利益を受けさせるのを不可としたものであるから，少なくとも取得時効については直接時効の利益を受ける者は裁判上たると裁判外たるとを問わず援用することができ，いつたん援用があつたときはここに時効による権利の取得は確定不動のものとなる。（「D1 – Law.com 判例体系」第一法規，判決要旨から）」としています。

参照条文

民法

（時効の援用）

第 145 条　時効は，当事者が援用しなければ，裁判所がこれによって裁判をすることができない。

3　時効援用権の喪失
（最大判昭和 41 年 4 月 20 日民集 20 巻 4 号 702 頁
（27001201））

「債務者が，自己の負担する債務について時効が完成したのちに，債権者に対し債務の承認をした以上，時効完成の事実を知らなかつたときでも，

爾後その債務についてその完成した消滅時効の援用をすることは許されないものと解するのが相当である。けだし，<u>時効の完成後，債務者が債務の承認をすることは，時効による債務消滅の主張と相容れない行為であり，相手方においても債務者はもはや時効の援用をしない趣旨であると考えるであろうから，その後においては債務者に時効の援用を認めないと解するのが，信義則に照らし，相当であるからである</u>。また，かく解しても，永続した社会秩序の維持を目的とする時効制度の存在理由に反するものでもない。」

解説

債務者は時効完成の事実を知らないのが普通ですが，知らない場合であっても，民法上では承認，（一部）弁済したとしても社会秩序を目的とする時効制度に反するものでなく，信義則上から時効の援用権を喪失するものとしました。

実務上のポイント

民法上では，時効完成を知る，知らないで承認（弁済）することについて次のように整理できます。どちらも承認（弁済）後に新たな時効が進行することになります。

　　時効完成を知った上で承認（弁済）　→　時効の利益の放棄
　　時効完成を知らずに承認（弁済）　→　時効の援用権の喪失

参考文献

時効完成後の承認（弁済）につき，時効を知っているか，知らないかは，次のような見解があります。

「この判決までの判例は，時効完成後の時効利益の放棄について，次のように扱っていた。すなわち，放棄は意思表示であるから，放棄される権利の存在を知ってなされなければならない。したがって，これを知らない場合には，放棄するという意思のあろうはずがない，としたうえで，時効完成後には普通の人間は時効の完成を知っているものと推測されるとし，しかもこの推定を覆す立証をなかなか認めようとしなかった。（中略）こ

れは極めて不自然な議論である。まず，時効完成後は通常それを知っているものだという推定は，全く非現実的だし，まして，知っていれば通常放棄などしないものである。そこで，最高裁は判例を変更し，『時効が完成したのちに債務の承認をする場合には，その時効完成の事実を知つているのはむしろ異例で，知らないのが通常であるといえるから，（中略）消滅時効完成後に当該債務の承認をした事実から右承認は時効が完成したことを知ってされたものであると推定することは許されない』と述べた。しかし，そのうえで，時効完成後に債務を承認する行為があった場合は，相手方も債務者はもはや時効を援用しないとの期待を抱くから，信義則上，その債務について時効を援用することは許されないとした。時効完成後の自認行為は，完成前における中断事由としての「承認」と同様な性質の行為であり，債権者の観点からすれば，同様に扱うことが妥当だろう（内田貴『民法Ⅰ総則・物件総論』335, 336 頁（東京大学出版会，第 4 版, 2008 年））。」

　時効利益の放棄と時効援用権の喪失の違いについて，次のような見解があります。
　「思うに，『放棄』と『喪失』とは，利益不享受の論理が違うわけであって，前者はその積極的な意思表示であるのに対し，後者は，信義則によって権利行使が否定されるものである。したがって，放棄に準じて扱う（我妻 454 頁，川井『注民(5)』62 頁）のでなく，権利行使が否定されるのだとする解釈（川島 466 頁，四宮—能見 383 頁，遠藤浩『判批』民商 65 巻 1 号 162 頁，川井 402 頁）が正しいといわなければならない（近江幸治『民法講義Ⅰ民法総則』353 頁（成文堂，第 6 版補訂版, 2012 年））。」

　時効利益の放棄と時効援用権の喪失の効果について，次のような見解があります。
　「時効利益の放棄の効果は，相対的であると解されている。すなわち，放棄することのできる者が多数あるある場合に,そのうちの 1 人の放棄は，他の者に影響を及ぼさない。例えば，主債務者の時効の利益の放棄は，保証人や物上保証人に影響を及ぼさないから，保証人や物上保証人は，別に主債務の時効を援用して,保証債務や物的責任を免れることができる。（中

略）これに対し，援用権の喪失の場合は明らかでないが，その認められる根拠からみてやはり相対的と解すべきであろう。（中略）したがって，この効果の点において，両者は異ならないというべきである（弁護士酒井廣幸『新版時効の管理』427頁（新日本法規出版，2007年））。」

参照条文

民法

（時効の援用）

第145条　時効は，当事者が援用しなければ，裁判所がこれによって裁判をすることができない。

📖 債権回収Q&A☞80参照

誤信させたことによる時効援用権の喪失
（東京地判平成7年7月26日金融・商事判例1011号38頁（28020377））

「債権者が消滅時効完成後に欺瞞的方法を用いて債務者に一部弁済をすればもはや残債務はないとの誤信を生ぜしめ，その結果債務者がその債務の一部弁済をした場合にまで，かかる誤信を生ぜしめた債権者の信頼を保護するために債務者がその債務について消滅時効の援用権を喪失すると解すべきいわれはない。」

解説

時効完成した後に債務者に誤信させて，一部納付させたことは，債権者を保護することなく債務者の時効援用権は喪失しないものとしました。

参考文献

誤信による承認（弁済）は時効の援用権を喪失しないことについては，次のような見解があります。

「援用権喪失理論を認める根拠は,判例によると,時効完成後における債務の承認は,時効による債務消滅の主張と相容れない行為であること,相手方においても,債務者は時効の援用をしない趣旨であると考えること(中略),時効の援用を認めないのが信義則に照らし相当であることを挙げ,信義則に根拠を求めている(同旨,近江・民法講義1 民法総則[第5版]321)。この点,時効制度の社会的立場と,個人意思の調和に根拠を置く時効利益の放棄とは,理論的根拠が異なるというべきである。このように,信義則に根拠を置く援用権の喪失であるから,債権者が欺瞞的方法を用いて一部弁済をすれば残債務はないと誤信させて弁済させたとか(東京地判平7・7・26金判1011・38),債務者の無知に乗じて一部弁済を促したり,取立行為が違法な場合(東京簡裁平11・3・19判タ1045・169)においては,なお援用権を失わないと解すべきである(弁護士酒井廣幸『新版時効の管理』7頁(新日本法規出版,2007年))。」

5 時効完成後の債務につき一部弁済の有効性
(宇都宮簡判平成24年10月15日金融法務事情1968号122頁(28210966))

「時効完成後の原告の行動は,被告が時効制度等について無知であること,一括払いの請求に対して多くの多重債務者が分割払いの申出をするとともに僅かな金銭を支払うことによりその場をしのごうとする心理状態になることを利用し,被告がこのような申出をした場合には,一括払いの請求を維持しつつも弁済方法について再考を促して分割弁済に応じてもらえるかもしれないとの期待を与えて申出に係る僅かな金銭を受領することにより一部弁済の実績を残すこと,その後被告に分割弁済の申出をさせることにより残債務の存在を承認したと評価できる実績を残すことを意図したものであると認められる。(中略)多重債務者にありがちな対応であって,従業員の訪問請求に対する被告の反射的な反応の域を出るものではないと解される。したがって,その後,分割弁済の合意ができないにしても被告がその申出どおり分割弁済を継続したなど弁済に向けて被告が積極的な

対応をした事実が認められるような場合はともかく，被告の対応が上記認定した事実にとどまる本件においては，原告と被告間に，もはや被告において時効を援用しないと債権者が信頼することが相当であると認め得る状況が生じたとはいえないから，仮に原告において，もはや被告が時効を援用しないであろうと信頼したとしても，この信頼は，信義則上保護するに足りない。」

解説

　一部弁済は債務の承認に当たりますが，時効完成後の債務につき債務者の無知に乗じて弁済させた場合は，信義則上，一部弁済を承認とは認めませんでした。時効完成後における分割納付の勧奨は債務者に誤信させないようにしなければなりません。

6　債務承認後の時効進行
（最一小判昭和45年5月21日民集24巻5号393頁（27000727））

「民法157条が時効中断後にもあらたに時効の進行することを規定し，さらに同法174条ノ2が判決後もあらたに時効が進行することを規定していることと対比して考えれば，時効完成後であるからといつて債務の承認後は再び時効が進行しないと解することは，彼此（筆者注：ひし，あれこれという意味）権衡を失するものというべきであり，また，時効完成後の債務の承認がその実質においてあらたな債務の負担行為にも比すべきものであることに鑑みれば，これにより，従前に比して債務者がより不利益になり，債権者がより利益となるような解釈をすべきものとはいえないからである。」

解説

　民法では時効完成したことを債務者が知っても，知らなくても，債務承認すれば承認の翌日から新たな時効が進行することになります。（本書2

－3のとおり。)

> **参考文献**

　時効の利益の放棄については、「時効完成後、貸主が時効の利益を放棄する旨を述べれば、仮に貸主が時効の完成を知らなくても、新たに時効が完成するまで時効消滅を主張しえない（最判昭41・4・20民集第20巻4号702頁）。この場合の新たな時効は、放棄した時点から進行し（民法157条・174条の2参照。(最判昭45・5・21民集第24巻5号393頁)、通常、放棄した日の翌日から時効経過により時効が完成する（民法140条）。これに対して、時効完成前に時効の利益を放棄する旨述べても、その効力は生じず（民法146条）、当初の時効期間の経過により時効が完成し、援用によって、時効消滅する。（債権管理・回収研究会編『自治体職員のための事例解説　債権管理・回収の手引き』1528頁（第一法規、加除式))」とされています。

> **参照条文**

民法

第140条　日、週、月又は年によって期間を定めたときは、期間の初日は、算入しない。ただし、その期間が午前零時から始まるときは、この限りでない。

（時効の利益の放棄）

第146条　時効の利益は、あらかじめ放棄することができない。

（中断後の時効の進行）

第157条　中断した時効は、その中断の事由が終了した時から、新たにその進行を始める。

2　裁判上の請求によって中断した時効は、裁判が確定した時から、新たにその進行を始める。

（判決で確定した権利の消滅時効）

第174条の2　確定判決によって確定した権利については、10年より短い時効期間の定めがあるものであっても、その時効期間は、10年とする。裁判上の和解、調停その他確定判決と同一の効力を有するものによって

確定した権利についても，同様とする。
2　前項の規定は，確定の時に弁済期の到来していない債権については，適用しない。

時効完成した債権の相殺
(最一小判昭和 39 年 2 月 20 日集民 72 号 223 頁(27402406))

「消滅時効完成後も時効援用あるまでは有効に存続する債権であるから，右援用の時までに相殺がなされれば，時効完成時の債権額にかかわらず，相殺の時点における債権額につき対当額において相殺されると主張するが，論旨は民法508条の法旨を正解しないものであつて採るを得ない。」

解説

民法508条の趣旨は，時効完成した債権であっても，時効完成前に相殺の要件を満たしていれば，時効完成前の額で相殺できるとしたものであり，相殺に対する合理的な期待を保護する趣旨です。

相殺は時効完成前の債権の取得でなければならないとするのは，時効後に取得した債権を時効の利益を相殺によって消滅させることは相当でないという判断があります。

実務上のポイント

地方税では相殺と同様の機能を持つ充当が適用されることになりますが，税と自治体に対する他の債権との相殺は禁止されています（地方税法20条の9）。

参考文献

いつまでの額で相殺し得るかは，「時効による債権消滅の効果は，その起算日に遡及する。民法508条は，それを相殺適状の生じた時までの債権について，時効による消滅の効果を制限して相殺に供し得ることを認めた

例外規定である。このような立法趣旨からすると，時効完成であって，相殺の意思表示をするまでの債務について，当該債権者の信頼を保護する根拠は全くない（弁護士酒井廣幸『新版時効の管理』427頁（新日本法規出版，2007年））」という見解があります。

同様に，「過去に相殺適状にあったことは明らかと思われる。そして，自働債権である貸付金については，消滅時効完成後に債権を取得したわけではないので，現時点で消滅時効が完成しているとしても，民法508条により貸付債権と普通預金債権を対等額で相殺することができる。（高木多喜男ほか『時効管理の実務』115頁（金融財務事情研究会，2007年））」という見解があります。

参照条文

地方税法

（過誤納金の充当）

第17条の2　地方団体の長は，前条の規定により還付すべき場合において，その還付を受けるべき者につき納付し，又は納入すべきこととなつた地方団体の徴収金（中略）があるときは，前条の規定にかかわらず，過誤納金をその地方団体の徴収金に充当しなければならない。

（地方税に関する相殺）

第20条の9　地方団体の徴収金と地方団体に対する債権で金銭の給付を目的とするものとは，法律の別段の規定によらなければ，相殺することができない。還付金に係る債権と地方団体に対する債務で金銭の給付を目的とするものとについても，また同様とする。

民法

（時効により消滅した債権を自働債権とする相殺）

第508条　時効によって消滅した債権がその消滅以前に相殺に適するようになっていた場合には，その債権者は，相殺をすることができる。

8 相殺適状の要件

（最一小判平成25年2月28日民集67巻2号343頁（28210715））

「民法505条1項は，相殺適状につき，『双方の債務が弁済期にあるとき』と規定しているのであるから，その文理に照らせば，自働債権のみならず受働債権についても，弁済期が現実に到来していることが相殺の要件とされていると解される。また，受働債権の債務者がいつでも期限の利益を放棄することができることを理由に両債権が相殺適状にあると解することは，上記債務者が既に享受した期限の利益を自ら遡及的に消滅させることとなって，相当でない。したがって，<u>既に弁済期にある自働債権と弁済期の定めのある受働債権とが相殺適状にあるというためには，受働債権につき，期限の利益を放棄することができるというだけではなく，期限の利益の放棄又は喪失等により，その弁済期が現実に到来していることを要する</u>というべきである。（中略）そして，当事者の相殺に対する期待を保護するという民法508条の趣旨に照らせば，同条が適用されるためには，消滅時効が援用された自働債権はその消滅時効期間が経過する以前に受働債権と相殺適状にあったことを要する」

解説

相殺適状の弁済期については，期限の利益喪失等により現実に到来していることを要するとしました。

参照条文

民法

（相殺の要件等）

第505条　二人が互いに同種の目的を有する債務を負担する場合において，双方の債務が弁済期にあるときは，各債務者は，その対当額について相殺によってその債務を免れることができる。ただし，債務の性質がこれを許さないときは，この限りでない。

（時効により消滅した債権を自働債権とする相殺）
第508条　時効によって消滅した債権がその消滅以前に相殺に適するようになっていた場合には，その債権者は，相殺をすることができる。

相殺の撤回をしても時効中断は生じる
（最二小判昭和35年12月23日民集14巻14号3166頁（21014111））

「訴訟上相殺の主張がなされ受働債権について，時効中断事由としての承認が存すると認められる場合において，その相殺の主張が撤回されても，既に生じた承認の効力は失われるものではないとした原判示は首肯することができ」るとしました。

解説
「承認」の撤回は時効中断を生じるのと同様に，「相殺」について撤回しても時効中断を生じるとしました。

参考文献
「判決は，『相殺の主張が撤回されても』というが，明白に債務承認を撤回すると主張しても，承認によって一度その債権の存在が明確になったのであるから，これによる時効中断の効果が撤回によって失われる理由はない（弁護士酒井廣幸『新版時効の管理』262頁（新日本法規出版，2007年））」という見解があります。

時効による債権消滅の効果
（最二小判昭和61年3月17日民集40巻2号420頁（27100036））

「時効による債権消滅の効果は，時効期間の経過とともに確定的に生ず

るものではなく，時効が援用されたときにはじめて確定的に生ずるものと解する」

解説

民法における時効は，債務者が時効援用することで効果が生じるとしたもので，時効完成しても時効の利益を放棄して支払うことは認められ，このような行為は法により非難することではなく，社会的にも許される行為であることから来ています。

なお，時効の援用権者としては，保証人も認めています（大判昭和8年10月13日民集12巻2520頁（27510238））。（連帯）保証人は保証人自身の時効だけでなく，また，自己の債務の時効が中断され，または時効利益を放棄したときでも主たる債務者の時効も主張できることになります（大判昭和7年6月21日民集11巻1186頁（27510326））。

参考文献

時効の援用については，「いいかえれば，裁判所が時効によって債権が消滅したという判決をするためには，必ず債務者がこれを援用することを必要とする(145条)。(我妻榮『新版増補　民法』145頁（勁草書房，1989年））」ということになります。

時効の援用は，「裁判上行うときは事実審（＝第二審）の口頭弁論終結時までに為すことを要する（大判大12・3・26民集2・182）法律審たる上告審はもはや許されない。（中略）時効によって不利益を被る者に対する意思表示と考えるべきことになる。が，このような援用の法的性質論如何より，具体的にいかなる主張が時効の援用と認められるのか，その内容が大切である。判例は援用の基本となる事実は必ず主張しなければならないとする(大判明45・5・23民録18輯515)がそれを以て足ると解されている（＝必要十分)。時効期間まで明示する必要はない（西村峯裕・久保宏之『コモンセンス民法1 総則』240頁（中央経済社，第3版，2009年））」とされています。

参照条文

民法

（時効の援用）

第 145 条　時効は，当事者が援用しなければ，裁判所がこれによって裁判をすることができない。

📖 債権回収 Q&A ☞ 83 参照

第三者弁済は債務者承認の下で時効中断する

（東京地判昭和 59 年 11 月 28 日判タ 553 号 195 頁
(27443055)）

「債務者が，債務者自身による弁済が可能となるまで債務者のために遅延損害金の弁済を続けるよう第三者に委託した場合には，債務者は第三者が遅延損害金を弁済する都度債務の承認をなしたものということができ，消滅時効はその都度中断する。（「D1-Law.com 判例体系」第一法規，判例要旨から）」

解説

第三者弁済が時効中断の効力を持つには，債務者による債務の承認といえる事情が必要になります。

実務上のポイント

債務者以外の者（親類，縁故者）が弁済する場合は，債務者の代理を示す文書を提出してもらうことが後々のトラブルを防ぐことになります。代理権限のない納付は時効中断しないことは当然のこと，不当利得として返還を求められるおそれがあります。

参考文献

第三者弁済については，「履行補助者すなわち使者としての弁済は，そ

の使者が承認の要件の中核たる権利の存在を知っていることの表示機関であって，債務者自身による弁済と法的に評価できるから，承認として時効中断する。他方，承認は観念の通知であって準法律行為であるから，代理人によっても可能であり，代理人による弁済は（筆者注：債務者）本人の承認として時効中断する。もとより正当な代理権限がなくてはならないのはいうまでもない。これら代行権あるいは代理権がないときは，時効中断の効力は生じない（弁護士酒井廣幸『新版時効の管理』259頁（新日本法規出版，2007年））」という見解があります。

また，「第三者が自己の名で，第三者弁済という形で弁済を実行することは少なく，債務者の名の下に支払う場合が多いであろう。このときに，その第三者を債務者の使者とする債務者の意思，あるいは弁済者の代理権限を確認できなければ，その弁済によって，時効は中断しないものとして，時効管理をする必要がある（前掲書，260頁）」としています。

承認の考え方につき，「承認があると権利者は権利を行使しなくとも権利行使を怠っているとはいい難いし，権利の存在を強力に推認させる強力な証拠ともなるのでこれを中断事由と定めたのである（民法156）。（西村峯裕・久保宏之『コモンセンス民法1 総則』249頁（中央経済社，第3版，2009年））」としています。

参照条文

民法
（時効の中断事由）
第147条　時効は，次に掲げる事由によって中断する。
(3)　承認
（承認）
第156条　時効の中断の効力を生ずべき承認をするには，相手方の権利についての処分につき行為能力又は権限があることを要しない。

12 債権者は時効援用できない
（大判大正8年7月4日大審院民録25輯1215頁（27522883））

「時効ヲ援用シ得ヘキ当事者ハ時効ニ因リ利益ヲ受クル者ナレハ債権者ハ固ヨリ時効ヲ援用スルヲ得ス従テ縦令債権者カ時効ヲ主張スルモ債務者ニ於テ之ヲ援用セサルトキハ裁判所ハ之ヲ以テ裁判ノ資料ト為スコトヲ得サルモノトス」

解説
時効の援用は，時効の利益を受ける債務者のためにあることを明確にしました。

13 催告を繰り返しても時効中断されない
（大判大正8年6月30日大審院民録25輯1200頁（27522881））

「裁判外ノ請求即チ催告ハ6カ月内ニ裁判上ノ請求，和解ノ為メニスル呼出若クハ任意出頭，破産手続参加，差押，仮差押又ハ仮処分ヲ為スニ非サレハ時効中断ノ効力ヲ生セサルヲ以テ債権者カ単ニ催告ヲ為シタル事実アリトスルモ直ニ時効ヲ中断セラルルモノト為スヲ得サルモノトス」

解説
催告は暫定的に時効を延長する効果がありますが，催告だけを繰り返しても時効中断はしません。

催告後6か月以内に訴訟，差押え等がなければ時効中断しないことになります。訴訟、差押え等と同様に承認した場合についても催告の時点で時効中断します（本書2—14（大阪高判平成18年5月30日判タ1229号264頁（28130508）））。

なお，本来の時効を超えた時点で催告後の法的措置，承認等がなされず，時効の援用がなされた場合，債権は消滅するものと考えます。

　催告後6か月以内の承認がなされた場合，時効中断は催告の時点か，承認の時点か。この違いは主たる債務者だけでなく保証人がある場合に現れます。

　時効中断が催告の時点であって時効完成していないとすると，保証人は主たる債務者の時効を援用できませんが，承認時点であれば時効は完成したものの，主たる債務者は時効の援用権を喪失したものとなりますので保証人は主たる債務者の時効を援用して保証人自身の債務を免れることができます。

　この場合，催告により時効を延長し，承認があったとすると時効は完成していないことになるので，催告の時点で時効中断すると考えます。

　自治体債権における督促については，最初のものに限り督促だけで時効中断します。

　督促による時効中断は，督促状が到達した時点の翌日から新たな時効が進行することになります。

参考文献

　催告後，法的措置をとった場合の時効中断の時期は，「6カ月内に訴えを提起した場合，その中断効が発生するのは，訴訟提起時ではなく，催告時である。（近江幸治『民法講義Ⅰ民法総則』361頁（成文堂，第6版補訂版，2012年））川井健『民法概論Ⅰ民法総則』338頁（有斐閣，第4版，2008年）も同旨」とされています。

参照条文

民法

（催告）

第153条　催告は，6箇月以内に，裁判上の請求，支払督促の申立て，和解の申立て，民事調停法 若しくは家事事件手続法 による調停の申立て，破産手続参加，再生手続参加，更生手続参加，差押え，仮差押え又は仮処分をしなければ，時効の中断の効力を生じない。

📖 債権回収 Q&A ☞ 30 参照

催告6か月以内の承認は時効中断する
（大阪高判平成 18 年 5 月 30 日判タ 1229 号 264 頁
（28130508））

「民法 153 条は，債権者の催告について，債権者が正規の中断事由によって補強することにより時効中断の効力を認めるものであって（支払督促〈民法 150 条〉は，民法 153 条には規定されていないが，支払督促は，正規の中断事由であり，『裁判上ノ請求』に含まれることは明らかである。），正規の中断手続をとるのが遅れることにより時効が完成するのを防ぐ便法として機能することを期待して定められたものと解される。そうであれば，債権者の催告について，債務者の行為による正規の中断事由である承認（これは権利の存在を明確にする事由である。）を，債権者の行為による正規の中断事由と区別する理由はない」

解説

本判決と次の 2―15 の判決を合わせてみますと，公債権についても催告 6 か月以内に「承認」があれば，時効は完成していないものとして取り扱ってよいものと考えます。

参考文献

催告後 6 か月以内の法的措置等に承認が含まれるかどうかについては，「民法 153 条は，正式の中断措置をとるのが遅れることにより，時効が完成するのを防ぐ便法としての機能を果たすことが期待されて立法されたものであり，その正式の中断手続の中に承認を除外する理由がない。承認があることによって権利の存在が明確にされたわけであり，債権者においてもはや確定的な権利行使に出る必要がないと考えるに至るのであり，これと裁判上の請求等と区別する必要がない。（中略）催告後 6 か月以内に承

認がある以上，催告の時点で中断の効力が生じ，未だ時効が完成していない（弁護士酒井廣幸『新版時効の管理』248 頁（新日本法規出版,2007 年））」という見解があります。

国税徴収権の消滅時効の中断と民法 153 条の準用の有無
（最一小判昭和 43 年 6 月 27 日民集 22 巻 6 号 1379 頁（21028281））

「徴税機関が未納税額につき納付を催告し，その後 6 箇月内に差押等の手段をとつたときは，民法 153 条の準用により，時効の中断を認めざるをえない。（中略）旧国税徴収法が徴収手続において督促を定めたのは，未納税額につき強制徴収に移るにあたり，突如強制的手段に出でることなく，一応さらに納期限を定めて催告するのを相当とし，督促をもつて滞納処分開始の要件としたからであつて（同法 10 条），徴税機関が督促以外の方法によつて納付を催告慫慂することを許さないものではないし，それが徴収手続上では格別な法的意味をもたないものにしても，その催告のあつた事実に納付要求の意義を認めて法が時効中断の効力を付与できないものでもない。また国税徴収権が自力執行を可能とするからといつて，時効中断について一般私法上の債権よりも課税主体にとつて不利益に取り扱わなければならない理由もない。」

解説

催告は時効を暫定的に延ばす効果があり，差押え等によって時効中断します。

強制徴収（滞納処分できる）債権であっても，催告後 6 か月内に差押えをすれば民法 153 条により時効中断することを認めました。

催告後 6 か月の間に本来の時効を経過していても，差押え，訴訟等に及んだ場合は催告の時点で時効中断しているから時効は完成していないものと考えます。

民法 153 条に承認が含まれていませんが，承認が時効の中断事由（民法

147条）とされているところから民法153条における催告後の承認についても時効中断すると考えてよいことになります。

この場合，催告の時点で時効中断することは本書2-13の判決（大判大正8年6月30日大審院民録25輯1200頁（27522881））の解説のとおりです。

実務上のポイント

催告後，訴訟等に及んだ場合，いつの時点の催告が訴訟等前の6か月以内の最終の催告であるか判断する必要があります。

参照条文

民法

（時効の中断事由）

第147条　時効は，次に掲げる事由によって中断する。

(3) 承認

（催告）

第153条　催告は，6箇月以内に，裁判上の請求，支払督促の申立て，和解の申立て，民事調停法若しくは家事事件手続法による調停の申立て，破産手続参加，再生手続参加，更生手続参加，差押え，仮差押え又は仮処分をしなければ，時効の中断の効力を生じない。

📖 債権回収 Q&A ☞ 22, 30, 71 参照

---

16 主債務の時効が10年に延長された場合の保証債務の時効
（最一小判昭和43年10月17日集民92号601頁（27403243））

「民法457条1項は，主たる債務が時効によつて消滅する前に保証債務が時効によつて消滅することを防ぐための規定であり，もつぱら主たる債務の履行を担保することを目的とする保証債務の附従性に基づくもので

あると解されるところ，民法174条ノ2の規定によつて主たる債務者の債務の短期消滅時効期間が10年に延長せられるときは，これに応じて保証人の債務の消滅時効期間も同じく10年に変ずるものと解するのが相当である。そして，このことは連帯保証債務についても異なるところはない。」

解説

民法174条の2は，短期消滅時効の債権であっても，一旦訴訟等で請求して確定したら短期消滅時効の繰り返しとせず，一般債権の時効である10年を認めるという趣旨です。

保証債務は主債務に附従しますので主債務が延長された場合は，保証債務の時効も延長されることになります。

反対に，連帯保証人に対して訴えを提起して勝訴しても，主たる債務者の短期消滅時効は10年には延長されません（大判昭和20年9月10日民集24巻82頁（27500034），なお，東京地判平成8年8月5日金融法務事情1481号61頁（28035343）も同趣旨）。

実務上のポイント

時効の短い債権について，時効中断させるべきかどうか，金額，債務者の資力状況をみて法的措置をとることが必要になります。

保証人が支払っていても主債務の時効を中断する措置をとっていないと，保証人から主債務の時効を主張されることになりかねませんので注意が必要です。

参考文献

時効を10年延長する意義については，「短期消滅時効にかかる債権が判決で確定した場合に，再び短期消滅時効にかかると，訴訟の繰り返しを必要とするし，確定判決による債権は証拠が確実であって短期に債権を消滅させる趣旨が当てはまらないので，この条文が追加された。（川井健『民法概論1民法総則』465頁（有斐閣，第2版，2000年））」とするものです。

2 時　効

参照条文

民法

（判決で確定した権利の消滅時効）

第174条の2　確定判決によって確定した権利については，10年より短い時効期間の定めがあるものであっても，その時効期間は，10年とする。裁判上の和解，調停その他確定判決と同一の効力を有するものによって確定した権利についても，同様とする。

（主たる債務者について生じた事由の効力）

第457条　主たる債務者に対する履行の請求その他の事由による時効の中断は，保証人に対しても，その効力を生ずる。

17　時効10年延長後の差押えによる時効期間
（東京地判平成12年7月7日金融・商事判例1123号59頁（28061805））

「民法174条の2第1項は，『其時効期間ハ之ヲ10年トス』と規定しており，一旦時効中断された後の時効期間について10年と解するのが相当である。」として，5年短期消滅時効の債権が確定判決により10年延長された後，差押えすると最初の5年の時効ではなく，10年の時効になるとしました。

解説

判決確定後に執行できない場合，また，確定判決があったときでも他に時効中断の方法がない場合は，更に訴を提起し時効を中断することができるとしています（大判昭和6年11月24日民集10巻1096頁）。

参考文献

本判決についてのコメントです。

「いささか細かいことを言うと，たとえばもともと商事債権で5年の時効にかかるものだった債権が，確定判決によって確定して10年の時効に

かかる債権となった。しかしそのまま債権者が最終的な回収を図らないで時効が進行を始めたので、差押えをして時効中断させた。しかしまたそのまま最終的な回収を図らないで時効が再度進行を始めた場合には、時効完成に必要な期間はどれだけか。クイズのような問題だが、こういう希な事件が実際起こっていてその場合、最初の5年に戻るわけではなく10年のままであるとした判決が出ている（東京地判平12・7・7金判1123号59頁）（池田真朗『スタートライン民法総論』208, 209頁（日本評論社, 2006年））。」

18 10年延長後の弁済による消滅時効期間
（大阪地判平成10年9月24日金融法務事情1534号72頁（28040161））

「前訴において勝訴した当事者が同一の請求権につき訴えを提起した場合、時効中断のための再訴等を除き、原則として権利保護の要件を欠き、訴えの利益はないと解される。（中略）被告は右確定判決後の平成元年12月8日、平成3年11月7日、平成5年6月7日に各5000円の内入弁済をしたというのであるから、本訴請求権については、右各弁済により消滅時効が中断し、最終の内入弁済日である平成5年6月7日から10年の消滅時効期間が進行することになる。そうすると、右時効期間のおよそ半分が経過したに過ぎない現時点においては、未だ訴えによる時効中断の必要性が認められず、その他本件について訴えの利益を認めるべき事情も存しない。」

解説

最終の内入弁済による時効の中断から当初の5年の消滅時効にかかるから再度、給付判決を求めた場合において、最終の内入弁済時である平成5年6月からの消滅時効期間は10年であり、時効期間が半分しか経過していない現時点では、時効中断のための再訴は訴えの利益を欠くものとしました。

時効が10年に延長された後、弁済によってもさらに10年の時効期間が

進行することを示しました。

19 主債務者の破産と保証人の時効援用
(最三小判平成 11 年 11 月 9 日民集 53 巻 8 号 1403 頁 (28042623))

「免責決定の効力を受ける債権は，債権者において訴えをもって履行を請求しその強制的実現を図ることができなくなり，右債権については，もはや民法 166 条 1 項に定める「権利ヲ行使スルコトヲ得ル時」を起算点とする消滅時効の進行を観念することができない（中略）主債務者（個人破産者）が免責決定を受けた場合には，右免責決定の効力の及ぶ債務の保証人は，その債権についての消滅時効を援用することはできない」

解説

破産免責債権においては，債権者は請求という権利行使ができないから時効の進行を観念できないとしています。

自治法 236 条の適用を受ける債権（滞納処分ができる債権を除く。）では時効の援用が必要なく，時効の利益も放棄できないため，破産免責債権としても債権の性質は変わるものではなく時効完成して債権は消滅するものと考えます。

実務上のポイント

主債務が破産免責決定になれば，免責債権に対して保証人は時効援用できなくなりますから，債権者としては保証人に対する債権の管理で事足りることになります。

実務上として，「保証人がいる場合には，単純保証でも連帯保証でも主債務者の破産は，主債務の期限の利益喪失事由に該当しますので（民法 137 条 1 項），保証人に対して残債務の一括弁済の履行を請求することになります。（大阪弁護士会自治体債権管理研究会編『Q＆A自治体の私債権管理・回収マニュアル』263 頁（ぎょうせい，2012 年））」ので注意が必

要です。

> **参考文献**

主債務の破産免責債権は時効の観念がないことについては,「その判断の背景には,もし主債務の時効進行を観念すると,現実にはその中断が困難なことから,債権者にとって酷であるという実質的考慮があるように思われる。なるほど,理論的には,債権者としては免責債務の存在確認の訴えを提起し,また免責債務の存在につき主債務者の承認を得ることによる時効の中断を観念することはできるだろう。しかし,これらはいずれも更生の理念に反する恐れがあり,また,前者(訴え)はコストパフォーマンスの点でも難がある。しかも「承認」の扱いは別の問題を含んでいる。このような事情から,判決は,実際には保証人だけを相手にして時効の管理をすれば足りるという現実的な対応優先の便宜的解決を提示したのだと解する(金山直樹『時効における理論と解釈』545頁(有斐閣,2009年))」という見解があります。

> **参照条文**

民法

(期限の利益の喪失)

第137条　次に掲げる場合には,債務者は,期限の利益を主張することができない。

(1)　債務者が破産手続開始の決定を受けたとき。

(消滅時効の進行等)

第166条　消滅時効は,権利を行使することができる時から進行する。

地方自治法

(金銭債権の消滅時効)

第236条

2　金銭の給付を目的とする普通地方公共団体の権利の時効による消滅については,法律に特別の定めがある場合を除くほか,時効の援用を要せず,また,その利益を放棄することができないものとする。普通地方公共団体に対する権利で,金銭の給付を目的とするものについても,また

同様とする。

📖 債権回収 Q&A ☞ 94, 102, 108, 136, 149 参照

20 破産と法人の債務
（最二小判平成 15 年 3 月 14 日民集 57 巻 3 号 286 頁（28080937））

「会社が破産宣告を受けた後破産終結決定がされて会社の法人格が消滅した場合には、これにより会社の負担していた債務も消滅するものと解すべきであり、この場合、もはや存在しない債務について時効による消滅を観念する余地はない。」

解説
法人格が消滅した場合、国の扱いでは債権管理事務取扱規則 30 条 2 号により債権が消滅したものとして「みなし整理」により処理しています。

実務上のポイント
法人が解散し、解散の登記がなされても財産が残る場合は、清算の必要があり、清算業務の範囲で法人格は存在することになり、債権として存続しますので不納欠損はできません。

法人格が消滅した場合、債権債務が成り立たないことから債権放棄は必要なく、そのまま不納欠損できる場合であると考えます。しかし、法人については財産があれば、清算の範囲内で法人格が残ることに留意すべきです。

参考文献
国の債権管理の法人格の消滅については、次のような説明があります。

「法人の清算が結了すれば法人格は消滅する。法人格が消滅した以上、その責任（債務）も消滅する。したがって、国は、その法人を債務者とす

る債権の行使をすることはできないことになるから、みなし消滅の整理をすることとしたものである（青木孝徳編『債権管理法講義』196頁（(財)大蔵財務協会、2015年））。」

参考裁決

清算手続が終了するまでは法人格が存続することについては、次の裁決が参考になります。

平成25年5月21日国税不服審判所裁決

「最後配当、簡易配当又は同意配当が終了した後に行う破産手続終結の決定（破産法第220条）によって破産手続が終了した場合には、破産会社の清算手続が終了したということができるが、破産財団をもって破産手続の費用を支弁するのに不足すると認められる場合に、①破産手続開始の決定と同時に行う破産手続廃止の決定（同法第216条の同時廃止）又は②破産手続開始の決定後に行う破産手続廃止の決定（同法第217条の異時廃止）によって破産手続が終了した場合には、破産手続が終結に至らないまま破産手続が終了していることになるから、会社法第475条に規定する「清算」が行われた場合と同じであるということはできない。

したがって、これら破産手続廃止の決定により破産手続が終了した場合は、会社法第475条第1号に規定する『当該破産手続が終了していない場合』には当たらず、また、清算が破産手続によって行われなくなった以上、それ以前の破産手続開始の決定による株式会社の解散の効果として、当該株式会社は、同法第475条第1号の規定により清算をしなければならないこととなり、同法第476条の規定により、清算の目的の範囲内で法人格が存続するものと解される。」

参照条文

債権管理事務取扱規則

（債権を消滅したものとみなして整理する場合）

第30条　歳入徴収官等は、その所掌に属する債権で債権管理簿に記載し、又は記録したものについて、次の各号に掲げる事由が生じたときは、その事の経過を明らかにした書類を作成し、当該債権の全部又は一部が消

滅したものとみなして整理するものとする。
(2) 債務者である法人の清算が結了したこと（当該法人の債務につき弁済の責に任ずべき他の者があり，その者について第1号から第4号までに掲げる事由がない場合を除く。）。

破産法
（破産手続開始の決定と同時にする破産手続廃止の決定）
第216条　裁判所は，破産財団をもって破産手続の費用を支弁するのに不足すると認めるときは，破産手続開始の決定と同時に，破産手続廃止の決定をしなければならない。
（破産手続開始の決定後の破産手続廃止の決定）
第217条　裁判所は，破産手続開始の決定があった後，破産財団をもって破産手続の費用を支弁するのに不足すると認めるときは，破産管財人の申立てにより又は職権で，破産手続廃止の決定をしなければならない。この場合においては，裁判所は，債権者集会の期日において破産債権者の意見を聴かなければならない。
（破産手続終結の決定）
第220条　裁判所は，最後配当，簡易配当又は同意配当が終了した後，第88条第4項の債権者集会が終結したとき，又は第89条第2項に規定する期間が経過したときは，破産手続終結の決定をしなければならない。

会社法
（解散の事由）
第471条　株式会社は，次に掲げる事由によって解散する。
　(5)　破産手続開始の決定
（清算の開始原因）
第475条　株式会社は，次に掲げる場合には，この章の定めるところにより，清算をしなければならない。
　(1)　解散した場合（第471条第4号（合併）に掲げる事由によって解散した場合及び破産手続開始の決定により解散した場合であって当該破産手続が終了していない場合を除く。）
（清算株式会社の能力）
第476条　前条の規定により清算をする株式会社（以下「清算株式会社」

という。）は，清算の目的の範囲内において，清算が結了するまではなお存続するものとみなす。

（清算結了の登記）

第929条　清算が結了したときは，次の各号に掲げる会社の区分に応じ，当該各号に定める日から2週間以内に，その本店の所在地において，清算結了の登記をしなければならない。

(1)　清算株式会社　第507条第3項の承認の日

(2)　清算持分会社（合名会社及び合資会社に限る。）　第667条第1項の承認の日（第668条第1項の財産の処分の方法を定めた場合にあっては，その財産の処分を完了した日）

(3)　清算持分会社（合同会社に限る。）　第667条第1項の承認の日

📖 **債権回収 Q&A** ☞ 100 参照

21　他人の債務のために自己の所有物件に抵当権を設定した者は，右債務の消滅時効を援用することができる
（最一小判昭和43年9月26日民集22巻9号2002頁（27000918））

「金銭債権の債権者は，その債務者が，他の債権者に対して負担する債務，または前記のように他人の債務のために物上保証人となつている場合にその被担保債権について，その消滅時効を援用しうる地位にあるのにこれを援用しないときは，債務者の資力が自己の債権の弁済を受けるについて十分でない事情にあるかぎり，その債権を保全するに必要な限度で，民法423条1項本文の規定により，債務者に代位して他の債権者に対する債務の消滅時効を援用することが許されるものと解する」

解説

主たる債務が時効完成している場合，（連帯）保証人の時効は完成してなくても（連帯）保証人は主たる債務の時効を主張して保証債務の消滅を主張できるとしました。

参考文献

「保証債務は主たる債務に付随し，他方，保証人は，民法145条の当事者として主債務の時効を援用できるので，保証人が主債務の時効を援用したときは，付従性により保証債務の消滅を主張できることになる（弁護士酒井廣幸『新版時効の管理』392頁（新日本法規出版，2007年）。」

参照条文

民法
（時効の援用）
第145条 時効は，当事者が援用しなければ，裁判所がこれによって裁判をすることができない。
（債権者代位権）
第423条 債権者は，自己の債権を保全するため，債務者に属する権利を行使することができる。ただし，債務者の一身に専属する権利は，この限りでない。

保証人は主たる債務の時効を主張して保証債務の消滅を主張できる
（最一小判昭和45年6月18日民集24巻6号544頁（27000718））

「主たる債務につき消滅時効が完成したときは，手形保証債務も消滅し，手形保証人は，手形所持人の請求に対しては，みずから主たる債務者の手形債務の消滅時効を援用することにより保証債務の消滅を主張してその履行を拒むことができるものと解する」

解説

保証債務の特徴は，①独立性（主債務と別），②同一内容（主債務と同一），③付従性があります。保証債務が時効完成していなくても，保証人が主債務の時効を援用することにより主債務が消滅し，付従性から保証債務も消滅することになります。

保証人のした債務の承認は主債務者に対する時効中断の事由にならない
（大判昭和5年9月17日法律新聞3184号9頁（27540166））

「保証人タル被上告人等ノ為シタリテフ承認ナルモノハ縦令コレ有リシトスルモ其主債務ニ対スル消滅時効ヲ中断スル何等ノ効力無キコトハ明文上他言ヲ俟タス」

参考文献

保証人の承認は主たる債務の時効中断にはならないことについては，「民法148条は，時効中断効の相対性の原則を定め，『前条の規定による時効の中断は，その中断の事由が生じた当事者及び承継人の間にのみ，その効力を有する』としている。したがって，債権者と保証人の間に生じた時効中断は，主たる債務者には及ばない（弁護士酒井廣幸『新版時効の管理』386頁（新日本法規出版，2007年））」としています。

参照条文

民法

（時効の中断の効力が及ぶ者の範囲）

第148条　前条の規定による時効の中断は，その中断の事由が生じた当事者及びその承継人の間においてのみ，その効力を有する。

1人の時効の援用は他の者に及ぶことはない
（大判大正6年8月22日民録25輯1095頁）

「当事者数人アル場合ニ於テハ各当事者ハ各自独立シテ時効ヲ援用スルコトヲ得ルト同時ニ裁判所ハ其援用シタル当事者ノ直接ニ受クヘキ利益ノ存スル部分ニ限リ時効ニ因リ裁判ヲ為スヘク援用ナキ他ノ当事者ニ関スル

部分ニ及ホスコトヲ得サルモノト解スル」

> **解説**

時効の援用は，援用権者が数人いるときは，1人の援用は他に及ぶことはなく，時効の援用は相対的であることを示しました。

> **参考文献**

「『援用』とは，時効の利益を積極的に享受しようと意欲することである。それゆえ，各個人の意思が尊重されるべきものだから援用を欲する者のみがその効果を享受しえ，それを欲しない者には効力を及ぼしてはならない（援用の相対効）近江幸治『民法講義Ⅰ民法総則』，292頁（成文堂，第3版2001年）。」

25 保証人の1人に対する債務免除は他の保証人に及ばない
（最二小判昭和43年11月15日民集22巻12号2649頁（27000893））

「複数の連帯保証人が存する場合であつても，右の保証人が連帯して保証債務を負担する旨特約した場合（いわゆる保証連帯の場合），または商法511条2項に該当する場合でなければ，各保証人間に連帯債務ないしこれに準ずる法律関係は生じないと解するのが相当であるから，連帯保証人の1人に対し債務の免除がなされても，それは他の連帯保証人に効果を及ぼすものではないと解する」

> **参照条文**

商法
（多数当事者間の債務の連帯）
第511条　数人の者がその1人又は全員のために商行為となる行為によって債務を負担したときは，その債務は，各自が連帯して負担する。
2　保証人がある場合において，債務が主たる債務者の商行為によって生

じたものであるとき，又は保証が商行為であるときは，主たる債務者及び保証人が各別の行為によって債務を負担したときであっても，その債務は，各自が連帯して負担する。

26 破産手続において保証人が債権者に弁済した場合，求償権は時効中断する
（最一小判平成 7 年 3 月 23 日民集 49 巻 3 号 984 頁（27826861））

「債権者が主たる債務者の破産手続において債権全額の届出をし，債権調査の期日が終了した後，保証人が，債権者に債権全額を弁済した上，破産裁判所に債権の届出をした者の地位を承継した旨の届出名義の変更の申出をしたときには，右弁済によって保証人が破産者に対して取得する求償権の消滅時効は，右求償権の全部について，右届出名義の変更のときから破産手続の終了に至るまで中断すると解する」

参考文献

本判決については，「破産手続において，原債権者のなした破産債権の届出について，保証人が債権者に弁済した上，届出名義の変更を受けたときは，求償権の全部について，届出名義変更の時から破産手続の終了まで時効中断すると明確に判示した。その理由は，破産手続において届出をした原債権についての求償権者の届出名義変更の申出は，求償権について，時効中断の基礎とされる権利の行使があったものと評価できる。（弁護士酒井廣幸『新版時効の管理』411 頁（新日本法規出版，2007 年））」とされています。

27 保証人が主債務を相続した場合は保証債務の弁済であっても主債務の承認になる
（最二小判平成 25 年 9 月 13 日民集 67 巻 6 号 1356 頁（28212942））

「保証人が主たる債務を相続したことを知りながら保証債務の弁済をした場合，当該弁済は，特段の事情のない限り，主たる債務者による承認として当該主たる債務の消滅時効を中断する効力を有すると解する」

「主たる債務を相続した保証人は，従前の保証人としての地位に併せて，包括的に承継した主たる債務者としての地位をも兼ねるものであるあるから，相続した主たる債務について債務者としてその承認をし得る立場にある。（中略）主たる債務者兼保証人の地位にある者が主たる債務を相続したことを知りながらした弁済は，これが保証債務の弁済であっても，債権者に対し，併せて負担している主たる債務の承認を表示することを包含するものといえる。」

解説

保証人が主たる債務者の地位を相続した場合，保証債務の弁済であっても主たる債務の承認になるものとしました。

28 保証人は保証債務を完全に支払った後，主債務の時効の援用はできない
（名古屋高判平成 21 年 7 月 16 日裁判所ウェブサイト掲載（28153305））

「連帯保証債務を完全に履行した後，主債務の消滅時効を援用しても，その時点では，消滅時効の対象となる主債務は既に連帯保証債務の履行（弁済）により消滅しているから，時効による主債務の消滅という効果が生じる余地はない。」

> 解説

（連帯）保証人が保証債務を完全に弁済したら，主債務は消滅しており，（連帯）保証人は主債務の時効援用ができず，結果，保証人の弁済は不当利得とはならないとしたものです。

29 一部納付による時効中断1
（大判昭和 16 年 2 月 28 日法律学説判例評論全集 30 巻民法 84 頁（27825243））

「医師会に対する会費について数回支払ったからといって，その余の債務についても承認したものとすることはできない。」

> 参考文献

本判決とは反対に，「取引社会における決済及び債務者の意思の合理的な解釈等を考えると，個々の事情にもよるが，一般的に同種の取引が一定期間内に繰り返される場合，その内の一部債務についての弁済は，残債務について承認となると考えてよい（弁護士酒井廣幸『新版時効の管理』257 頁（新日本法規出版，2007 年））」という見解もあります。

30 一部納付による時効中断2
（最一小判昭和 36 年 8 月 31 日民集 15 巻 7 号 2027 頁（27002262））

「支払銀行が，所持人たる被上告人から右小切手の呈示を受け，その支払いをしたということは，とりもなおさず振出人たる上告人の行為に基づいて，債務の弁済がなされたものに外ならない。しかも，債務の弁済は，任務の承認を表白するものに外ならないのであるから，小切手の支払いによる債務の弁済は，また，債務の承認たる効力をも有するものといわなければならない。」

解説

債務の一部弁済のために小切手により支払われた場合，債務承認として時効中断の効力を有するとしました。

参照条文

民法

（時効の中断事由）

第 147 条　時効は，次に掲げる事由によって中断する。

（3）　承認

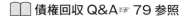債権回収 Q&A ☞ 79 参照

---

31 一部納付による時効中断３
（東京地判平成 17 年 2 月 18 日判例集未登載）

「複数の債務を負担する債務者が特に充当関係を指定せずに全部の債務の弁済に足りない一部弁済をなした場合，特段の事情がない限り，全部の債務について承認する趣旨で一部弁済したものと認め，全部の債務について時効中断の効力が生ずるものと解する（高木多喜男ほか『時効管理の実務』239 頁（金融財政事情研究会，2007 年））。」

実務上のポイント

本判決とは反対に，特定の納期を表示した納付書で納付した場合，他の納期の残額には時効中断は及ばないと考えられますので，時効中断させるために改めて債務承認書，誓約書を徴取する方がよいでしょう。

また，残額に時効中断を及ぼさせる工夫として，「実務としては，その領収書等（筆者注：一部納付の領収書）に一部納付である旨及び残余金額等を記載して交付することが適当（地方税制度研究会監修『市町村事務要覧　税務編（1）総則』2350 頁（ぎょうせい，加除式））」です。

32 利息の支払いは時効中断の効力ある債務の承認である
（大判昭和3年3月24日法律新聞2873号13頁（27550926））

「利息ノ支払ハ反証ナキ限リ時効中断ノ効力アル債務承認ノ効力ヲ有ス」

解説

利息の支払いの意思表示は，元金の債務の存在を前提としているから債務承認としての効力を有するとしました。

相殺についても反対債権（受働債権）を前提にしていることから利息と相殺しても時効中断するとしています（大判昭和17年7月31日大審院民事判例集21巻824頁（27500100）。永小作権者が小作料を借入金の利息と相殺したことは，借入金の元本債権を承認したこととなり，その債権の時効は中断される。）。

反対に，消滅時効により債務が消滅すれば，時効の効力は起算日に遡り，元本債権は存在しないことになるから，時効期間中の利息は支払う必要がありません（大判大正9年5月25日大審院民録26輯759頁）。

期限の利益喪失条項のある契約につき消滅時効の起算点
（最二小判昭和42年6月23日民集21巻6号1492頁（27001066））

「割賦金弁済契約において，割賦払の約定に違反したときは債務者は債権者の請求により償還期限にかかわらず直ちに残債務全額を弁済すべき旨の約定が存する場合には，1回の不履行があつても，各割賦金額につき約定弁済期の到来毎に順次消滅時効が進行し，債権者が特に残債務全額の弁済を求める旨の意思表示をした場合にかぎり，その時から右全額について消滅時効が進行する」

解説

割賦金債務の弁済期の確定に関し，債務者の1回の不履行で全額に対して時効が進行するとの主張は，民法166条の解釈を誤ったものであり，債権者が全額弁済を請求する意思表示をしなければ各期に時効が進行するとしています。

参考文献

期限の利益喪失条項のある契約につき消滅時効の起算点として，「債権者としては，貸金債権の期限の利益を喪失させ，いつでも全額を請求できるわけである。ただ，この請求による期限の利益喪失約款付の債務の消滅時効起算点につき，判例は債務不履行の時ではなく，期限の利益喪失の請求の意思表示をした時からであるとする。(弁護士酒井廣幸『新版時効の管理』468頁（新日本法規出版，2007年))」としています。

また，「分割弁済の貸付債権について履行遅滞があった場合，時効の起算点は，不払いがあった時からか，それとも残額全部の請求をした時からか。ここに『権利を行使することができる時』とはいつかが問題となる。最高裁判所は，割賦貸付の事例について，1回の不払いがあっても各割賦金額につき約定弁済期の到来ごとに順次消滅時効が進行し，債権者が特に残債務全額の弁済を求める旨の意思表示をした場合に限り，その時から右全額について消滅時効が進行する。(高木多喜男ほか『時効管理の実務』76頁（金融財務事情研究会，2007年))」としています。

参照条文

民法

（消滅時効の進行等）

第166条　消滅時効は，権利を行使することができる時から進行する。

34 執行に着手して差し押えるべき物がなくても時効中断を生ずる
（大判大正15年3月25日大審院民集5巻214頁（27510769））

（判決要旨）「執達吏力債権者ノ委任ニ因リ債務者ノ住所ニ臨ミ差押ニ着手シタルトキハ縦令差押フヘキ物ナク執行不能トナリタル場合ト雖尚時効中断ノ効力ヲ生スルモノトス」

（判決理由）「執達吏力債権者ノ委任ヲ受ケ債務者ノ住所ニ臨ミ差押ニ着手シタルモ差押フヘキ物ナカリシタメ執行不能ニ終リタルトキハ現ニ差押手続ハ之ヲ実施シタルモノナレハ之力為ニ強制執行ノ目的ヲ達スルコト能ハサリシトスルモ之ニ依リ時効中断ノ効力ヲ生スルモノト解スル」

解説
執行官が差押えに着手した時点で，差し押さえるべきものがなくても時効中断するとしました。

35 滞納処分と時効中断の効力
（名古屋地判昭和42年1月31日訟務月報13巻4号490頁（21025092））

「滞納処分としての差押の着手をなしたが，たまたま差押うべき物件がなかつたので右差押は執行不能に終つたものというべきである。しこうして，右のような差押に着手したときはたとえ差押うべき物がなく執行不能となつた場合でもなお時効中断の効力を生ずるものと解する」

解説
本書2—34と同様，滞納処分においても差し押さえるべきものがないとしても，差押えに着手すれば時効の中断が生じるとしました。

36 動産執行による時効中断の効力
(最三小判昭和 59 年 4 月 24 日民集 38 巻 6 号 687 頁
(27000018))

「民事執行法 122 条にいう動産執行による金銭債権についての消滅時効の中断の効力は，債権者が執行官に対し当該金銭債権について動産執行の申立てをした時に生ずるものと解する」

解説

本書2—34，2—35，2—36の判決では，それぞれ強制執行，滞納処分の執行の着手，執行申立てに時効中断の効力を認めました。

差し押さえるべきものがなくても，執行の申立ては時効の進行とは相容れない行為と評価されますので，時効中断することになります。税はじめ公課における滞納処分についても同様です。

参考文献

執行申立てと時効中断の関係は次のような見解があります。

「債務者が所在不明の場合には，債務者に執行申立てがなされたこと自体が認識される機会が存在しないから，債権者の執行申立てそれ自体で時効中断効を生じさせると債務者の利益を害するが，執行に臨んだという事実があれば債務者に執行申立てがなされたこと自体が認識され得るので，債務者の弁済証拠に関する利益を害しないから時効中断するとしてよい(弁護士酒井廣幸『新版時効の管理』145 頁(新日本法規出版，2007 年))」

参照条文

民事執行法

(動産執行の開始等)

第 122 条　動産(中略)は，執行官の目的物に対する差押えにより開始する。

37 未成年者の債務承認
（大判昭和 13 年 2 月 4 日大審院民集 17 巻 87 頁（27500351））

（判決要旨）「未成年者カ法定代理人ノ同意ヲ得スシテ為シタル債務ノ承認ハ之ヲ取消シ得ヘキモノトス」

「債務者カ時効中断ノ効力ヲ生スヘキ承認ヲ為スニハ相手方ノ権利ト同種同質ノ権利ヲ処分シ得ル能力又ハ権限アルコトヲ要セサルモ之ニ付管理行為ヲ為シ得ル能力又は権限アルコトヲ必要トスルモノナルコト明カナル処未成年者ハ自ラ其ノ財産ヲ管理スル能力ヲ有セサルヲ以テ意思能力アル未成年者ト雖モ債務ノ承認ヲ為スニハ其ノ法定代理人ノ同意ヲ得ルコトヲ要ス」

参考文献

未成年者の承認については，次のような説明があります。

「承認をなすには相手方の権利につき処分の行為能力または権限あることを必要としない（民法 156）。これは相手方の権利が承認者に属すると仮定した場合にそれを処分する能力または権限を必要としない，ということである。承認は，相手方の権利の存在を知っている旨の事実認識の表示に過ぎず意思表示ではなく処分行為ではないからである。つまり時効中断事由としての承認をするのに行為能力や代理権限は必要ではない。かつての準禁治産者（被保佐人に相当）が保佐人の同意なしにした承認も時効を中断する。被補助人についても同様である。不在者の財産管理人（民 28）や権限の定めなき代理人（民 103）も承認をすることができる。後見監督人がいる場合でも後見人がその同意なしにした承認は時効を中断する。もっとも成年被後見人・未成年者の単独でした承認は取消し得るものとされている（大判昭 13・2・4 民集 17・87）。管理の能力と権限は必要であることがその理由とされている（西村峯裕，久保宏之『コモンセンス民法 1 総則』250 頁（中央経済社，第 3 版，2009 年））。」

また，未成年者の承認につき，取り消し得ることについては，「承認は，承認する者に，相手方（権利者）の権利について『処分の能力又は権限』のあることを要しない（156条）。この意味は，相手方の権利を自分が持っていると仮定して，それを処分するについての能力または権限を必要としない，ということである。承認は，処分行為ないし新たな債務負担行為ではなく，単に現に負担している債務を確認するにすぎないからである。そうすると，未成年者が単独で行った債務承認でも中断の効力を生ずるというべきで，それを取り消しうるとした判例（大判昭13・2・4民集17巻87頁。我妻472頁は賛成）は，すこぶる疑問である。（近江幸治『民法講義Ⅰ民法総則』308頁（成文堂，第3版，2001年））」という見解があります。

参照条文

民法

（管理人の権限）

第28条　管理人は，第103条に規定する権限を超える行為を必要とするときは，家庭裁判所の許可を得て，その行為をすることができる。不在者の生死が明らかでない場合において，その管理人が不在者が定めた権限を超える行為を必要とするときも，同様とする。

（権限の定めのない代理人の権限）

第103条　権限の定めのない代理人は，次に掲げる行為のみをする権限を有する。

（1）　保存行為

（2）　代理の目的である物又は権利の性質を変えない範囲内において，その利用又は改良を目的とする行為

（承認）

第156条　時効の中断の効力を生ずべき承認をするには，相手方の権利についての処分につき行為能力又は権限があることを要しない。

38 遅延損害金の時効
（大判大正8年10月29日大審院民録25輯1854頁（27522926））

「契約ノ不履行ニ基ク損害賠償請求権ハ其契約ニ因リテ生シタル本来ノ債権ト同一ノ権利ニシテ単ニ其目的ヲ変更シタルモノニ過キサレハ本来ノ債権カ時効ニ因リテ消滅シタルニ拘ハラス独リ該損害賠償請求権ノ存在スル理ナキモノス」

解説
　元本債権が時効によって消滅すれば，契約の不履行に基づく損害賠償請求権も消滅するとしています。

📖 債権回収Q&A☞38参照

39 利息の時効1
（大判大正6年8月22日大審院民録23輯1293頁（27522477））

「被告カ元金ノ請求ニ対シテ消滅時効ヲ援用シタルモ之ニ対スル約定利息ノ請求ニ付キ独立ノ消滅時効ヲ援用セサル以上ハ原裁判所カ此点ニ関シ特ニ消滅時効ヲ適用セサルハ相当ナリ」

解説
　元金に対する消滅時効を援用しても，利息の請求について独立した消滅時効を援用しなければ，これに対して時効を適用することはできないとしました。

📖 債権回収Q&A☞38，87参照

2 時効

利息の時効2
（大判昭和12年12月17日大審院裁例集11巻民311頁（27545530））

「利息債権ニ付特別ノ消滅時効進行スル場合ニ於テハ時効ヲ援用スル者カ特ニ元本債権ニ付テノミ之ヲ援用シ利息債権ニ関シテハ援用ノ意思ナキコトヲ明白ナル場合ニ非レハ此点ニツキ審理ヲ省略スルコトヲ得ス」

解説

利息債権について特別の消滅時効が進行する場合において，元本債権についてのみ時効を援用した場合には，利息債権についても時効を援用するか否かを釈明させなければならないとしました。

実務上のポイント

利息についても時効援用する旨を書面の様式にしておく方がよいでしょう。

また，債権放棄の場合も元本，利息について行う旨を明確にしておくことが必要です。

債権回収 Q&A ☞ 38, 87 参照

あらかじめ相殺の意思表示を要しないとした約定書は承認に該当しない
（東京高判平成8年4月23日判時1567号100頁（28010818））

「時効完成前に予め授権された包括代理権に基づいて全く債務者の個別的な関与なしになされた本件処理に時効中断の効果を認めることは，債権者である被控訴人の代理行為により一方的に時効中断事由である債務承認をすることができるものとすることとなり，債務者が予め時効利益を放棄

したことと同じ結果となって不都合であるばかりか，個別具体的な代理権授与による場合と異なり弁済行為自体についてはもとより弁済する債務について債務者の認識がない本件処理には同債務者による債務承認を擬制しても差し支えない前提を欠いているから，本件処理には相殺ないし弁済（充当）の効果はあるが，時効中断事由としての債務承認の効果はないと解する」

解説

あらかじめ包括的に約定書により与えられた相殺について相殺の効果は認めても，時効利益はあらかじめ放棄できないこと（民法146条）から時効中断の効力までは認めませんでした。

参考文献

時効の利益はあらかじめ放棄できない趣旨は次のとおりです。
「債権者が，債務者の窮迫状況に応じて，債権の時効消滅の利益をあらかじめ放棄させること（約定）を禁止する趣旨である（流質契約の禁止（349条）や抵当直流の禁止と同じ）。これを許すと，時効の制度趣旨が没却されるからである（近江幸治『民法講義Ⅰ民法総則』352頁（成文堂，第6版補訂版，2012年））

参照条文

民法

（時効の利益の放棄）
第146条　時効の利益は，あらかじめ放棄することができない。

仮差押えと時効中断の効力
（最三小判平成10年11月24日民集52巻8号1737頁（28033352））

「民法147条が仮差押えを時効中断事由としているのは，それにより

債権者が，権利の行使をしたといえるからであるところ，仮差押えの執行保全の効力が存続する間は仮差押債権者による権利の行使が継続するものと解すべきだからであり，このように解したとしても，債務者は，本案の起訴命令や事情変更による仮差押命令の取消しを求めることができるのであって，債務者にとって酷な結果になるともいえないからである。

　また，民法 147 条が，仮差押えと裁判上の請求を別個の時効中断事由と規定しているところからすれば，仮差押えの被保全債権につき本案の勝訴判決が確定したとしても，仮差押えによる時効中断の効力がこれに吸収されて消滅するものとは解し得ない。」

解説

　仮差押えを解除しない限り，本案勝訴判決が確定しても時効中断の効力は続くものとしました。

参考文献

「仮差押えによる時効中断の効力は，仮差押えの取下げ又は取消しがない限り存続すると解される（能見善久・加藤新太郎編『論点体系 判例民法 1 総則』423 頁（第一法規，第 2 版，2013 年））。」

参照条文

民法
　（時効の中断事由）
第 147 条　時効は，次に掲げる事由によって中断する。
　(2)　差押え，仮差押え又は仮処分

税の減額と介護保険料の減額
（大阪高判平成 23 年 8 月 30 日判例集未登載（28212056））

「増額更正処分を行ったとしても，その目的を達することができないか

ら，同処分については，除斥期間を定める明文の規定がなくとも，徴収権の消滅時効の完成によりそれに関する増額更正の権限も行使できなくなると解するのが相当である。一方，減額更正処分は，原判決も判示するとおり，既に賦課された介護保険料の納付義務の一部を取り消す処分であるから，新たに徴収権の行使が必要になるものではなく，徴収権の消滅時効の完成により，その目的を達することができなくなるわけではない。また，減額更正処分により被保険者に発生する還付請求権は，前記処分により初めて行使することができるのであるから，その消滅時効も「権利を行使することができる時」（前掲各法条，筆者注：（介護保険法 200 条 1 項，地方自治法 236 条 2 項，3 項，民法 166 条 1 項））である前記処分時から進行すると解すべきであって，この点も減額更正の権限の行使を妨げる事由とはならない。」

解説

介護保険料の時効は 2 年（介護保険法 200 条 1 項）ですが，本判決は税の更正に伴い減額できる期間が争われた事例です。

賦課権は 2 年としても，税額更正に伴う減額できる期間は徴収権の行使が必要となるものではないため，5 年とし，最高裁においても高裁を支持しました。

厚労省の通知（平成 25 年 6 月 14 日付け老介発 0614 第 2 号）においても，税の更正期間に合わせて介護保険料の更正期間を 5 年間に改めることとしました。

参考通知

厚生労働省老健局介護保険計画課長通知（平成 25 年 6 月 14 日付け老介発 0614 第 2 号）

保険料賦課額の減額等に係る取扱いについて（抄）

1．保険料賦課額を減額する場合の取扱い

第 1 号被保険者の保険料賦課額については，地方税の課税標準額の減額等が行われた場合には，介護保険法第 200 条第 1 項に定める保険料を徴収する権利の消滅時効の 2 年を超えて，遡って保険料賦課額を減額できる。

なお、地方税の課税標準額又は税額を減少させる賦課決定は、地方税法第17条の5第4項の規定により5年以内とされていることから、この場合は、5年程度遡った減額が想定されることとなる。

参照条文

介護保険法
　（時効）
第200条　保険料、納付金その他この法律の規定による徴収金を徴収し、又はその還付を受ける権利及び保険給付を受ける権利は、2年を経過したときは、時効によって消滅する。
2　保険料その他この法律の規定による徴収金の督促は、民法第153条の規定にかかわらず、時効中断の効力を生ずる。

3 債権管理の手法

滞納処分ができる債権は裁判所による徴収手段は使えない
（最大判昭和 41 年 2 月 23 日民集 20 巻 2 号 320 頁（21022862））

「農業災害に関する共済事業の公共性に鑑み，その事業遂行上必要な財源を確保するためには，農業共済組合が強制加入制のもとにこれに加入する多数の組合員から収納するこれらの金円につき，租税に準ずる簡易迅速な行政上の強制徴収の手段によらしめることが，もつとも適切かつ妥当であるとしたからにほかならない。（中略）法律上特にかような独自の強制徴収の手段を与えられながら，この手段によることなく，一般私法上の債権と同様，訴えを提起し，民訴法上の強制執行の手段によつて債権の実現を図ることは，前示立法の趣旨に反し，公共性の強い農業共済組合の権能行使の適性を欠くものとして，許されない」

解説

滞納処分ができる債権の回収は原則として裁判所の手続は使えませんが，滞納処分後に第三債務者が支払いに応じない場合は，支払督促，訴訟等の民事手続によることができます。

また，差し押さえるべき財産がないときは時効中断させるために訴訟が認められます（本書 3 — 2 岡山地判昭和 41 年 5 月 19 日行裁例集 17 巻 5 号 549 頁（21023601）を参照）。

📖 **債権回収 Q&A ☞ 8参照**

2 差し押さえるべき財産がないときは時効中断のために訴訟が認められる
（岡山地判昭和 41 年 5 月 19 日行裁例集 17 巻 5 号 549 頁（21023601））

「被告は原告主張の租税債権の存在を争つていながら，目下のところ，差押えの対象となるべき財産を所持しておらない事情があり，しかも，租税債権の消滅時効の進行を中断する方法については民法所定の方法によることとされている（会計法第 31 条・国税通則法第 72 条）。そうすると，前記事情が存する以上裁判上の請求をするよりほかに，時効中断の方法はないことになる。かかる場合は，国が租税債権の行使を裁判上の請求によりなす必要があり，そのためにする訴には本案判決を求める利益がある。次に，原告の終極的な目的が物の給付を求めるところにあることと，債権存在確認の訴を提起することの適切性につき考えるに，この点についても，前述のように租税債権には自力執行力が付与されているから，原告は，租税債権の存在が確定される限りその目的を達しうるのであり，裁判上請求するについても給付の訴による必要はなく，債権確認の訴によるのが最も適切である。」

解説

滞納処分ができる債権は裁判所によらず自力執行を与えられたものですが，時効中断させる方法がない場合は裁判所の手続を部分的に適用することもやむを得ないとしたものです。

債権確認の訴えを行った後，行政限りの滞納処分を行うことになります。ただし，訴訟により自力執行が認められる債権の時効が 5 年になるのか，10 年に延長されるのかはこの判決では分かりません。

また，実際に差押え，強制執行に着手したとしても押えるべきものがないとしても時効中断することについては，本書 2—34 から 36 までの判決を参照してください。

参考文献

滞納処分の効果については,「滞納処分には,訴訟手続を省略して地方公共団体の賦課処分を直ちに執行力ある債務名義とすること,及びその債務名義によって自らの執行機関をもって自力執行できることの二つの効果が含まれます(地方自治制度研究会編『地方財務実務提要』2908頁(ぎょうせい,加除式))。」

参照条文

会計法

(民法の準用)

第31条　金銭の給付を目的とする国の権利の時効による消滅については,別段の規定がないときは,時効の援用を要せず,また,その利益を放棄することができないものとする。国に対する権利で,金銭の給付を目的とするものについても,また同様とする。

2　金銭の給付を目的とする国の権利について,消滅時効の中断(明治29年4月法律第89号),停止その他の事項(前項に規定する事項を除く。)に関し,適用すべき他の法律の規定がないときは,民法の規定を準用する。国に対する権利で,金銭の給付を目的とするものについても,また同様とする。

国税通則法

(国税の徴収権の消滅時効)

第72条　国税の徴収を目的とする国の権利(以下この節において「国税の徴収権」という。)は,その国税の法定納期限(中略)から5年間行使しないことによつて,時効により消滅する。

2　国税の徴収権の時効については,その援用を要せず,また,その利益を放棄することができないものとする。

3　国税の徴収権の時効については,この節に別段の定めがあるものを除き,民法の規定を準用する。

📖 債権回収 Q&A ☞ 8参照

3 債権管理に関する自治体の裁量
（最二小判平成16年4月23日民集58巻4号892頁（28091160））

「地方公共団体が有する債権の管理について定める地方自治法240条，地方自治法施行令171条から171条の7までの規定によれば，客観的に存在する債権を理由もなく放置したり免除したりすることは許されず，原則として，地方公共団体の長にその行使又は不行使についての裁量はない。（中略）はみ出し自動販売機に係る最大の課題は，それを放置することにより通行の妨害となるなど望ましくない状況を解消するためこれを撤去させるべきであるということにあったのであるから，対価を徴収することよりも，はみ出し自動販売機の撤去という抜本的解決を図ることを優先した東京都の判断は，十分に首肯することができる。」

解説

道路にはみ出した自動販売機の底地について，道路占用料を徴収すべきであるとして住民監査請求された事案です。

判決では，はみ出した自動販売機を是正することが目的であって，費用対効果から道路占用料の徴収ができなかったとしてもやむを得ないとしています（本書4－4 自動販売機占用料の損害賠償又は不当利得返還請求権を参照）。

判決理由の中で自治体の債権管理に関する裁量について述べています。

自治法240条，自治法施行令171条から171条の7までの規定に反する債権管理を行うことは，「怠る事実」として損害賠償の対象になることを銘記しておくべきです。

参考文献

自治法施行令171条から171条の7までの規定は，債務者に対するよりも自治体内部の規範であるとする見解です。

「以上の政令の諸規定（筆者注：自治法施行令171条から171条の7まで）

は，普通地方公共団体の長の債権管理に関する内部的行為準則を定めたものであって，債務者との関係で法規たる性質をもつものではない。したがって，これにより債務者が債務を免れる権利を与えられたことにはならない。しかし，住民との関係では，政令の定めに反し安易に履行延期の特約や債務免除等の措置を行った場合には，住民訴訟により争われることになる（村上順・白藤博行・人見剛編『別冊法学セミナー 新基本法コンメンタール 地方自治法』327 頁（日本評論社，2011 年））。」

4 履行延期特約に延納利息を付さない条件は違法
（京都地判昭和 61 年 4 月 10 日判時 1213 号 74 頁（27803730））

「履行延期の特約については，地方自治法施行令 171 条の 6 には，明文の規定があり，財政に関する法規については厳格な遵守が要求されていることを考慮すると，被告が違法に，本件土地売買代金につき履行期限延長の特約を，しかも延納利息を付さずに，認めたことについては，少なくとも重大な過失があつたというべきである。」

実務上のポイント

分割納付誓約書と違って，自治法施行令 171 条の 6 に基づく履行期限後の分割納付は特約の前提として損害賠償等（遅延利息）の清算が必要になります。

分割納付誓約書と自治法施行令 171 条の 6 に基づく履行延期特約等による分割納付の違いを明確に認識する必要があります。

分割納付誓約書に基づく分割の場合は期限の利益を与えたものではなく，履行延期特約等による分割の場合は納付期日が延期され，期限の利益を与えたものですから自ずと時効の起算日が違うことになります。

履行延期特約等は債務者との合意によりますが，分割納付誓約の場合は，債務者から一方的に誓約書が提出され，自治体が受領しても双方で記名捺印した文書が作成されないことが通常です。しかし，債務者が誓約書を提

出し，自治体が異議なく受領した場合は，債務者と当該自治体との間に意思の合致があったと理解されることになります。

この様な場合は，両者が捺印した書面を作成するか否かの違いだけで，法的には，履行延期特約等と分割納付誓約による分割納付の間に違いがなくなります。

また，実務上は，分割納付誓約書に不履行の場合は直ちに全額回収する旨を記しておくことが必要でしょう。

参考文献

履行延期特約と分割納付誓約書の違いにつき，「分割納付誓約は，滞納者からの一方的なお願いであり，自治令171条の6の「履行期限延長の特約」に該当しません。自治体側としては，分割納付誓約書の提出があったことから，債務の履行に誠意が窺われるとして，事実上，一括請求せずに分割納付による債務の履行完了を待っているに過ぎません。したがって，分割納付誓約書の提出は，債務者に期限の利益を与えたものではないので，いつでも請求および，訴訟手続による履行の請求ができ（弁護士瀧康暢『自治体私債権回収のための裁判手続マニュアル』266，267頁（ぎょうせい，2013年））」とする見解があります。

なお，督促状に記載している納期は，履行期限を延期するものとは違い，指定納期に早期に納めていただくに過ぎません。

「督促において指定された期限は，当初の納期限（履行期限）を変更するものではなく，早期の支払いを促し，その期限が経過するまでは法的手続に移行しないという意思を表示したものにすぎない（橋本勇『自治体財務の実務と理論―違法・不当といわれないために』304頁（ぎょうせい，2015年））。」

履行延期特約等により分割して収入する場合は，①納入通知書を発した後で債務者の申出により特約する場合は，調定額は正しく行われているので履行期限ごとに納付書を作成し，②納入通知書を発する前に特約する場合は，歳入の総額について調定するのではなく，納期限ごとに分割収入さ

れる額について調定することとされています（会計事務研究会編著『会計事務質疑応答集』67頁（学陽書房，1994年））。

参照条文

地方自治法施行令

（履行延期の特約等）

第171条の6　普通地方公共団体の長は，債権（強制徴収により徴収する債権を除く。）について，次の各号の一に該当する場合においては，その履行期限を延長する特約又は処分をすることができる。この場合において，当該債権の金額を適宜分割して履行期限を定めることを妨げない。
(1)　債務者が無資力又はこれに近い状態にあるとき。
(2)　債務者が当該債務の全部を一時に履行することが困難であり，かつ，その現に有する資産の状況により，履行期限を延長することが徴収上有利であると認められるとき。
(3)　債務者について災害，盗難その他の事故が生じたことにより，債務者が当該債務の全部を一時に履行することが困難であるため，履行期限を延長することがやむを得ないと認められるとき。
(4)　損害賠償金又は不当利得による返還金に係る債権について，債務者が当該債務の全部を一時に履行することが困難であり，かつ，弁済につき特に誠意を有すると認められるとき。
(5)　貸付金に係る債権について，債務者が当該貸付金の使途に従って第三者に貸付けを行なつた場合において，当該第三者に対する貸付金に関し，第1号から第3号までの一に該当する理由があることその他特別の事情により，当該第三者に対する貸付金の回収が著しく困難であるため，当該債務者がその債務の全部を一時に履行することが困難であるとき。

2　普通地方公共団体の長は，履行期限後においても，前項の規定により履行期限を延長する特約又は処分をすることができる。この場合においては，<u>既に発生した履行の遅滞に係る損害賠償金その他の徴収金（次条において「損害賠償金等」という。）に係る債権は，徴収すべきものとする。</u>

📖 債権回収 Q&A☞ 84, 146 参照

5 自治法236条2項の意味
（最三小判平成19年2月6日民集61巻1号122頁（28130401））

「同規定（筆者注：自治法236条2項）が上記権利の時効消滅につき当該普通地方公共団体による援用を要しないこととしたのは，上記権利については，その性質上，<u>法令に従い適正かつ画一的にこれを処理することが，当該普通地方公共団体の事務処理上の便宜及び住民の平等的取扱いの理念（同法（筆者注：自治法）10条2項参照）に資することから，時効援用の制度（民法145条）を適用する必要がない</u>と判断されたことによるものと解される。」

解説

自治法236条2項は，時効完成すれば債権は消滅し，債務者の援用の有無を問わず，画一的に処理するために設けられたとしています。

本判決に先立つ最三小判（昭和50年2月25日民集29巻2号143頁（27000387））では，会計法30条が適用される国の債権について次のように述べています。

「会計法30条が金銭の給付を目的とする国の権利及び国に対する権利につき5年の消滅時効期間を定めたのは，国の権利義務を早期に決済する必要があるなど主として行政上の便宜を考慮したことに基づくものであるから，同条の5年の消滅時効期間の定めは，右のような行政上の便宜を考慮する必要がある金銭債権であつて他に時効期間につき特別の規定のないものについて適用されるものと解すべきである。」

参照条文

地方自治法

（住民の意義）

第10条

2　住民は，法律の定めるところにより，その属する普通地方公共団体の役務の提供をひとしく受ける権利を有し，その負担を分任する義務を負う。

（金銭債権の消滅時効）

第236条

2　金銭の給付を目的とする普通地方公共団体の権利の時効による消滅については，法律に特別の定めがある場合を除くほか，時効の援用を要せず，また，その利益を放棄することができないものとする。普通地方公共団体に対する権利で，金銭の給付を目的とするものについても，また同様とする。

会計法

（金銭に関する権利の消滅時効）

第30条　金銭の給付を目的とする国の権利で，時効に関し他の法律に規定がないものは，5年間これを行わないときは，時効に因り消滅する。国に対する権利で，金銭の給付を目的とするものについても，また同様とする。

民法

（時効の援用）

第145条　時効は，当事者が援用しなければ，裁判所がこれによって裁判をすることができない。

国のする私債権の納入告知による時効中断
（最二小判昭和53年3月17日民集32巻2号240頁（27000251））

「会計法32条の規定は，国がその私法上の債権につき法令の規定によつて納入の告知をした場合にも適用されるものと解すべきである。（中略）同条は，その適用の対象となる債権の種類につき所論のような限定をして

いないばかりでなく，国のする納入の告知について民法 153 条の規定の適用を排除する特則が設けられたゆえんは，納入の告知が，一般の催告と異なり，歳入徴収官等により，国の債権の管理等に関する法律 13 条，会計法 6 条，予算決算及び会計令 29 条，国の債権の管理等に関する法律施行令 13 条など，<u>関係法令の定めに基づく形式と手続に従つてされるものであるため，権利行使についての国の意図が常に明確に顕現されている点にあるもの</u>というべきであるから，国が私人から承継取得した債権であつても，その履行の請求が右に述べたような法定の形式と手続に従つた納入の告知によつてされるものである以上，その納入の告知について会計法 32 条の適用を肯定すべきであつて，これを否定すべき合理的な理由は存しない。」

解説

　国の債権は私法上の債権であっても納入の告知について時効中断の効力を認めました。

　会計法 32 条は自治法 236 条 4 項とほぼ同様の規定ですが，自治法 236 条 4 項の時効の中断は納入の告知だけでなく督促を含んでおり，納入の告知と同様に督促は時効中断を生じることをこの判決の理由からも類推できます。

実務上のポイント

　告知による時効中断の例ですが，最初のものに限り時効中断することは本書 3 ― 7 の判決（福岡高判昭和 32 年 7 月 31 日訟務月報 3 巻 7 号 43 頁（27440330））が参考になります。

参考文献

　国及び自治体の債権について，告知及び督促により時効中断することの解説です。

　「一般の催告と異なり歳入徴収官等により，国の債権の管理等に関する法律 13 条，会計法 6 条など関係法令の定めに基づく形式と手続に従ってされるものであるため，国の意図が常に明確に顕現されている点にあると

している。国の債権について，簡易な中断方法を認めたことになる。これに対して，条理上，法定の権力行政手続としての行政処分に裁判手続によらない時効中断の効力が認められていると解すべきであるとする見解がある（兼子仁教授）（債権管理・回収研究会編『自治体職員のための事例解説　債権管理・回収の手引き』435，436 頁（第一法規，加除式））。」

「納入の通知または督促は，民法上の催告と同一であるが，催告が 6 カ月以内に裁判上の請求，差押え等の裁判手続をしなければ時効中断の効力は生じない（民 153）のに対して，納入の通知または督促はそのような手続を要せず，時効中断の効力を生ずる（村上順・白藤博行・人見剛編『別冊法学セミナー　新基本法コンメンタール地方自治法』310 頁（日本評論社，2011 年)。」

「私債権については，この督促は民法上の催告（民法 153 条）と同義ですが，一般的に催告の時効中断の効力が暫定的である（催告後 6 ヶ月以内に法的手続を採らなければ時効中断の効力が認められないという意味）のと異なり，絶対的な時効中断の効力が認められています（地方自治法 236 条 4 項，但し，最初の督促のみであることに注意が必要です。）。督促の方法についても，送達の推定が働く公債権と異なり（地方自治法 231 条の 3 第 4 項）法律上送達の推定が認められていないので，督促状の送達，それに基づく時効中断の立証を確実にするためには，別途配達証明を付するなど（季刊自治体法務研究 2008 年・冬号）」の必要性をいう見解もありますが，督促状を内部で記録しておくことは必要ですが，配達証明を付する必要まではないと考えます。

「催告の内容証明郵便が不在で受理されず返戻された場合に，時効中断の効力が認められた事例として次のようなものがある。催告による時効中断に係る損害賠償事件（東京地判昭 61.5.26 判時 1234 号 94 頁）（判旨）『郵便局員が不在配達通知書を被告かたに差し置き，右被告らが一挙手一投足の労によりこれを受領することが可能となっていたものであって，これにより権利者の権利主張がされ時効の事実状態が破られたものと考えることができる。』（「水道関係判例集」社団法人日本水道協会，1999 年，

120頁)」

> ### 行政実例

督促につき最初のものが時効中断する(昭和39年3月3日自治行第25号)

「法令の規定により普通地方公共団体がする督促は,最初のものに限り時効中断の効力を有する。」(昭和44年2月6日付け自治行第12号東京都経済局長宛行政課長回答)

> ### 参照条文

会計法
(納入告知の効力)
第32条 法令の規定により,国がなす納入の告知は,民法第153条(前条において準用する場合を含む。)の規定にかかわらず,時効中断の効力を有する。

地方自治法
(金銭債権の消滅時効)
第236条
4 法令の規定により普通地方公共団体がする納入の通知及び督促は,民法第153条(前項において準用する場合を含む。)の規定にかかわらず,時効中断の効力を有する。

民法
(催告)
第153条 催告は,6箇月以内に,裁判上の請求,支払督促の申立て,和解の申立て,民事調停法若しくは家事事件手続法による調停の申立て,破産手続参加,再生手続参加,更生手続参加,差押え,仮差押え又は仮処分をしなければ,時効の中断の効力を生じない。

📖 債権回収Q&A☞23参照

7 告知は最初のものに限り時効中断する
（福岡高判昭和 32 年 7 月 31 日訟務月報 3 巻 7 号 43 頁（27440330））

「納入告知が時効中断の効力を生ずるのは最初為されたそれに限るのであつて，仮に所定の形式に従つて再度以上の納入告知が為されても，それは最早時効中断の効力を生じないものと解すべきである。」

実務上のポイント

告知について最初に行うものが時効中断するとされた判決ですが，自治法 236 条 4 項には告知に加えて督促についても時効中断が規定されていることから，最初の督促が時効中断するものとして扱われ，2 回目以降の督促は催告として扱われます。

告知により時効中断することについては，督促の場合も含めて本書 3 ― 6 の判決（最二小判昭和 53 年 3 月 17 日民集 32 巻 2 号 240 頁（27000251））が参考になります（昭和 44 年 2 月 6 日付け自治行第 12 号東京都経済局長宛行政課長回答も同趣旨）。

参照条文

地方自治法

（金銭債権の消滅時効）

第 236 条

4　法令の規定により普通地方公共団体がする納入の通知及び督促は，民法第 153 条（前項において準用する場合を含む。）の規定にかかわらず，時効中断の効力を有する。

📖 債権回収 Q&A ☞ 31 参照

8 督促状の発付及び差押え時期は訓示規定である
（徳島地判昭和 30 年 12 月 27 日行裁例集 6 巻 12 号 2887 頁（27601340））

「督促は地方税法第 329 条，第 371 条，第 457 条所定の督促状発布期限後に為されているが右規定中督促状発付期限に関する部分は所謂訓示規定で従つて該期限後に為された督促も本件差押処分の効力に何等影響を及ぼさぬから原告の本主張は採用しない。（中略）条例の規定する（筆者注：督促状の）指定納期限たる 60 日を経過して差押処分がなされたことは明かである。然しながら右各条例の規定は地方税法規を円滑に運用実施するための訓示規定であつて強行法規ではないから，右各条例の規定違反は右差押処分の効力に影響を及ぼさず有効であると解する。」

解説

期限を過ぎて発付された督促状は，差押処分の効力に何ら影響を与えず，督促状を納期限後 20 日に発付しなければならないことに加えて，督促後 10 日に差し押さえなければならないとする規定は，いずれも訓示規定とされました。

訓示規定は行政庁に対しての指示であり，反しても効力には影響はありませんが，効力規定に反すれば，効力は否定されます。

実務上のポイント

時効間際の督促により時効中断が認められた例としては，本書 4－10 の判決（高松高判平成 20 年 2 月 22 日裁判所ウェブサイト掲載（28152813））がありますが，「権利の濫用」と評価されないよう，時期に遅れた督促状の発付は注意が必要です。

参照条文

地方税法

　（市町村民税に係る督促）

第329条　納税者（中略）又は特別徴収義務者が納期限（中略）までに市町村民税に係る地方団体の徴収金を完納しない場合においては，市町村の徴税吏員は，納期限後20日以内に，督促状を発しなければならない。但し，繰上徴収をする場合においては，この限りでない。
（市町村民税に係る滞納処分）
第331条　市町村民税に係る滞納者が次の各号の一に該当するときは，市町村の徴税吏員は，当該市町村民税に係る地方団体の徴収金につき，滞納者の財産を差し押えなければならない。
(1) 滞納者が督促を受け，その督促状を発した日から起算して10日を経過した日までにその督促に係る市町村民税に係る地方団体の徴収金を完納しないとき。
(2) 滞納者が繰上徴収に係る告知により指定された納期限までに市町村民税に係る地方団体の徴収金を完納しないとき。（以下省略）

📖 債権回収Q&A☞ 24，77 参照

督促の法的効果
（東京地判平成25年6月25日判例地方自治373号91頁（28213555））

「督促は，普通地方公共団体の歳入を納期限までに納付しない者があるときに，普通地方公共団体の長が，期限を指定してその納付を催促する行為であって（同項），当該債務の消滅時効を中断するとともに（同法236条4項。ただし，介護保険料につき介護保険法200条2項。），普通地方公共団体の長が条例の定めるところにより手数料及び延滞金を徴収することを可能とし（地方自治法231条の3第2項），さらに，当該督促を受けた者が指定された期限までにその納付すべき金額を納付しないときは，当該歳入並びに当該歳入に係る上記の手数料及び延滞金について，地方税の滞納処分の例により処分することを可能とする（同条第3項）という法的効果を有する」

解説

　介護保険料につき督促により消滅時効を中断し，滞納処分が可能になり，条例の定めるところにより督促手数料及び延滞金が徴収可能となることを示したものです。

　最二小判平成24年6月29日（租税関係行政・民事事件判決集（徴収関係）平成24年1月～12月順号24－37（2822477））では相続税の事案ですが，「督促処分は，滞納された国税債務が存続することを前提として，当該国税債務について消滅時効を中断し（国税通則法73条1項4号），一定の期間までに当該国税債務が完済されないときは滞納処分による差押えを行うことを可能とする（同法40条，国税徴収法47条1項）という法的効果を有する」として本判決もこれに沿ったものとなっています。

実務上のポイント

　自治法231条の3の督促は公債権に適用されますが，自治体の有する私債権の督促は自治法施行令171条によることになり，督促状が到達することにより時効中断します（自治法236条4項）が，この場合の督促は裁判所による強制徴収の前提ではなく，また，督促手数料及び延滞金は徴収できません。

行政実例

税外収入に係る延滞金の徴収（昭和35年12月27日付け自治丁行発第57号山形県総務部長宛行政課長回答）

問　地方自治法第225条（現行法では本条（筆者注：231条の3））第1項の規定により分担金，使用料，加入金，手数料，過料等の収入を納額告知書等に指定した期限内に納めない者に対しては，市（町村）長が期限を指定してこれを督促した場合に，同条第3項（現行法では第2項）の規定により，条例の定めるところによつて，手数料及び延滞金を徴収することができるがこの場合
　1　延滞金は督促をしなければ徴収できないか。
答　1　お見込のとおり。

参照条文

介護保険法

（滞納処分）

第144条　市町村が徴収する保険料その他この法律の規定による徴収金は，地方自治法第231条の3第3項に規定する法律で定める歳入とする。

（時効）

第200条

2　保険料その他この法律の規定による徴収金の督促は，民法第153条の規定にかかわらず，時効中断の効力を生ずる。

地方自治法

（督促，滞納処分等）

第231条の3　分担金，使用料，加入金，手数料及び過料その他の普通地方公共団体の歳入を納期限までに納付しない者があるときは，普通地方公共団体の長は，期限を指定してこれを督促しなければならない。

2　普通地方公共団体の長は，前項の歳入について同項の規定による督促をした場合においては，条例の定めるところにより，手数料及び延滞金を徴収することができる。

3　普通地方公共団体の長は，分担金，加入金，過料又は法律で定める使用料その他の普通地方公共団体の歳入につき第1項の規定による督促を受けた者が同項の規定により指定された期限までにその納付すべき金額を納付しないときは，当該歳入並びに当該歳入に係る前項の手数料及び延滞金について，地方税の滞納処分の例により処分することができる。この場合におけるこれらの徴収金の先取特権の順位は，国税及び地方税に次ぐものとする。

（金銭債権の消滅時効）

第236条

4　法令の規定により普通地方公共団体がする納入の通知及び督促は，民法第153条（前項において準用する場合を含む。）の規定にかかわらず，時効中断の効力を有する。

地方自治法施行令

（督促）
第171条　普通地方公共団体の長は，債権（地方自治法第231条の3第1項に規定する歳入に係る債権を除く。）について，履行期限までに履行しない者があるときは，期限を指定してこれを督促しなければならない。

📖 債権回収Q&A☞22参照

10 税における督促は行政処分である
（山口地判昭和51年11月11日訟務月報22巻12号2887頁（21056061））

「督促は，税務署長が滞納者に対し，納税申告書による国税若しくは納税告知をなした国税等の他，これらの納期限から完納の日までの日数等法定の割合に従つて計算される延滞税の存在を一定期間内に知らしめその納付を催告するものであり，他方租税の強制徴収手続たる滞納処分を実施するための前提要件であり，税務署長が督促をしないで滞納処分を実施すれば，滞納処分が違法となる。右のように滞納者に滞納している国税の存在を一定期間内に知らしめその支払を催告し，かつ滞納処分の前提としての法律効果を有する督促は，滞納者の権利義務に直接具体的に法律上の影響を及ぼすような行政処分であり，取消訴訟の対象となり得るものと解する。」

解説
滞納処分ができる債権の督促は，税における督促と同様に行政処分であり，不服申立てができ，自治法施行令171条の督促は私債権に適用されますから，行政処分ではありません。

参照条文
地方税法
　（行政不服審査法との関係）

第19条　地方団体の徴収金に関する次の各号に掲げる処分についての審査請求については，この款その他この法律に特別の定めがあるものを除くほか，行政不服審査法（平成26年法律第68号）の定めるところによる。
(2)　督促又は滞納処分

📖 債権回収 Q&A ☞ 41 参照

充当は行政処分であり，督促は滞納処分の前提である
（最二小判平成5年10月8日集民170号1頁（22006661））

「充当は公権力の主体である税務署長等が一方的に行う行為であってそれによって国民の法律上の地位に直接影響を及ぼすものというべきであり，同法（国税通則法）75条1項にいう「国税に関する法律に基づく処分」に当たると解するのが相当である（なお，地方税法19条9号，同法施行規則11条の7第4号参照。）。また，国税通則法37条による督促は，滞納処分の前提となるものであり，督促を受けたときは，納税者は，一定の日までに督促に係る国税を完納しなければ滞納処分を受ける地位に立たされることになるから（同法40条，国税徴収法47条），右督促も，国税通則法75条1項にいう「国税に関する法律に基づく処分」に当たると解するのが相当である（なお，地方税法19条2号参照）。」

実務上のポイント

税における充当，督促は行政処分であり，督促は滞納処分の前提であることを明示した判決です。

なお，税における繰上徴収は督促状の発付を不要とします（地方税法13条の2，329条，371条，457条ほか）が，他の滞納処分できる債権にはこのような明確な規定がありません。

> **❸ 債権管理の手法**

> **参考文献**

税以外の他の滞納処分できる債権にも督促状の発付なしに繰上徴収ができるとする見解です。

「自治法施行令171条の3は，『普通地方公共団体の長は，債権について履行期限を繰り上げることができる理由が生じたときは，遅滞なく，債権者に対し，履行期限を繰り上げる旨の通知をしなければならない。』という原則を定めたうえで，履行延期の特約又は処分について定める同令171条の6第1号が定める場合（中略）その他特に支障があると認められるときには，履行期限を繰り上げないことができるとしている。なお，この規定は，『強制徴収により徴収する債権を除く。』とされていないので，すべての債権に適用されるのであるが，地税法は，滞納処分に関する手続の一環として繰上徴収についての規定（13条の2）をおいているので，結果として，強制徴収により徴収する債権についてはその規定によることになる（債権管理・回収研究会編『自治体職員のための事例解説　債権管理・回収の手引き』656頁（第一法規，加除式））。」

> **参照条文**

国税通則法

（督促）

第37条　納税者がその国税を第35条（申告納税方式による国税の納付）又は前条第2項の納期限（中略）までに完納しない場合には，税務署長は，その国税が次に掲げる国税である場合を除き，その納税者に対し，督促状によりその納付を督促しなければならない。

(1) 次条第1項若しくは第3項又は国税徴収法第159条（保全差押）の規定の適用を受けた国税
(2) 国税に関する法律の規定により一定の事実が生じた場合に直ちに徴収するものとされている国税

2　前項の督促状は，国税に関する法律に別段の定めがあるものを除き，その国税の納期限から50日以内に発するものとする。

3　第1項の督促をする場合において，その督促に係る国税についての延滞税又は利子税があるときは，その延滞税又は利子税につき，あわせて

督促しなければならない。

国税徴収法

（差押の要件）

第47条　次の各号の一に該当するときは、徴収職員は、滞納者の国税につきその財産を差し押えなければならない。

(1)　滞納者が督促を受け、その督促に係る国税をその督促状を発した日から起算して10日を経過した日までに完納しないとき。

地方税法

（繰上徴収）

第13条の2　地方団体の長は、次の各号のいずれかに該当するときは、既に納付又は納入の義務の確定した地方団体の徴収金（中略）でその納期限においてその全額を徴収することができないと認められるものに限り、その納期限前においても、その繰上徴収をすることができる。

(1)　納税者又は特別徴収義務者の財産につき滞納処分（その例による処分を含む。），強制執行，担保権の実行としての競売，企業担保権の実行手続又は破産手続（以下「強制換価手続」という。）が開始されたとき（後略）。

(2)　納税者又は特別徴収義務者につき相続があつた場合において、相続人が限定承認をしたとき。

(3)　法人である納税者又は特別徴収義務者が解散したとき。

(4)　その納付し、又は納入する義務が信託財産責任負担債務である地方団体の徴収金に係る信託が終了したとき（後略）。

(5)　納税者又は特別徴収義務者が納税管理人を定めないで当該地方団体の区域内に住所，居所，事務所又は事業所を有しないこととなるとき（納税管理人を定めることを要しない場合を除く。）。

(6)　納税者又は特別徴収義務者が不正に地方団体の徴収金の賦課徴収を免れ、若しくは免れようとし、又は地方団体の徴収金の還付を受け、若しくは受けようとしたと認められたとき。

2　略

3　地方団体の長は、第1項の規定により繰上徴収をしようとするときは、その旨を納税者又は特別徴収義務者に告知しなければならない。この場

合において,すでに納付又は納入の告知をしているときは,納期限の変更を告知しなければならない。
(行政不服審査法との関係)
第19条 地方団体の徴収金に関する次の各号に掲げる処分についての審査請求については,この款その他この法律に特別の定めがあるものを除くほか,行政不服審査法(平成26年法律第68号)の定めるところによる。
(1) 更正若しくは決定(第5号に掲げるものを除く。)又は賦課決定
(2) 督促又は滞納処分
(9) 前各号に掲げるもののほか,地方団体の徴収金の賦課徴収又は還付に関する処分で総務省令で定めるもの
(市町村民税に係る督促)
第329条 納税者(特別徴収の方法によつて市町村民税を徴収される納税者を除く。以下本款において同様とする。)又は特別徴収義務者が納期限(中略)までに市町村民税に係る地方団体の徴収金を完納しない場合においては,市町村の徴税吏員は,納期限後20日以内に,督促状を発しなければならない。但し,<u>繰上徴収をする場合においては,この限りでない</u>。

地方税法施行規則
(法第19条第9号の処分)
第1条の7 法第19条第9号の総務省令で定める処分は,次の各号に掲げるものとする。
(4) 還付又は充当に関する処分

地方自治法施行令
(履行期限の繰上げ)
第171条の3 普通地方公共団体の長は,債権について履行期限を繰り上げることができる理由が生じたときは,遅滞なく,債務者に対し,履行期限を繰り上げる旨の通知をしなければならない。ただし,第171条の6第1項各号の一に該当する場合その他特に支障があると認める場合は,この限りでない。
(履行延期の特約等)
第171条の6 普通地方公共団体の長は,債権(強制徴収により徴収する

債権を除く。）について，次の各号の一に該当する場合においては，その履行期限を延長する特約又は処分をすることができる。この場合において，当該債権の金額を適宜分割して履行期限を定めることを妨げない。
(1) 債務者が無資力又はこれに近い状態にあるとき。
(2) 債務者が当該債務の全部を一時に履行することが困難であり，かつ，その現に有する資産の状況により，履行期限を延長することが徴収上有利であると認められるとき。
(3) 債務者について災害，盗難その他の事故が生じたことにより，債務者が当該債務の全部を一時に履行することが困難であるため，履行期限を延長することがやむを得ないと認められるとき。
(4) 損害賠償金又は不当利得による返還金に係る債権について，債務者が当該債務の全部を一時に履行することが困難であり，かつ，弁済につき特に誠意を有すると認められるとき。
(5) 貸付金に係る債権について，債務者が当該貸付金の使途に従つて第三者に貸付けを行なつた場合において，当該第三者に対する貸付金に関し，第1号から第3号までの一に該当する理由があることその他特別の事情により，当該第三者に対する貸付金の回収が著しく困難であるため，当該債務者がその債務の全部を一時に履行することが困難であるとき。

12 督促状を発付せず督促手数料を徴収したことは違法である
（行裁判昭和7年6月21日行政録43輯545頁）

「督促手数料ハ督促状ヲ発スルコトナクシテ徴収シタルモノナルカ故ニ違法ニシテ之ヲ是認シタル被告ノ決定ハ失当ナリ」

実務上のポイント

公債権にあっては督促手数料及び延滞金は督促を発付して徴収できるものですが，督促手数料及び延滞金を条例で規定していなければ督促手数料

は徴収できませんが、遅延損害金として5％（民法404条）を徴収することができます。

本書3─9の判決（東京地判平成25年6月25日判例地方自治373号91頁（28213555））についても、督促をしてはじめて督促手数料及び延滞金が徴収でき、滞納処分ができるとしています。

参照条文

地方自治法

（督促、滞納処分等）

第231条の3

2　普通地方公共団体の長は、前項の歳入について同項の規定による督促をした場合においては、条例の定めるところにより、手数料及び延滞金を徴収することができる。

民法

（法定利率）

第404条　利息を生ずべき債権について別段の意思表示がないときは、その利率は、年5分とする。

📖 **債権回収Q&A☞36参照**

増額更正された場合の延滞税の発生
（最二小判平成26年12月12日判時2254号18頁（28224911））

「本件各相続税の法定納期限の翌日から本件各増額更正に係る増差本税額の納期限までの期間については、法（筆者注：国税通則法（平成23年法律第114号による改正前のもの）60条1項2号において延滞税の発生が予定されている延滞と評価すべき納付の不履行による未納付の国税に当たるものではないというべきであるから、上記の部分について本件各相続税の法定納期限の翌日から本件各増差本税額の納期限までの期間に係る

延滞税は発生しないものと解する」

解説

　判決の中で延滞税の性質について、「延滞税は、納付の遅延に対する民事罰の性質を有し、期限内に申告及び納付をした者との間の負担の公平を図るとともに期限内の納付を促すことを目的とするものであるところ、上記の諸点に鑑みると、このような延滞税の趣旨及び目的に照らし、本件各相続税のうち本件各増差本税額に相当する部分について本件各増額更正によって改めて納付すべきものとされた本件各増差本税額の納期限までの期間に係る延滞税の発生は（筆者注：国税通則）法において想定されていないものとみるのが相当である。」としており、他の税にも該当するものと考えます。

参照条文

国税通則法

（延滞税）

第60条　納税者は、次の各号の一に該当するときは、延滞税を納付しなければならない。

(2) 期限後申告書若しくは修正申告書を提出し、又は更正若しくは第25条（決定）の規定による決定を受けた場合において、第35条第2項（期限後申告等による納付）の規定により納付すべき国税があるとき。

14 保証人の責任の範囲1
（広島地福山支判平成20年2月21日裁判所ウェブサイト掲載）

　「公営住宅の賃貸借契約における連帯保証人の意義が上記判示のとおりであって、入居者の賃料不払いを無制限に保証していると解することは相当でない（中略）滞納賃料等の額が拡大した場合に、その損害の負担を安

易に連帯保証人に転嫁することは許されず，明渡等請求訴訟の提起を猶予する等の措置をするに際しては，連帯保証人からの要望があった場合等の特段の事情のない限り，滞納額の増加の状況を連帯保証人に適宜通知して連帯保証人の負担が増えることの了解を求めるなど，連帯保証人に対しても相応の措置を講ずべきものである（中略）平成5年12月20日に催告書を送付したのを最後に，平成18年10月11日に至るまで，催告書を全く送付することなく，また，訴外Ａの賃料滞納の状況についても一切知らせずに放置していたものであり，原告には内部的な事務引継上の過失又は怠慢が存在するにもかかわらず，その責任を棚上げにする一方，民法上，連帯保証における責任範囲に限定のないないことや，連帯債務における請求に絶対効が認められることなどから，被告に対する請求権が形骸的に存続していることを奇貨として，敢えて本件訴訟提起に及んでいるものであり，本件請求における請求額に対する被告の連帯保証人としての責任範囲等を検討するまでもなく，本件請求は権利の濫用として許されない」

参考文献

保証人への請求のあり方に対する見解です。

「保証人には滞納額を求める側面のみならず，Ａ市から保証人への通知や請求を契機として，保証人が滞納者に納付を促す側面もある。つまり，保証人への通知等が滞納者の履行意識を高めることになる。したがって，滞納が発生すれば，速やかに保証人に通知等を行うべきである。滞納が発生したにもかかわらず，Ａ市が保証人への通知等を適宜に行わない場合，保証人に対する保証責任の追及が権利濫用となってしまうおそれもある点に注意するべきである（大阪弁護士会自治体債権管理研究会編集『地方公務員のための債権管理・回収実務マニュアル 債権別解決手法の手引き』164頁（第一法規，2010年））。」

参考通知

公営住宅の保証人の要件について次のような通知があります。
1 　国交省住宅局総務課公営住宅管理対策官通知（「公営住宅の家賃の取扱い等について」平成14年3月29日付け）2「公営住宅管理標準条例

（案）について」（平成8年10月14日付け建設省住総発第153号）に示されているように，公営住宅入居の際の保証人要件については，事業主体の判断によるものであり，公営住宅への入居が決定した生活保護の被保護者の努力にもかかわらず保証人が見つからない場合等には，事業主体の判断により公営住宅への入居に際して必ずしも保証人を要しない等とすることができるものであること。」

　同日付の厚労省通知（社援保発第0329001号）においても同様の趣旨が記載されています。

2　建設省住宅局長通達「公営住宅管理標準条例（案）について」（平成8年10月14日付け建設省住総発第153号）

　条文には「保証人になってくれる人がいない場合でも，本人に家賃の支払いその他賃貸借契約に基づく債務の履行について誠意と能力があると認められるときは，保証人は必ずしも要しないからである。また，公営住宅が住宅に困窮する低額所得者の居住の安定を図ることをその役割としていることに鑑みると，入居者の努力にかかわらず，保証人が見つからない場合には，保証人の免除などの配慮を行うべきである」としています。

3　厚労省平成16年3月31日付け雇児福発第0331002号通知の（国住総第191号都道府県知事宛国土交通省住宅局長通知）

　「配偶者からの暴力被害者の公営住宅への入居について」は，ＤＶ被害者の置かれている状況にかんがみ，公営住宅への入居が決定されたＤＶ被害者については，保証人への連署を必要としないことも含めて可能な限り弾力的に運用するよう配慮するものとすること」としています。

15　保証人の責任の範囲2
（東京地判平成24年7月18日判例地方自治374号90頁（28213817））

「建物賃貸借契約における（中略）賃借人が賃料不払を続けながら賃貸建物を明け渡さないという事態が生じた場合，賃貸人には，保証契約の当

事者として，保証人の上記支払債務が当該保証契約に即して通常想定されるよりも著しく拡大する事態が生ずることを防止するため，当該保証人との関係で，解除権等の賃貸人としての権利を当該賃貸借の状況に応じて的確に行使すべき信義則上の義務を負うというべきであり，当該賃貸人が当該権利の行使を著しく遅滞したときは，著しい遅滞状態となった時点以降の賃料ないし賃料相当損害金の当該保証人に対する請求は，信義則に反し，権利の濫用として許されないというべきである。」

解説

金銭消費貸借における保証と違って賃貸人には，保証人に対して賃借人の支払債務が拡大しないように権利行使すべき信義則上の義務を負い，債務が拡大した後に保証人に請求することは許されないとしています。

16 保証人の責任の範囲3
（東京高判平成25年4月24日判時2198号67頁（28213816））

「控訴人は（中略），（生活保護法による）必要な住宅扶助を支給して本件住宅の使用料等の滞納の発生を防止することが十分可能であったと解され（中略）控訴人の（筆者注：連帯保証人に対する）滞納使用料等及び使用料損害金の請求の一部が信義則に反し，権利の濫用である」

解説

原審である東京地判（平成24年7月18日判時2198号73頁（28213817））においても，保証人に対する請求は「権利の濫用」としました。

「賃借人が賃料不払を続けながら賃貸建物を明け渡さないという事態が生じた場合，賃貸人には，保証契約の当事者として，保証人の上記支払債務が当該保証契約に即して通常想定されるよりも著しく拡大する事態が生ずることを防止するため，当該保証人との関係で，解除権等の賃貸人としての権利を当該賃貸借の状況に応じて的確に行使すべき信義則上の義務を

負うというべきであり，当該賃貸人が当該権利の行使を著しく遅滞したときは，著しい遅滞状態となった時点以降の賃料ないし賃料相当損害金の当該保証人に対する請求は，信義則に反し，権利の濫用として許されない」

保証人に対する請求は，従来からの判決理由である債務者の未納が拡大しないように請求し，信義則に基づき過大な義務を負わせることは適切でないとすることに加え，行政として生活保護法による住宅扶助を行うことによって滞納発生を防ぐことを求めていることが注目されます。

未納の拡大を防ぐためには庁内での連携した取組が求められます。

参考文献

本判決の評釈ですが，公営住宅賃料の未納を行政全体で対応すべきことを指摘しています。

「賃貸借契約上の法律関係と生活保護法に基づく法律関係の全体を考察し，賃貸人に本件の延滞発生を防止することが可能であったことを付加して，保証人に対する請求は，信義則に反し，権利の濫用として許されないとした事例として意義がある。(中略)建物賃貸借における賃借人の保証人は，未払賃料や賃料相当損害金等を賃借人に代わって支払う義務を負担するものであり，賃借人が賃料不払を続けながら賃貸建物を明け渡さない場合，保証人には，当該賃借人に代わって賃貸建物を明け渡す法的機能も，賃借人をして賃貸建物の明渡しをさせる権能もないため，保証人の支払義務が無制限に拡大することになり，同じく保証人であっても，売買契約の買主の保証人や金銭消費貸借契約の借主の保証人が，売買代金又は貸付金を主たる債務者に代わって完済すれば，それ以上に支払債務が拡大することがないのと根本的に異なる。(中略)本判決から，自治体関係者は，次の点を学ぶことが必要であろう。

第1に，本判決は，公営住宅の賃料債権管理に関する裁判例であるが，自治体関係者は，「公営住宅の賃借人が賃料不払を続けながら建物を明け渡さない事態が生じた場合には，担当者は，保証人の支払債務が保証契約に即して通常想定されるよりも著しく拡大することを防止するため，保証人との関係で，解除権等の賃貸人としての権利を状況に応じて的確に行使すべき信義則上の義務を負う」とするルールをよく理解すべきである。(中

略）第2に，公営住宅管理は，地域住民に対する行政サービスという面も有する。（中略）一審判決に加え本判決は生活保護を担当する課が連携していれば住宅扶助を支給して延滞発生を防ぐことが可能であり公営住宅の賃料債権管理を含む維持管理につき問題状況を行政全体で了解事項として対応することの重要性を学ぶべきであろう（判例地方自治374号85頁）。」

17 保証人の責任の範囲4
（最一小判平成9年11月13日集民186号105頁（28030098））

「賃借人が継続的に賃料の支払を怠っているにもかかわらず，賃貸人が，保証人にその旨を連絡するようなこともなく，いたずらに契約を更新させているなどの場合に保証債務を履行することが信義則に反するとして否定されることがあり得ることはいうまでもない。」

実務上のポイント

本書3―14から17までの判決理由からすると，賃借人が長期の滞納にわたっている場合は，（連帯）保証人に対する請求は信義則に反し，「権利の濫用」になる場合があるとしていますので，少なくとも公営住宅法32条1項2号の明渡要件の3月を目途に（連帯）保証人に連絡して請求すべきことと考えます。

本書3―19の判決（大阪地判昭和34年9月8日下級民集10巻9号1916頁（27401545））のように公営住宅法32条1項2号の未納3月のみでは明渡要件にならず，「信頼関係の破壊」が生じていなければ明渡しを求めることができないことに注意しなければなりません。

参考文献

「自治体における適正な債権管理という点からすれば，督促後，相当の期間を経過してもなお履行されない場合に，保証人の保証があれば，保証人に対して履行を請求しなければならないとされているところであり（自

治法施行令171条の2)，入居者と滞納家賃の支払いを交渉しているとの理由で，滞納期間が長期，滞納額が高額に及んでも連帯保証人に対して請求しないことは違法である。(債権管理・回収研究会編『自治体職員のための事例解説　債権管理・回収の手引き』1525頁（第一法規，加除式))」とする見解もありますが，「怠る事実」に問われるおそれはあります。

また，「保証人に対し，長期間催告がなされていない場合，権利濫用の抗弁を避けるためには，滞納額全額を請求せず，直近の1年から5年分のみを一括請求するという方法もあります（弁護士瀧康暢『自治体私債権回収のための裁判手続マニュアル』55頁（ぎょうせい，2013年))」とする見解もあり，保証人への請求範囲は明確なものとはいえませんので早目に請求する必要があります。

行政実例

平成元年11月21日付け建設省住総発第79号各都道府県知事宛建設省住宅局長通知

「保証人に対して家賃支払の履行請求を行う場合においては，本来の債務者たる入居者に対し十分な督促の行為等を行った上で，保証人の経済状況等も考慮しつつ，理解を得ながら所要の手続きを行うこと。」

参照条文

地方自治法施行令

（強制執行等）

第171条の2　普通地方公共団体の長は，債権（地方自治法第231条の3第3項に規定する歳入に係る債権（以下「強制徴収により徴収する債権」という。）を除く。）について，地方自治法第231条の3第1項又は前条の規定による督促をした後相当の期間を経過してもなお履行されないときは，次の各号に掲げる措置をとらなければならない。ただし，第171条の5の措置をとる場合又は第171条の6の規定により履行期限を延長する場合その他特別の事情があると認める場合は，この限りでない。

(1)　担保の付されている債権（保証人の保証がある債権を含む。）につ

いては，当該債権の内容に従い，その担保を処分し，若しくは競売その他の担保権の実行の手続をとり，又は保証人に対して履行を請求すること。

公営住宅法

（公営住宅の明渡し）

第 32 条　事業主体は，次の各号のいずれかに該当する場合においては，入居者に対して，公営住宅の明渡しを請求することができる。

(2)　入居者が家賃を 3 月以上滞納したとき。

債権回収 Q&A☞ 83，136，152 参照

18　保証人の責任の範囲 5
（和歌山地田辺支判平成 9 年 11 月 25 日判時 1656 号 129 頁（28033090））

「近時，消費者破産において，破産者の生活の更生のため免責制度が利用されていることにも鑑みると，主債務者が経済的に破綻したことが明らかになった破産宣告や代位弁済から，5 年以上も経過しながら，何らの具体的法的手段を取らず放置しておくことは，職務の怠慢というしかない。したがって，破産終結から 5 年以内に求償債務につき訴訟が提起されたとしても，破産手続の進行が遅れて当該代位弁済により求償権を取得した時から，著しい長期間が経過したり，その債権額が著しく高額で，連帯保証人自らも破産の申立に至ることが必然である一方，主債務者の破産申立後に第三者との取引が生じ，その第三者に不測の損害を与えるおそれがあり，更に右連帯保証人を破産に追い込むことが苛酷なものと認められる場合には，求償債務の連帯保証人に対する請求が権利濫用として許されない場合がある」

参考文献

「いわゆる包括保証の場合に請求の一部ないし全部が権利濫用として否定されることがあるのは最高裁も認める法理ですが，特定の債務についての保証が権利濫用として否定されたのは極めて珍しいケースです。この判決を前提にすると，単に時効管理にのみしていれば足りるとも言えなくなりそうです。ただ，その後，同種の判決は未だ無いようです（弁護士永井弘二「主債務と保証債務の時効」1頁（掲載年不明）http://www.oike-law.gr.jp/wp-content/uploads/oike19-05.pdf）。」

公営住宅明渡の要件
（大阪地判昭和34年9月8日下級民集10巻9号1916頁（27401545））

「公営住宅法第22条（筆者注：現行32条）第1項第2号は，公営住宅の入居者が「家賃を3月以上滞納したとき」は，事業主体の長は，入居者に対して，公営住宅の明渡を請求することができる旨を定めている。右にいわゆる明渡請求は，公営住宅について締結された賃貸人たる地方公共団体と賃借人たる入居者間の賃貸借契約についての賃貸人の解除の意思表示を指称するものと認めてさしつかえないが，それでは右規定と民法第541条との関係いかん。いかなる点においてその特則をなすものか，多少問題たらざるをえない。おもうに，「住宅に困窮する低額所得者に対して低廉な家賃で賃貸する」という公営住宅の設置目的，したがつてその入居者一般に存する低収入という特殊事情からみて，法は民法第541条の定める契約解除の要件を加重したものであつて，反対にこれを軽減する趣旨に出たものではないと解するのが相当である。すなわち，一般の家屋の賃貸借における賃借人と異なり，1回の家賃の遅滞をもつて直ちに解除事由とすることに妥当でないものがあるとし，少なくとも3月分の家賃を滞納するまでは，賃借人としての地位をおびやかされるおそれのないことを明らかにしたものであつて，契約解除の前提要件としての相当期間を定めてする履行の催告手続を排除する趣旨ではないというべきである。したが

つて家賃滞納を理由として公営住宅の賃貸借を解除するには家賃の滞納が3月以上に及んでいることのほかに，相当期間を定めてその履行を催告し，期間内に履行がなかつたことを必要とすることに変りはない」

実務上のポイント

　公営住宅の明渡しには未納3か月に加えて，相当期間，催告を繰り返し履行がなければならないとしたもので，公営住宅法32条の未納3か月では明渡要件にならないことに注意しなければなりません。

　明渡しは賃貸人と賃借人の「信頼関係の破壊の法理」という考え方が基本にありますので，明渡しを求める際は，未納状態，催告の回数等を考慮しなければなりません。

　「信頼関係の破壊の法理」は，当事者間の信頼関係を基礎とする継続的契約である賃貸借契約において，当事者間の信頼関係を破壊したといえる程度の債務不履行がなければ，単に法律で定められている要件を満たしただけはその契約を解除することはできないとするものです。

参考文献

　「信頼関係の破壊の法理」の考え方です。

　「継続的契約では，当事者が長期間向かいあって，お互いの債務を履行し続けるのであるから，当事者間の信頼関係が重視される。建物の賃貸借で，借家人がたまたま1カ月分の家賃の支払を遅らせたことを理由に，また，借家人の無断また貸しを理由に（612条），家主が解除しようとしても，借家人が家主との信頼関係を破壊していない場合には，解除できない，とされている。要するに，1カ月分の家賃の遅れや，無断の1回の間貸しくらいでは，家主は借家人を追い出せない，と言ってよい。それまでの間，家主と借家人はお互いに信頼し合ってうまくやってきたのだから，借家人の小さい落ち度につけ込んで，追い出すようなことは許されない，というわけである（石田喜久夫『民法の常識』55頁（有斐閣，1993年））。」

参照条文

公営住宅法

（公営住宅の明渡し）

第32条　事業主体は，次の各号のいずれかに該当する場合においては，入居者に対して，公営住宅の明渡しを請求することができる。

(2)　入居者が家賃を3月以上滞納したとき。

民法

（履行遅滞等による解除権）

第541条　当事者の一方がその債務を履行しない場合において，相手方が相当の期間を定めてその履行の催告をし，その期間内に履行がないときは，相手方は，契約の解除をすることができる。

（賃借権の譲渡及び転貸の制限）

第612条　賃借人は，賃貸人の承諾を得なければ，その賃借権を譲り渡し，又は賃借物を転貸することができない。

2　賃借人が前項の規定に違反して第三者に賃借物の使用又は収益をさせたときは，賃貸人は，契約の解除をすることができる。

📖 債権回収 Q&A ☞ 127 参照

国民健康保険法5条の「住所を有する者」の判断要素
（最二小判平成16年1月15日民集58巻1号226頁（28090332））

「外国人が（筆者注：国民健康保険）法5条所定の「住所を有する者」に該当するかどうかを判断する際には，当該外国人が在留資格を有するかどうか，その者の有する在留資格及び在留期間がどのようなものであるかが重要な考慮要素となるものというべきである。そして，在留資格を有しない外国人は，入管法上，退去強制の対象とされているため，その居住関係は不安定なものとなりやすく，将来にわたって国内に安定した居住関係を継続的に維持し得る可能性も低いのであるから，在留資格を有しない外国人が法5条所定の「住所を有する者」に該当するというためには，単に市町村の区域内に居住しているという事実だけでは足りず，少なくとも，

当該外国人が，当該市町村を居住地とする外国人登録をして，入管法50条所定の在留特別許可を求めており，入国の経緯，入国時の在留資格の有無及び在留期間，その後における在留資格の更新又は変更の経緯，配偶者や子の有無及びその国籍等を含む家族に関する事情，我が国における滞在期間，生活状況等に照らし，当該市町村の区域内で安定した生活を継続的に営み，将来にわたってこれを維持し続ける蓋然性が高いと認められることが必要であると解する」

> [!NOTE] 解説

外国人の住所認定の判断要素を示した判決です。

原審（東京高判平成14年2月6日判時1791号63頁（28072494））では，在留資格を有しない外国人は（国民健康保険法）法5条所定の被保険者に該当せず，本件処分は適法であるとしましたが，在留資格を有しない外国人が国民健康保険の適用対象となるかどうかについては，定説がなく，下級審裁判例の判断も分かれている上，本件処分当時には，これを否定する判断を示した東京地裁（平成6年（行ウ）第39号同7年9月27日判決・行裁集46巻8・9号777頁（28010245））があっただけで，法5条の解釈につき本件各通知と異なる見解に立つ裁判例はなかったから，本件処分をした横浜市の担当者及び本件各通知を発した被上告人国の担当者に過失があったということはできないとしました。

法令解釈が分かれるものの損害賠償については，本書6―24（最一小判昭和49年12月12日民集28巻10号2028頁（27000403））の判決を参照してください。

> [!NOTE] 参考判例

東京地判平成7年9月27日行裁集46巻8・9号777頁（28010245）
「国民健康保険の制度は，一定地域の住民を強制加入させて，それら住民が相互に保険料を負担しあい，その拠出と国庫負担金などをもとに保険給付を行うものであり，基本的には，地域社会を構成する住民の連帯意識を基盤として運営される性質のものであるから，このような国民健康保険制度の持つ相互扶助及び社会連帯の精神からすると，その制度に強制的に

加入せしめる対象となる被保険者は，少なくとも，わが国社会の構成員として社会生活を始めることができる者を当然の前提としているものと解すべきであり，不法に入国した外国人（特別在留許可によって在留資格が付与されない限り，法的には，わが国社会の構成員となることを拒否されている者である。）についてまで，かかる制度の適用の対象者とし，保険に強制加入させることは，国保法の予定しないところというべきである。」

参照条文

国民健康保険法

（被保険者）

第5条　市町村又は特別区（以下単に「市町村」という。）の区域内に住所を有する者は，当該市町村が行う国民健康保険の被保険者とする。

出入国管理及び難民認定法

（法務大臣の裁決の特例）

第50条　法務大臣は，前条第3項の裁決に当たつて，異議の申出が理由がないと認める場合でも，当該容疑者が次の各号のいずれかに該当するときは，その者の在留を特別に許可することができる。

(1) 永住許可を受けているとき。

(2) かつて日本国民として本邦に本籍を有したことがあるとき。

(3) 人身取引等により他人の支配下に置かれて本邦に在留するものであるとき。

(4) その他法務大臣が特別に在留を許可すべき事情があると認めるとき。

2　前項の場合には，法務大臣は，法務省令で定めるところにより，在留資格及び在留期間を決定し，その他必要と認める条件を付することができる。

21 日常家事債務の範囲 1
(札幌地判昭和 32 年 9 月 18 日下級民集 8 巻 9 号 1722 頁(27401179))

「一般に夫婦が共同生活を営むために家屋やその一部を賃借する行為は，家屋の売買や抵当権の設定などの行為とは異り，夫婦共同生活の維持のための物質的基礎として日常の家事に緊密な関連を有する行為であるから民法第761条にいわゆる日常の家事に関する法律行為に属するものと解すべく，従つて家賃は勿論のこと，少くともその不履行の場合の遅延損害金については夫婦は連帯してその支払義務を負うと解する」

解説
家屋の賃借行為は，夫婦としての日常家事に密接な行為であり，日常家事債務の範囲としました。

参照条文
民法
（日常の家事に関する債務の連帯責任）
第761条　夫婦の一方が日常の家事に関して第三者と法律行為をしたときは，他の一方は，これによって生じた債務について，連帯してその責任を負う。ただし，第三者に対し責任を負わない旨を予告した場合は，この限りでない。

📖 **債権回収 Q&A** ☞ 20, 73, 74 参照

22 日常家事債務の範囲2
（最一小判昭和44年12月18日民集23巻12号2476頁（27000753））

「日常の家事に関する法律行為とは，個々の夫婦がそれぞれの共同生活を営むうえにおいて通常必要な法律行為を指すものであるから，その具体的な範囲は，個々の夫婦の社会的地位，職業，資産，収入等によつて異なり，また，その夫婦の共同生活の存する地域社会の慣習によつても異なるというべきであるが，他方，問題になる具体的な法律行為が当該夫婦の日常の家事に関する法律行為の範囲内に属するか否かを決するにあたつては，同条が夫婦の一方と取引関係に立つ第三者の保護を目的とする規定であることに鑑み，単にその法律行為をした夫婦の共同生活の内部的な事情やその行為の個別的な目的のみを重視して判断すべきではなく，さらに客観的に，その法律行為の種類，性質等をも充分に考慮して判断すべきである。」

解説

日常家事債務の範囲は日常取引における第三者の信頼保護，また，法律行為の種類，債務の性質についても考慮すべきとした点からすると，賦課決定，行政処分により成立する債権は納付義務者を特定するところから日常家事債務には該当しないものと考えます。

大阪高判（昭和49年10月29日判時776号52頁（27404266））では，「長期間別居し，生計を異にしていたものであって，当時，夫婦の共同生活は破綻に帰していたものと推認されるのであるから，夫婦の日常の家事に属する行為はありえないものと解すべきである。」としている点にも注意が必要です。

📖 債権回収Q&A☞ 20，73，74参照

23 日常家事債務の範囲3
(札幌高判平成22年11月5日判時2101号61頁 (28170517))

「テレビ番組を視聴することは,日常生活に必要な情報を入手する手段又は相当な範囲内の娯楽であり,また,これに伴って発生する受信料の支払も,日常家事に通常随伴する支出行為と認識され,その金額も夫婦の一方がその判断で決しても家計を直ちに圧迫するようなものではなかったことが認められる。(中略)実際にその家庭が控訴人の放送番組をどれくらい視聴していたかどうかに関係なく,平成15年当時,受信料支払義務を伴う放送受信契約を控訴人と締結することは,一般的,客観的に見て,夫婦共同生活を営む上で通常必要な法律行為であったと解する」

解説

自治体債権であれば,日常家事債務は,光熱水費である水道料金,公営住宅の使用料,幼稚園入学費・授業料が該当することになりますが,貸付金については,少額であっても日常家事債務とすることは否定されることが多いようです。

保育所保育料,下水道使用料は少額であっても賦課決定による債権であり,名義人も当初から特定するところから日常家事債務の範囲に該当するものとはいえないと考えます。

実務上のポイント

日常家事債務として連帯責任がある場合以外は,時効援用についても債務者本人が援用すべきことに注意すべきことです。

参考文献

日常家事債務は,「具体的には,衣料品等の生活必需品の購入,電気料,家賃,医療費,教育費,娯楽費等が含まれる。しかし,婚姻共同生活に不相応な物,そのための借金,手形の振出等は含まれない。(小野幸二編著『基

本民法シリーズⅤ親族法・相続法』107頁（八千代出版，2001年））」としています。

　保育所保育料については日常家事債務に該当するかどうか，見解が分かれます。
　ア　否定説
　　「（筆者注：保育所保育料は）根拠法である児福法に連帯納付義務の規定を設けていない以上，条例でいかに規定しても，連帯納付義務を父母に課すことはできません（大阪弁護士会自治体債権管理研究会編『地方公務員のための債権管理・回収実務マニュアル　債権別解決手法の手引き』149頁（第一法規，2010年））。」
　イ　肯定説
　　「日常の家事処理に伴って発生する債権は，実質的に夫婦共同の債務と評価できることに，連帯債務が生じる根拠があることからすれば，公債権，私債権を問わず子どもの養育に不可欠な保育料は，保育園保育料，幼稚園保育料を問わず，日常家事債務として両配偶者ともに連帯して支払う義務を負うというべきです（弁護士瀧康暢『自治体私債権回収のための裁判手続マニュアル』30，31頁（ぎょうせい，2013年））。」

📖 **債権回収 Q&A** ☞ **20，73，74 参照**

給水停止の適法性 1
（岡山地判昭和44年5月29日判時568号39頁（27603242））

「給水契約はいわゆる継続的供給契約に属するものであるから，原則として被告町は給水の先履行義務を負い，しかも原告の本件給水装置工事費用支払義務と被告の給水義務とは厳密な意味において同時履行の関係にあるともいえないが（中略），公平の見地よりして，たとえ給水開始後の料金は支払つているとしても，給水の前提となる水道施設布設工事費用の支

払いをしない利用者に対し、給水停止の履行拒絶権を認めることは十分合理性を有する」

解説

水道給水装置工事費用の支払いは給水の前提になるから、その不払いは給水停止の事由になるものとしました。

継続的供給契約は、一定期間、一定の種類、品質を有する物を継続的に供給するものです。新聞、牛乳などを毎日配達する契約、ガス、電気、水道の供給契約が当たります。

参考文献

水道の給水停止は同時履行の抗弁権であることについては、「継続的供給契約の場合は、相手方が当期の中心的な債務（たとえば新聞代金の支払）を履行しない場合には、次期のこちらの債務（新聞の配達）の履行を拒めると解することができ（内田貴『民法Ⅱ債権各論』51頁（東京大学出版会、第3版2011年））」るものとしても説明できます。

債権回収 Q&A ☞ 52, 155 参照

---

25 給水停止の適法性2
（神戸地判平成11年1月28日判例地方自治191号52頁（28042648））

「水道施設を整備するには多額の費用を要し、新規の需要者から工事負担金を徴収しないこととすると、新たな施設の整備に要する費用は、通常、水道料金を増額することにより従来の加入者を含めた利用者全体に負担させるほかはないことになるが、このような方法は、新たな施設の整備により何ら利益を受けず、しかもこれまでの施設についての費用を負担してきた従来の利用者に、新たに多額の整備費用を負担させる点で不合理な面があり、かかる整備費用を、使用量に応じて支払われる建前の水道料金によっ

て回収することは実際上困難である。このため，住宅団地の造成等による新たな給水申込みがある場合，その給水申込みに応じるために必要な水道施設の建設費・増強費等の経費の全部又は一部に充てる費用を，新規の需要者，ことに水道の使用量が大きい大口の需要者から撤収することには，新旧の水道利用者間の公平を図る方法として合理性があり，これをもって，水道法14条第4項（筆者注：現行2項）第4号を潜脱する不当な差別的取扱であるとすることはできない。」

解説

行政サービスの停止は，「別目的」ではなく条例自体の内容を直接実現するためであれば可能であり，水道料金だけでなく，水道条例に基づく工事負担金を納入しない者に対して給水停止することは合法としました。

実務上のポイント

水道の給水停止のように行政サービスの制限が法律で規定されている場合はともかく，行政サービスの制限を条例により規定している自治体がみられますが，未納の公表も含めて適用に当たっては「別目的」にならないように扱う必要があります。

自治体の請負（委託）契約等で税等各種未納がある場合において，契約の相手方としないことは許されると考えます。

参考文献

水道法15条3項による給水停止に関する考え方です。

「水道法第15条第3項は，個々の需要者に対する給水停止を規定したものであり，本項の給水停止事由は，需要者の責に帰すべき事由であって，水道事業の健全な運営あるいは衡平の法理に反する場合に限られると解されているようである（厚生省水道環境部水道法研究会・改訂水道法逐条解説より）。そして，給水停止の事由は，①料金不払い，②給水装置等の検査拒否，③その他正当な理由がある場合，に限定して規定されているが，①の料金の不払いについては，給水契約は，水の継続的供給と水道料金の支払いとが相互に対価関係にある有償の双務契約であり，料金を支払わな

いときは同時履行の抗弁権が認められること等から当然のこととされている。また、②の給水装置の検査拒否については、水質及び水圧の適正な管理を確保し、一般の需要者への被害を未然に防止する趣旨であり、給水装置の構造、材質等が不適切な場合、供給する水の水質に影響を及ぼし、又は他の需要者の利用に支障を与えるおそれがあるので、給水装置が一定の基準に適合していること及びそのために必要な検査を受忍することを水の供給と交換的に履行させることとしたものとされている。そして、③のその他正当な理由については、例えば、給水装置の使用が不適切で、再三の警告にもかかわらずこれを改めず、他の需要者に悪影響を及ぼすおそれのある場合、水道メーターの検針を拒み又は妨げた場合等が想定されている（自治研修研究会編『地方行政ゼミナール』1140頁（ぎょうせい、加除式））。」

水道給水義務と給水停止の関係については、「水道事業者には、給水義務が課されているが、料金が支払われないときは給水義務が解除されます（水道法15条3項）。給水停止の本質は、水道使用者の義務が履行されるまでの間、水道事業者の債務である水の供給を拒むことができるという、民法第533条の同時履行の抗弁権にあると言われています。つまり、給水契約は、水の継続的供給と水道料金の支払とが対価関係にある有償双務契約であるから、料金を支払わないときは、同時履行の抗弁権が認められて、未納者に対して給水停止が可能となるのです。しかし、このことは<u>一時水の供給を拒むことができるにとどまり、給水契約そのものを解約するものではないので未納が解消されると直ちに給水を開始しなければなりません。</u>（自治体債権研究会編著『地方公務員のための自治体の債権回収』138頁（公職研、2010年））」とする見解があります。

参照条文

水道法

（供給規程）

第14条

2　前項の供給規程は、次の各号に掲げる要件に適合するものでなければならない。

(4) 特定の者に対して不当な差別的取扱いをするものでないこと。
（給水義務）
第15条　水道事業者は，事業計画に定める給水区域内の需要者から給水契約の申込みを受けたときは，正当の理由がなければ，これを拒んではならない。

2　水道事業者は，当該水道により給水を受ける者に対し，常時水を供給しなければならない。ただし，第40条第1項の規定による水の供給命令を受けたため，又は災害その他正当な理由があつてやむを得ない場合には，給水区域の全部又は一部につきその間給水を停止することができる。この場合には，やむを得ない事情がある場合を除き，給水を停止しようとする区域及び期間をあらかじめ関係者に周知させる措置をとらなければならない。

3　水道事業者は，当該水道により給水を受ける者が料金を支払わないとき，正当な理由なしに給水装置の検査を拒んだとき，その他正当な理由があるときは，前項本文の規定にかかわらず，<u>その理由が継続する間，供給規程の定めるところにより，その者に対する給水を停止することができる</u>。

民法
（同時履行の抗弁）
第533条　双務契約の当事者の一方は，相手方がその債務の履行を提供するまでは，自己の債務の履行を拒むことができる。ただし，相手方の債務が弁済期にないときは，この限りでない。

📖 **債権回収Q&A**☞ 52, 155 参照

26　交付要求の性質
（大阪地判平成24年2月17日裁判所ウェブサイト掲載（28206498））

「破産債権となる租税等の請求権に係る交付要求は，当該請求権につき，

滞納処分の手続として，滞納者の意思に基づくことなく強制的に，その破産財団から優先して配当を受けることを可能にするものであり，また，<u>他の破産債権者においても自己の配当が減少することを受忍させられる</u>という効果をもたらすものである。（中略）別個に差押え等の滞納処分を行う代わりに当該破産手続を利用し，これに参加するという形式で行われているというだけで，実質的には，上記のとおり破産者（租税等の請求権の滞納者）の意思にかかわらず，他の債権者に優先して強制的に租税等の請求権を徴収し，満足を得るための行為であって，差押え等と同じく滞納処分の一種である」

解説

交付要求は，滞納者の財産が税債権以外の債権につき差押等の強制換価手続が行われた場合は，差押の手続を行うことはせずに，当該強制手続に参加して滞納税に対する交付を請求することができる債権申出の制度の一つですが，「債務者の財産の分配にあたって不利益を被ることのないよう，債権者として，その債権の存在を主張すること（青木孝徳編『債権管理法講義』148 頁（（財）大蔵財務協会，2015 年））」になります。

交付要求は滞納処分の一種であるから時効中断の効力を有します（地方税法 18 条の 2 第 1 項 3 号，国税通則法 73 条 1 項 5 号，2 項）。

交付要求は，「差押の後差押物件が第三者に譲渡されても，差押物件によって担保される差押に係る国税及び滞納処分費は勿論，交付要求のあつた国税並に滞納処分費について，差押物件の公売による売得金から弁済を受け得るものと解する（東京高判昭和 28 年 6 月 3 日行政事件裁判例集 4 巻 6 号 1470 頁）（21005372）」とされています。

参考文献

破産管財人等への交付要求は，「交付要求の終期について明文の規定はないが，破産手続の進行状況によっては，配当等を受領する機会を逸するおそれがあるので，遅滞なく交付要求を行う必要がある。（日高全海『地方税の徴収実務事例集』272 頁（学陽書房，2005 年））」とされています。

参照条文

地方税法

（時効の中断及び停止）

第18条の2　地方税の徴収権の時効は，次の各号に掲げる処分に係る部分の地方団体の徴収金につき，その処分の効力が生じた時に中断し，当該各号に定める期間を経過した時から更に進行する。

(3) 交付要求　その交付要求がされている期間（後略）

国税通則法

（時効の中断及び停止）

第73条　国税の徴収権の時効は，次の各号に掲げる処分に係る部分の国税については，その処分の効力が生じた時に中断し，当該各号に掲げる期間を経過した時から更に進行する。

(5) 交付要求　その交付要求がされている期間（国税徴収法第82条第2項（交付要求）の通知がされていない期間があるときは，その期間を除く。）

2　前項第五号の規定により時効が中断された場合には、その交付要求に係る強制換価手続が取り消されたときにおいても、その時効中断の効力は、失われない。

📖 債権回収 Q&A ☞ 60 参照

27　差押禁止財産と預金口座
（最三小判平成10年2月10日金融法務事情1535号64頁（28040133））

国民年金，労災保険金は，預金口座に振り込まれることにより一般財産に転化し，差押禁止債権としての属性を承継しない。

解説

相殺において差押禁止債権を問われた事案ですが，控訴審（札幌高判平

成9年5月25日金融法務事情1535号67頁（28040160））では次のとおり判示しました。

「控訴人に支払われる国民年金及び労災保険金が本件預金口座に振り込まれて，控訴人の被控訴人金庫に対する預金債権に転化し，控訴人の一般財産になったこと，右債権は差押等禁止債権としての属性を承継しているものではない」

控訴審に先立つ釧路地北見支判平成8年7月19日金融法務事情1470号41頁（28020031））では次のとおり判示しました。

「指定預金口座に振込まれることによって年金等の受給権は消滅し，同時に預金口座に預金が形成され，口座開設者たる年金等受給者は年金取扱金融機関に対して預貯金の払戻請求権を有することとなると解するのが相当である。本件における受働債権は年金等の受給権そのものではなく，それらが転化したところの預金債権とみるべきであって，これらを相殺に供することがただちに差押等禁止の規定に違反することにはならない」

差押禁止財産であっても預金口座に振り込まれることにより，その属性を承継せず差押え可能とした判決ですが，次の本書3—28の児童手当の差押えの判決（広島高松江支判平成25年11月27日判例地方自治387号25頁（28220186））で問題になりました。

28 児童手当の差押え
（広島高松江支判平成25年11月27日判例地方自治387号25頁（28220186））

「処分行政庁において本件児童手当が本件口座に振り込まれる日であることを認識した上で，本件児童手当が本件口座に振り込まれた9分後に，本件児童手当によって大部分が形成されている本件預金債権を差し押さえた本件差押処分は，本件児童手当相当額の部分に関しては，実質的には本件児童手当を受ける権利自体を差し押さえたのと変わりがないと認められるから，児童手当法15条の趣旨に反するものとして違法であると認めざるを得ない。」

解説

本書3—27の判決（最三小判平成10年2月10日金融法務事情1535号64頁（28040133））は，差押禁止財産であっても預金口座に振り込まれることで一般財産になり，差押禁止債権としての属性を承継しないとして差押えを可能としましたが，本判決では口座の残高は児童手当が大部分であり，実質的に児童手当そのものを差し押さえたことと変わりないと認められ，違法であるとしました。

原審の鳥取地判（平成25年3月29日判例地方自治373号9頁（28211373））では，次のように判示しています。

「児童手当法15条の趣旨に鑑みれば，処分行政庁が，差押処分に先立って，差押えの対象として予定している預金債権に係る預金口座に，近いうちに児童手当が入金されることを予期した上で，実質的に児童手当を原資として租税を徴収することを意図した場合において，実際の差押処分（差押通知書の交付）の時点において，<u>客観的にみても児童手当以外に預金口座への入金がない状況にあり，処分行政庁がそのことを知り又は知り得べき状態にあったのに，なお差押処分を断行した場合は，当該処分は，客観的にみて，実質的に児童手当法の精神を没却するような裁量逸脱があったもの</u>として，違法なものと解する」

実務上のポイント

差押禁止財産が預金口座に振り込まれた場合，専用口座であるのか，また，口座残高を調べ，差押禁止財産のみの入金かどうか確認した上で差押えの対象とすることが必要です。

参考文献

預金口座の差押えについては，「（筆者注：国税）徴収法基本通達76-11では，（預金口座に振り込まれた給料の）『差押えにより生活の維持を困難にするおそれがある場合については，差押えを猶予し，又は解除することができる（（筆者注：国税徴収）法151条2項参照）』と規定しています。これは，預金口座に入金された差押禁止財産に対する差押えの可否判断には直接触れないで，差押えによって生計の維持を困難にするおそれがある

場合には，換価の猶予（（筆者注：国税徴収）法151①）の扱いを検討し，換価の猶予を適用することになれば，徴収法152条2項によって，差押えの解除等の検討も視野に入ってくる，という意味と考えられる（東京税財政研究センター編著『差押え　実践・滞納処分の対処法』158頁（東銀座出版社，2012年））」とする見解があります。

預金の差押えについての説明です。

「（差押）命令は，債務者に対しては，預金を引き出したり，譲渡したりしてはならない，と命じ，銀行（第三債務者）に対しては，債務者に支払ってはならない，と命ずる（民執145条）。ついで，債権者は，債務者に代って銀行から取り立てる権限を与えてもらうか（取立命令），預金を自分の債権としてもらうか（転付命令），どっちかすきな方法がとれる（民執155条，159条）。注意すべきことは，転付命令をもらったときは，債務者はそれだけで弁済したものとみなされ－債務は消滅する－転付命令をえた債権者は，預金債権を独占し，ほかに債権者が多数あっても，少しも分配してやる必要はない，ということである（民執160条）（我妻榮，水本浩・川井健補訂『民法案内Ⅶ』13頁（勁草書房，2008年））。」

参照条文

児童手当法

（受給権の保護）

第15条　児童手当の支給を受ける権利は，譲り渡し，担保に供し，又は差し押えることができない。

国税徴収法

（給与の差押禁止）

第76条　給料，賃金，俸給，歳費，退職年金及びこれらの性質を有する給与に係る債権（以下「給料等」という。）については，次に掲げる金額の合計額に達するまでの部分の金額は，差し押えることができない。この場合において，滞納者が同一の期間につき二以上の給料等の支払を受けるときは，その合計額につき，第4号又は第5号に掲げる金額に係る限度を計算するものとする。

(4)　滞納者（その者と生計を一にする親族を含む。）に対し，これらの

者が所得を有しないものとして,生活保護法(昭和25年法律第144号)第12条(生活扶助)に規定する生活扶助の給付を行うこととした場合におけるその扶助の基準となる金額で給料等の支給の基礎となつた期間に応ずるものを勘案して政令で定める金額

(5) その給料等の金額から前各号に掲げる金額の合計額を控除した金額の100分の20に相当する金額(その金額が前号に掲げる金額の2倍に相当する金額をこえるときは,当該金額)

2　給料等に基き支払を受けた金銭は,前項第4号及び第5号に掲げる金額の合計額に,その給料等の支給の基礎となつた期間の日数のうちに差押の日から次の支払日までの日数の占める割合を乗じて計算した金額を限度として,差し押えることができない。

(換価の猶予の要件等)

第151条　税務署長は,滞納者が次の各号のいずれかに該当すると認められる場合において,その者が納税について誠実な意思を有すると認められるときは,その納付すべき国税(中略)につき滞納処分による財産の換価を猶予することができる。ただし,その猶予の期間は,1年を超えることができない。

(1) その財産の換価を直ちにすることによりその事業の継続又はその生活の維持を困難にするおそれがあるとき。

(2) その財産の換価を猶予することが,直ちにその換価をすることに比して,滞納に係る国税及び最近において納付すべきこととなる国税の徴収上有利であるとき。

(換価の猶予に係る分割納付,通知等)

第152条

2　税務署長は,第151条第1項又は前条第1項の規定による換価の猶予をする場合において,必要があると認めるときは,差押えにより滞納者の事業の継続又は生活の維持を困難にするおそれがある財産の差押えを猶予し,又は解除することができる。

国税徴収法基本通達76

(支払を受けた金銭)

11　法第76条第2項の「給料等に基き支払を受けた金銭」には,支払者

から銀行口座等に振り込まれた金額に相当する預金債権は含まれないが，その差押えにより生活の維持を困難にするおそれがある金額については，差押えを猶予し，又は解除することができる（法第151条第2項参照）。

📖 **債権回収Q&A** ☞ **57 参照**

---

29 債権差押における差押債権の特定
（最三小決平成23年9月23日民集65巻6号2710頁，ジュリスト1470号73頁）

「民事執行（法施行）規則133条2項の求める差押債権の特定とは，債権差押命令の送達を受けた第三債務者において，直ちにとはいえないまでも，<u>差押えの効力が上記送達の時点で生ずることにそぐわない事態とならない程度に速やかに，かつ，確実に，差し押さえられた債権を識別することができるものでなければならないと解する。</u>」とし，大規模な金融機関の全ての店舗又は貯金事務センターを対象として順位付けをする方式による預貯金債権の差押命令の申立ては，差押債権の特定を欠き不適法としました。

実務上のポイント

本決定により預金債権の債権差押申立ては，金融機関の支店名まで特定することが必要になりました。

民事執行に関する決定ですが，債権の識別につき金融機関の事務を考慮したものですので，税等の公債権も同様の扱いになるものと考えます。

参考文献

本決定については，「複数の店舗に預金債権差押命令の申立ての適否が問題とされた許可抗告事件は，他にも複数の事件がほぼ同時期に最高裁の各小法廷に係属したが，全事件について，申立てを不適法とした原審の判

断を是認し，又は申立てを適法とした原審の判断を破棄する決定がされている。また，本決定後「複数の店舗に預金債権があるときには，預金債権合計額の最も大きな店舗の預金債権を対象とする。」などという順位付けをする方式による預金債権差押命令申立てを適法と認める決定例（東京高決平成23・10・26金法1933号9頁）が出現したが，最一小決平成25・1・17金法1966号110頁」はこの方式によると全店舗において差押命令到達時点の預金債権の有無・額を調査して比較する作業が完了しない限り該当債権を識別することができないことを指摘してこの方式を不適法とした原審（東京高決平成24・10・24判タ1384号351頁）の判断を正当として是認しており，この問題も決着済み（ジュリスト1470号75頁）」です。

参照条文

民事執行法施行規則

（差押命令の申立書の記載事項）

第133条

2　前項の申立書に強制執行の目的とする財産を表示するときは，差し押さえるべき債権の種類及び額その他の債権を特定するに足りる事項並びに債権の一部を差し押さえる場合にあつては，その範囲を明らかにしなければならない。

不服申立てに関する議会への諮問1
（大阪地判平成20年10月1日判例地方自治322号43頁（28153752））

「本件異議申立てに対する決定のための地方自治法231条の3第7項に基づく大阪市議会への諮問手続のおよその時期について具体的に説明を受けたにもかかわらず，被告に対し主張の補充や裏付け証拠の提出等についての問い合わせすらしようとしていないこと，以上のとおり認められる。（中略）大阪市長が自ら又は被告の職員を通じて原告に対して審査請求人等の各申立権（異議申立人の異議申立手続上の各申立権）を教示せず，

また，大阪市長が，原告が審査請求人等の各申立権を行使して決定に反映させることができる期限を明示的に示さなかったとしても，大阪市長が本件異議申立てに係る審理の手続における前記裁量を逸脱し，又はこれを濫用したということはできない。」

解説

本書6−5 下水道使用料と損害賠償請求権との相殺と同じ判決です。

下水道使用料の不服申立てにつき，市は議会への諮問手続について説明をしたのだから，具体的な教示をしなかったとしてもその後の差押えは無効となるものではないとしました。

参照条文

地方自治法

（督促，滞納処分等）

第231条の3

7　普通地方公共団体の長は，第1項から第4項までの規定による処分についての審査請求があつたときは，議会に諮問してこれを決定しなければならない。

📖 債権回収 Q&A ☞ 46 参照

不服申立てに関する議会への諮問 2
（東京地判平成24年7月24日判例集未登載）

「（筆者注：下水道使用料につき）審査請求に対する決定をするに当たって議会に諮問することが義務付けられているところ（地方自治法229条4項），審査請求を経なくても訴えを提起できるとすれば，民意を反映した議会が関与することによって適切かつ妥当な解決を図ろうとしている法の趣旨を没却することになりかねない。審査請求前置は，住民の福祉の増

進を目的とする公の施設の適正な利用を確保するための手段として位置付けられているのであり，その手続を経ることには相当の意味がある。」

実務上のポイント

下水道使用料だけでなく，自治法231条の3が適用される債権では同様に督促，滞納処分に対する不服申立てについても議会の諮問を経る必要があります。

参考文献

不服申立期の違いに関しては，次のようなコメントがあります。

「不服申立期間は行審法では60日以内である（行審14①・45）。一方，本条（（筆者注：自治法）229条）3項は30日以内とする。このような例外を認める理由は明確でないという批判がある（杉村＝室井・勁草コンメ586頁〔清永敬次執筆〕）。また，長は，審査請求または異議申立てについて決定するに際し，議会への諮問手続を践まなければならない（村上順・白藤博行・人見剛編『別冊法学セミナー　新基本法コンメンタール地方自治法』前田雅子執筆分，274頁（日本評論社，2011年））」

改正行政不服審査法では不服申立期間は3か月に統一されましたが，自治法231条の3における議会への諮問は改正されずに残されています。

参照条文

地方自治法

（分担金等の徴収に関する処分についての審査請求）

第229条　普通地方公共団体の長以外の機関がした分担金、使用料、加入金又は手数料の徴収に関する処分についての審査請求は、普通地方公共団体の長が当該機関の最上級行政庁でない場合においても、当該普通地方公共団体の長に対してするものとする。

2　普通地方公共団体の長は、分担金、使用料、加入金又は手数料の徴収に関する処分についての審査請求があつたときは、議会に諮問してこれを決定しなければならない。

（督促、滞納処分等）

第231条の3

7　普通地方公共団体の長は、第一項から第四項までの規定による処分についての審査請求があつたときは、議会に諮問してこれを決定しなければならない。

32 教示を怠った場合の審査請求期間の進行
（最一小判昭和48年6月21日集民109号403頁（27670703））

「行政庁が異議決定書に記載すべき審査請求期間の教示を怠つた場合に，審査請求期間の進行が妨げられるものと解すべき根拠はな」いとしました。

参考文献

　教示を怠っていた場合につき，改正行政不服審査法では，「行政庁が処分を行う際に，本来するべき教示をしなかった場合，当該処分に不服がある者は，当該処分庁に不服申立てを提出することができる（新法83条1項）。この場合，不服申立書には，新法19条が定める事項（同条5項1号及び2号は除く。）を記載しなければならない。そして，当該処分が，処分庁に対して審査請求をすることができるものであった場合には，不服申立書を提出した時に，初めから適法な審査請求がなされたものとみなされる（新法83条5項）。（行政不服審査制度研究会編『ポイント解説新行政不服審査制度』227頁（ぎょうせい，2014年））」とされています。

参考条文

行政不服審査法（平成26年法律第68号）

（審査請求書の提出）

第19条　審査請求は，他の法律（条例に基づく処分については，条例）に口頭ですることができる旨の定めがある場合を除き，政令で定めるところにより，審査請求書を提出してしなければならない。

2　処分についての審査請求書には，次に掲げる事項を記載しなければな

らない。
  (1) 審査請求人の氏名又は名称及び住所又は居所
  (2) 審査請求に係る処分の内容
  (3) 審査請求に係る処分（当該処分について再調査の請求についての決定を経たときは，当該決定）があったことを知った年月日
  (4) 審査請求の趣旨及び理由
  (5) 処分庁の教示の有無及びその内容
  (6) 審査請求の年月日
3　不作為についての審査請求書には，次に掲げる事項を記載しなければならない。
  (1) 審査請求人の氏名又は名称及び住所又は居所
  (2) 当該不作為に係る処分についての申請の内容及び年月日
  (3) 審査請求の年月日
4　審査請求人が，法人その他の社団若しくは財団である場合，総代を互選した場合又は代理人によって審査請求をする場合には，審査請求書には，第2項各号又は前項各号に掲げる事項のほか，その代表者若しくは管理人，総代又は代理人の氏名及び住所又は居所を記載しなければならない。
5　処分についての審査請求書には，第2項及び前項に規定する事項のほか，次の各号に掲げる場合においては，当該各号に定める事項を記載しなければならない。
  (1) 第5条第2項第1号の規定により再調査の請求についての決定を経ないで審査請求をする場合　再調査の請求をした年月日
  (2) 第5条第2項第2号の規定により再調査の請求についての決定を経ないで審査請求をする場合　その決定を経ないことについての正当な理由
  (3) 審査請求期間の経過後において審査請求をする場合　前条第1項ただし書又は第2項ただし書に規定する正当な理由

（教示をしなかった場合の不服申立て）
第83条　行政庁が前条の規定による教示をしなかった場合には，当該処分について不服がある者は，当該処分庁に不服申立書を提出することが

できる。
2　第19条（第5項第1号及び第2号を除く。）の規定は，前項の不服申立書について準用する。
3　第1項の規定により不服申立書の提出があった場合において，当該処分が処分庁以外の行政庁に対し審査請求をすることができる処分であるときは，処分庁は，速やかに，当該不服申立書を当該行政庁に送付しなければならない。当該処分が他の法令に基づき，処分庁以外の行政庁に不服申立てをすることができる処分であるときも，同様とする。
4　前項の規定により不服申立書が送付されたときは，初めから当該行政庁に審査請求又は当該法令に基づく不服申立てがされたものとみなす。
5　第3項の場合を除くほか，第1項の規定により不服申立書が提出されたときは，初めから当該処分庁に審査請求又は当該法令に基づく不服申立てがされたものとみなす。

📖 **債権回収 Q&A ☞ 42 参照**

生命保険解約返戻金の取立請求
（最一小判平成11年9月9日民集53巻7号1173頁（28042084））

「生命保険契約の解約返戻金請求権は，保険契約者が解約権を行使することを条件として効力を生ずる権利であって，解約権を行使することは差し押さえた解約返戻金請求権を現実化させるために必要不可欠な行為である。したがって，差押命令を得た債権者が解約権を行使することができないとすれば，解約返戻金請求権の差押えを認めた実質的意味が失われる結果となるから，解約権の行使は解約返戻金請求権の取立てを目的とする行為というべきである。」

参考文献

生命保険契約の解約返戻金請求権は，「差押債権者が被差押債権につき

取立権を取得したときは，被差押債権の取立てのため一定の範囲で債務者の有する権利を行使することができるものと解され，この差押債権者が行使することができるとされる債権者の権利には，解除権や取消権も含まれている。（日高全海『地方税の徴収実務事例集』57頁（学陽書房，2005年））」とされています。

参照条文

民事執行法

（差押債権者の金銭債権の取立て）

第155条　金銭債権を差し押さえた債権者は，債務者に対して差押命令が送達された日から1週間を経過したときは，その債権を取り立てることができる。ただし，差押債権者の債権及び執行費用の額を超えて支払を受けることができない。

34 借用書に記載したみなし送達の有効性
（東京地判平成17年9月26日判時1934号61頁（28101840））

「本件相殺の意思表示を記載した『相殺通知書』は，平成15年10月24日に内容証明郵便として差し出されたところ，間もなく転居先不明を理由として被告（筆者注：銀行）に返戻されているが，被告とC社との間で締結された銀行取引約定には，C社が被告に住所の変更を届け出ることを怠ったために，被告からの通知等がC社に到達しなかった場合には，通常到達すべきときに到達したものとみなされると定められているから，本件相殺の意思表示は，遅くとも同年10月30日にはC社に到達したものとみなすのが相当である。」

解説

住所不明により相殺通知書が到達しなかったとしても，住所の変更届がなければ，到達したものとみなすとした借用書の定めは有効であるとしま

した。

> **参考文献**
>
> 本判決についての見解です。
> 「借用書や決定通知に上記届出義務を怠った場合には，通常到達すべきときに送達があったものとみなす旨の規定を盛り込むべきである。こうした規定を盛り込むことは施行規則に規定がなくても可能であると解される。(中略) 銀行等の金融機関の借用書にはその旨の規定があり，判例はこれを有効と解している（東京弁護士会弁護士業務改革委員会自治体債権管理問題検討チーム編『自治体のための債権管理マニュアル』16頁（ぎょうせい，2008年）。」

35 免責債権につき支払合意することは無効
（横浜地判昭和63年2月29日判タ674号227頁（27802558））

「破産法が定める破産者の免責規定は，免責により破産者の経済的更生を容易にするためのものであり，破産者が，新たな利益獲得のために従前の債務も併せて処理するというような事情もないのに，免責された破産債権について支払約束してもこの支払の合意は破産法366条の12（著者注：現行253条1項）の規定の趣旨に反し無効であると解する」

> **実務上のポイント**
>
> 破産免責債権については，債務者の自発的な納付は受け入れられるものの，権利行使として請求できない債権であり，自治体債権についても履行延期特約及納付誓約書を交わすことは，破産法が破産申立人の更生を図る趣旨から控えるべきものと考えます。

> **参考文献**
>
> 破産免責債権の性質については，次のように説明されています。

「破産者の経済的更生を図るという免責制度の目的を実現させるため，免責許可決定が確定したときは，破産者は，破産手続による配当を除き破産債権（中略）についてその責任を免れるものとされています。（筆者注：253条1項柱書本文）。この責任を免れるとされた債権の性質については，破産債権はその責任が消滅し，自然債務となると解するのが通説的立場ですが，債務自体が消滅すると解する立場（中略）も有力です。通説的立場によると，<u>免責許可決定が確定すると，破産債権が有している訴求力と執行力が失われ，破産債権者は任意の弁済を求めることができるにとどまる</u>ことになります（（財）法曹会編『例題解説新破産法』382，383頁（法曹会，2009年））。」

参照条文

破産法

（免責許可の決定の効力等）

第253条　免責許可の決定が確定したときは，破産者は，破産手続による配当を除き，破産債権について，その責任を免れる。ただし，次に掲げる請求権については，この限りでない。

36　差押財産の解除の要否
（東京高判平成26年3月18日判例集未登載）

「差押財産の価格が優先債権の合計額をこえる見込みがなくなったか否かは，差押え解除の要否を検討する時点において，差押財産が強制換価される時点におけるその価格の見込みと優先債権の合計額の見込みを対比して判断されるべきものと解するのが相当である。そして，前記国税徴収法の強制換価手続は，私法秩序との調整を図りつつ，納税義務の適正な実現を通じて国税収入を確保することを目的とするものである上（国税徴収法1条），差押えが継続している時点から差押財産が強制換価されるまでの間に，その価格が変動する可能性が存在し，また優先債権の合計額も弁済，

放棄，任意売却のために優先債権の債権者が抵当権の被担保債権の範囲の減少に同意するなどして減額される可能性が存在し，これらの可能性について差押え解除の要否を検討する時点において正確に判断することは必ずしも容易ではないと認められることを総合すると，前記国税徴収法79条1項2号の規定に基づき，差押えを解除すべき義務が発生するには，このような可能性を十分考慮しても，なお，差押財産が強制換価される時点において，その価格が優先債権額を超える見込みがなくなったと認められることを要するものと解する」

解説

原審（静岡地浜松支判平成26年9月8日判例地方自治395号28頁（28231189））では，差押え時点で回収見込みがないことを認識していた場合は，差押えを解除すべきとしていますが，控訴審の東京高裁では価格が変動し，また減額される可能性も存在し，解除の要否の時点で判断することは容易でなく，この様な可能性を考慮しても差押財産が強制換価される時点でその価格が優先債権額を超える見込みがなくなったと認められることが必要としました。

参照条文

国税徴収法

（超過差押及び無益な差押の禁止）

第48条　国税を徴収するために必要な財産以外の財産は，差し押えることができない。

2　差し押えることができる財産の価額がその差押に係る滞納処分費及び徴収すべき国税に先だつ他の国税，地方税その他の債権の金額の合計額をこえる見込がないときは，その財産は，差し押えることができない。

（差押えの解除の要件）

第79条　徴収職員は，次の各号のいずれかに該当するときは，差押えを解除しなければならない。

(2)　差押財産の価額がその差押えに係る滞納処分費及び差押えに係る国税に先立つ他の国税，地方税その他の債権の合計額を超える見込みが

なくなつたとき。

37 執行停止による免除は更正処分及び加算税賦課決定も消滅する

（東京地判平成23年1月21日税務訴訟資料（250号～）261号11596順号（28220106））

「更正処分及び賦課決定処分がされた後，これらの処分により新たに納付すべきこととなった国税について，国税徴収法153条1項及び同条4項の規定によりその納税義務そのものが消滅したときには，当該納税義務の内容を確定する処分である更正処分及び賦課決定処分の法的効果も当然消滅するものと解する」

解説

判決では執行停止の効果として訴えの利益が消滅することも示しています。

「国税徴収法153条1項に基づき滞納処分の執行が停止され，それが3年間継続したことにより，同条4項により滞納国税の納付義務が消滅したときは，当該納税義務の内容を確定する処分である更正処分及び加算税賦課決定の法的効果も当然消滅するものと解され，これらの処分の取消しを求める訴えについては，なお回復すべき法律上の利益がある場合を除き，訴えの利益が消滅する（「D1-Law」第一法規，判決要旨から）。」

執行停止と徴収停止の違いを押えておくことが必要です。

徴収見込みがない債権について，滞納処分ができる債権は執行停止（地方税法15条の7），他の債権は徴収停止（自治法施行令171条の5）の措置をとることができます。

執行停止と徴収停止の要件は一致するものではなく，執行停止が免除につながるのに対し，徴収停止は免除にはつながらないものの，時効の進行は妨げず，時効完成して債権放棄する理由になります。

また，徴収停止は費用対効果を重視した規定であることが分かります。

執行停止の要件としては（地方税法15条の7），

① 滞納処分をすることができる財産がないとき。
② 滞納処分をすることによつてその生活を著しく窮迫させるおそれがあるとき。
③ その所在及び滞納処分をすることができる財産がともに不明であるとき。

徴収停止の要件としては（自治法施行令171条の5），
① 法人である債務者がその事業を休止し，将来その事業を再開する見込みが全くなく，かつ，差し押えることができる財産の価額が強制執行の費用をこえないと認められるとき。
② 債務者の所在が不明であり，かつ，差し押えることができる財産の価額が強制執行の費用をこえないと認められるときその他これに類するとき。
③ 債権金額が少額で，取立てに要する費用に満たないと認められるとき。

参考実例

徴収停止に関する行政実例

「本条（自治法施行令171条の5）は，債権の保全及び取立てをしないことができる場合を定めたにすぎず，地方税法第15条の7第4項の徴収金納付義務の消滅というような効果はない。」（昭39年10月15日行政実例）

参照条文

国税徴収法

（滞納処分の停止の要件等）

第153条　税務署長は，滞納者につき次の各号のいずれかに該当する事実があると認めるときは，滞納処分の執行を停止することができる。
(1) 滞納処分の執行及び租税条約等（中略）の徴収の共助の要請による徴収（以下この項において「滞納処分の執行等」という。）をすることができる財産がないとき。
(2) 滞納処分の執行等をすることによつてその生活を著しく窮迫させるおそれがあるとき。

(3)　その所在及び滞納処分の執行等をすることができる財産がともに不明であるとき。
2　税務署長は，前項の規定により滞納処分の執行を停止したときは，その旨を滞納者に通知しなければならない。
3　税務署長は，第1項第2号の規定により滞納処分の執行を停止した場合において，その停止に係る国税について差し押さえた財産があるときは，その差押えを解除しなければならない。
4　第1項の規定により滞納処分の執行を停止した国税を納付する義務は，その執行の停止が3年間継続したときは，消滅する。
5　第1項第1号の規定により滞納処分の執行を停止した場合において，その国税が限定承認に係るものであるとき，その他その国税を徴収することができないことが明らかであるときは，税務署長は，前項の規定にかかわらず，その国税を納付する義務を直ちに消滅させることができる。
（地方税法15条の7も同様）

地方自治法施行令

（徴収停止）

第171条の5　普通地方公共団体の長は，債権（強制徴収により徴収する債権を除く。）で履行期限後相当の期間を経過してもなお完全に履行されていないものについて，次の各号の一に該当し，これを履行させることが著しく困難又は不適当であると認めるときは，以後その保全及び取立てをしないことができる。
　(1)　法人である債務者がその事業を休止し，将来その事業を再開する見込みが全くなく，かつ，差し押えることができる財産の価額が強制執行の費用をこえないと認められるとき。
　(2)　債務者の所在が不明であり，かつ，差し押えることができる財産の価額が強制執行の費用をこえないと認められるときその他これに類するとき。
　(3)　債権金額が少額で，取立てに要する費用に満たないと認められるとき。

相続による債務は分割債務である
(東京高判昭和37年4月13日判タ142号74頁
(27450841))

「遺産分割の対象となるものは、被相続人の有していた積極財産だけであり、被相続人が負担していた消極財産たる金銭債務の如きは相続開始と同時に共同相続人にその相続分に応じて当然分割承継されると解せられ、遺産分割によつて分配せられるものでない」

解説

相続による債務は相続人の相続分に応じた分割債務になります。地方税法10条の2のような連帯債務の規定がなければ、原則は分割債務になります。

参照条文

地方税法
第10条の2　共有物、共同使用物、共同事業、共同事業により生じた物件又は共同行為に対する地方団体の徴収金は、納税者が連帯して納付する義務を負う。

「地方税の滞納処分の例」の範囲
(福岡高那覇支部判平成23年7月7日判タ1376号
153頁 (28181985))

「国税徴収法は国による国税等の徴収に係る基本法であり、地方税法は地方公共団体による地方税等の賦課及び徴収の基本法であって、いずれも租税債権の強制的な徴収である滞納処分についても規定が整備されているため、公課についても広く準用されている。国税に係る準用の立法例としては、「国税徴収の例による」とするものと「国税滞納処分の例による」

とがあるところ、その趣旨にかんがみると、前者においては国税の徴収（賦課を含む徴収金の収受一般）に関する規定のうち国税固有のもの（たとえば附帯税に関する国税通則法60条ないし69条）を除くすべてが準用され、後者においては国税の徴収（賦課を含む徴収金の収受一般）に関する規定のうち徴収金の収受に直接の関係を有するものに限定して準用され、納付義務の拡張を伴うもの（たとえば第二次納税義務に関する国税徴収法32条ないし41条）は準用されないものと解される。そして、「地方税の滞納処分の例」によるとする地方自治法231条の3の3項は、上記立法例にかんがみると後者の例と同様の範囲の規定を準用する趣旨と理解され、徴収金の収受に直接の関係を有する第三者納付の規定（地方税法20条の6）も準用の対象に含まれると解される。」

解説

自治法231条の3第3項において、「地方税の滞納処分の例」について、納付義務の拡張を伴うもの（第二次納税義務）は準用されないが地方税法20条の6の第三者納付は準用されるとしたことが注目されます。

参照条文

地方自治法

（督促、滞納処分等）

第231条の3

3　普通地方公共団体の長は、分担金、加入金、過料又は法律で定める使用料その他の普通地方公共団体の歳入につき第1項の規定による督促を受けた者が同項の規定により指定された期限までにその納付すべき金額を納付しないときは、当該歳入並びに当該歳入に係る前項の手数料及び延滞金について、地方税の滞納処分の例により処分することができる。
（後略）

地方税法

（第三者の納付又は納入及びその代位）

第20条の6　地方団体の徴収金は、その納税者又は特別徴収義務者のために第三者が納付し、又は納入することができる。

2　地方団体の徴収金の納付若しくは納入について正当な利益を有する第三者又は納税者若しくは特別徴収義務者の同意を得た第三者が納税者又は特別徴収義務者に代つてこれを納付し，又は納入した場合において，その地方団体の徴収金を担保するため抵当権が設定されていたときは，これらの者は，その納付又は納入により，その抵当権につき地方団体に代位することができる。ただし，その抵当権が根抵当である場合において，その担保すべき元本の確定前に納付又は納入があつたときは，この限りでない。

3　前項の場合において，第三者が納税者又は特別徴収義務者の地方団体の徴収金の一部を納付し，又は納入したときは，その残余の地方団体の徴収金は，同項の規定により代位した第三者の債権に先だつて徴収する。

4 住民監査,損害賠償を請求された事例

過料を科さないことは公金の賦課・徴収を怠る事実でない
(徳島地判平成2年11月16日判時1398号57頁(27809035))

「(筆者注:徳島県都市公園)条例19条所定の過料は,都市公園使用料の不正免脱行為があったときは県知事がその不正免脱者に対してこれを科することとし,もって,右不正免脱行為の発生を防止し,<u>適正な都市公園使用料収入を確保するとともに都市公園の維持管理又は行政事務遂行の円滑化を図る目的で設けられた行政罰の一種</u>であって,県知事において右過料を科することは,県財政の維持及び充実を目的とする財務会計上の行為とはいえないと解される。」

実務上のポイント

過料処分は,遡及期間,金額(使用料等の5倍が上限ですが事案によって何倍とするのか)を考慮する必要があります。本書6―14の判決(名古屋地判平成16年9月22日判例地方自治266号68頁(28092871))では下水道使用料の不正免脱につき情状面の実関係が明らかでなく,適正な使用料の徴収を確保するという行政目的を達成するためには,法人に対して不正免脱金額の2倍に相当する額の過料を科すことで足りるとしました。

参照条文

地方自治法

(条例)

第14条

3 普通地方公共団体は,法令に特別の定めがあるものを除くほか,そ

の条例中に，条例に違反した者に対し，2年以下の懲役若しくは禁錮，100万円以下の罰金，拘留，科料若しくは没収の刑又は5万円以下の過料を科する旨の規定を設けることができる。

徳島県都市公園条例（昭和33年徳島県条例第20号）

第19条　詐欺その他不正の行為により使用料の徴収を免れた者に対しては，その徴収を免れた金額の5倍に相当する金額（当該5倍に相当する金額が5万円を超えないときは，5万円とする。）以下の過料に処する。

2　市民税の徴収権を時効消滅させたことによる怠る事実の認定
（浦和地判平成12年4月24日判例地方自治210号35頁（28060662））

「被告（筆者注：新座市長）が市民税の滞納による不納欠損件数及び金額が増加しているにもかかわらず，本件補助職員に対して事情説明や市民税の徴収状況に関する報告を求めて，原因を分析し，徴収態勢を見直すなどの解決策を検討することなく，漫然と現状を維持したままで本件補助職員に対して市民税の徴収を行わせていたことに，補助職員に対する指導監督上の重過失が認められるのであり，被告が本件滞納者に関する個別情報を知らず，また，本件滞納者について特別に滞納処分を行わなかったものではないとしても，このことをもって，被告の右指導監督上の義務違反に対する故意又は過失の存在を否定する根拠とすることはできず，被告の右主張は，採用できない。」

解説

市民税の徴収権を時効消滅させて市民税の徴収を怠っていたとして自治法242条の2第1項4号に基づき市長個人に対してなされた損害賠償請求755万6,900円のうち，44万600円が認められました。

長に対して徴収状況を補助職員から報告を求め，原因を分析して態勢を見直さなかったのは指導監督の重過失が認められるとしました。

判決では具体的には，「滞納者が本件各市民税の徴収を保全するに足り

る不動産を所有していたにもかかわらず，本件不動産について参加差押を行わずに，漫然と電話を2回，面接を5回したほか，催告書の送付を8回繰り返していたという本件の事実関係に照らせば，滞納件数に比して徴税整理に当たる職員の数が少なかったという事情は，（筆者注：地方税）法331条1項，5項に定める行為を行うことができなかったことを正当化する合理的な理由にはならない」としました。

参照条文

地方自治法

（住民訴訟）

第242条の2　普通地方公共団体の住民は，前条第1項の規定による請求をした場合において，同条第4項の規定による監査委員の監査の結果若しくは勧告若しくは同条第9項の規定による普通地方公共団体の議会，長その他の執行機関若しくは職員の措置に不服があるとき，又は監査委員が同条第4項の規定による監査若しくは勧告を同条第5項の期間内に行わないとき，若しくは議会，長その他の執行機関若しくは職員が同条第9項の規定による措置を講じないときは，裁判所に対し，同条第1項の請求に係る違法な行為又は怠る事実につき，訴えをもつて次に掲げる請求をすることができる。

(1)～(3)　略

(4)　当該職員又は当該行為若しくは怠る事実に係る相手方に損害賠償又は不当利得返還の請求をすることを当該普通地方公共団体の執行機関又は職員に対して求める請求。ただし，当該職員又は当該行為若しくは怠る事実に係る相手方が第243条の2第3項の規定による賠償の命令の対象となる者である場合にあつては，当該賠償の命令をすることを求める請求

遅延損害金徴収を怠ったことに対する損害賠償
（神戸地判平成14年9月19日判例地方自治243号77頁（28082697））

「本件訴訟でも，市には，被告に対し，遅延損害金の請求権はないとの主張をどこまでも貫き，上記遅延損害金の支払を徴収することはあり得ないとの態度を繰り返し明言している。それゆえ，現実的には，市が被告から遅延損害金70万7347円を徴収することはあり得ないといえる。このように，遅延損害金70万7347円の徴収が事実上不可能となっている以上，市には70万7347円の損害が発生しているといえる。何故ならば，法律上は，市が被告に対し遅延損害金70万7347円の請求をすることは可能であるが，市が被告に対し上記遅延損害金の請求をすることが事実上不可能である以上，市には70万7347円の財産上の損害が生じていると認められる」

解説

市長は遅延損害金を請求せず，徴収することもあり得ないとの態度をとったことにより，事実上，遅延損害金の徴収が不可能になり，市には損害が生じていると認められました。

自動販売機占用料の損害賠償又は不当利得返還請求権
（最二小判平成16年4月23日民集58巻4号892頁（28091160））

「本件について，『債権金額が少額で，取立てに要する費用に満たない』と認めたことを違法であるということはできない。また，はみ出し自動販売機に係る最大の課題は，それを放置することにより通行の妨害となるなど望ましくない状況を解消するためこれを撤去させるべきであるということにあったのであるから，対価を徴収することよりも，はみ出し自動販売

機の撤去という抜本的解決を図ることを優先した東京都の判断は，十分に首肯することができる。そして，商品製造業者が，東京都に協力をし，撤去費用の負担をすることによって，はみ出し自動販売機の撤去という目的が達成されたのであるから，そのような事情の下では，東京都が更に撤去前の占用料相当額の金員を商品製造業者から取り立てることは著しく不適当であると判断したとしても，それを違法であるということはできない。」

解説

本書3─3（最二小判平成16年4月23日民集58巻4号892頁（28091160））と同じ判決ですが，道路にはみ出た自動販売機につき1台ごと債務者を特定して債権額を算定することは多くの労力と多額の費用を要し，「債権金額が少額で，取立てに要する費用に満たない」として費用対効果から請求しなかったとしても違法ではないとしました。

5 損害賠償請求権に対する「怠る事実」の要件
（最三小判平成21年4月28日集民230号609頁（28151363））

「地方公共団体の長が債権の存在をおよそ認識し得ないような場合にまでその行使を義務付けることはできない上，不法行為に基づく損害賠償請求権は，債権の存否自体が必ずしも明らかではない場合が多いことからすると，その不行使が違法な怠る事実に当たるというためには，少なくとも，客観的に見て不法行為の成立を認定するに足りる証拠資料を地方公共団体の長が入手し，又は入手し得たことを要するものというべきである。」

解説

損害賠償請求権の不行使が「怠る事実」となるためには，債権の存在を認識させる客観的な証拠資料を入手していることを要するとしました。

4 住民監査,損害賠償を請求された事例

固定資産税滞納処分の裁量
（津地判平成17年2月24日判タ1217号224頁
（28100981））

「地方税法373条1項は,市町村吏員に対して,督促状を発して10日以内に徴収金を完納しない滞納者の財産を差し押さえる権限を与えたものであるが,他方で,同法15条が,(中略)地方税の徴収猶予について規定し,同法15条の5が,滞納者が徴収金の納付について誠実な意思を有すると認められ,かつその財産を直ちに換価することにより事業の継続又はその生活の維持を困難にするおそれがあり,換価を猶予することが,直ちに換価をするよりも滞納にかかる徴収金及び最近に納付すべきこととなる徴収金の徴収上有利であるときは,換価の猶予のために必要だと認められれば,地方団体の長は,差押えにより事業の継続又はその生活の維持を困難にするおそれがある財産の差押えを猶予することが,2年を超えない範囲でできるものとしていることからすると,滞納者に対して滞納処分を行う対象や時期については,一方では,個々の滞納者の担税力や誠実なる納入意思の有無に応じてその事業の継続や経済生活の維持がむやみに損なわれることのないよう配慮しながら,他方では,公平を欠き,偏頗（へんぱ）な徴税行為であるとの非難を受けることのないよう,計画的,能率的かつ実質的にその徴収権の確保を図るに相当な範囲での裁量が与えられているものと解される。したがって,固定資産税の滞納分に対する督促状を発してから10日以内に差押えがされないからといって,当然にこれが地方税法に違反するとはいえないが,差押え等滞納処分を取られないために実質的に公金徴収権の確保が図られない場合や,公平を欠き偏頗な徴税行為であるとみられる場合には,地方団体の長はその裁量を逸脱し,徴収金の徴収を違法に怠るものと解する」

解説

本書3—8の判決（徳島地判昭和30年12月27日行裁例集6巻12号2887頁（27601340））と同様,督促後10日以内に差し押さえなければな

らないとする規定は訓示規定としました。

> 実務上のポイント

督促の発付時期の規定については訓示規定とされましたが，時効中断させるための時効間際の督促状発付は「権利の濫用」と判断される余地もありますので，早目に督促を発付する必要があります。

> 参考文献

国の場合で債務者に対する強制履行（国の債権の管理等に関する法律15条の強制履行の請求等，自治法施行令171の2と同内容）をとるべき「相当の期間」として，次のような考えがあります。

「督促後における「相当の期間」として，どの程度の猶予期間が認められるかは，債権の内容，時効期間の長短，債務者の資産または業務の状況，弁済の誠意，その他債務者の動向等によって異なるので，一概には断定できない。歳入徴収官がそれぞれの債権について，これらの事情及び履行強制措置による効果を比較考量し，今後，これ以上督促（筆者注：催告）を続けても実行は期し難く，強制履行の請求等の措置によらざるを得ないと断定するまでの期間をいうものであって，この点は，歳入徴収官等の適切な状況判断によるところである（青木孝徳編『債権管理法講義』132頁（（財）大蔵財務協会，2015年））。」

「相当の期間」については，次のような見解もあります。

「強制執行等をする場合の『相当の期間』（令171の2）とは，債権の性質，取引の実態，時効期間の長短等を考慮して普通地方公共団体の長が決すべきであるが，その認定が遅れて債権の完全な実現を阻害することのないよう配慮すべきである。一般的にはおおむね1年を限定とすべきであろう（松本英昭「新版逐条地方自治法第8次改訂版」1005頁（学陽書房，2015年））。」

下水道受益者負担金について農地であるため徴収猶予していた場合，宅地化されていた場合の時効の起算点をどのように扱うのかよく問題になりますが，徴収猶予との関係で次のような解説があります。

「宅地化されたとしても当然に徴収猶予期間が終了するものではありません。したがって，徴収猶予の取消し決定を行った場合には，取消し決定

通知到達日の翌日から5年間の消滅時効期間が開始し，取消し決定を行っていない場合には，当初の徴収猶予期間満了日の翌日から消滅時効期間が進行すると考えられます。(中略) A市都計受益者負担条例によれば徴収猶予事由がなくなった場合であっても猶予の効果は自動的に消滅せず，徴収猶予を取り消してはじめて猶予期間が終了すると解される（中略）国税通則法は（中略）納税の猶予を受けた者に猶予を取り消すべき事由が発生した場合には，税務署長等は，猶予を受けた者の弁明を聞いたうえで，納税の猶予の取消しを行い，その旨を納税者に通知しなければならないと定めています（同法49条）。また，地方税法においても，徴収猶予を受けた者の徴収猶予を取り消す場合について同様の手続が定められています（同法15条の3）。これは，徴収猶予を受けた者に対して徴収猶予期間を終了させること自体が新たな処分であるとの考えに基づくものです（大阪弁護士会自治体債権管理研究会編集『地方公務員のための債権管理・回収マニュアル債権別解決手法の手引き』121頁（第一法規，2010年))。」

参照条文

地方税法

（徴収猶予の要件等）

第15条　地方団体の長は，納税者又は特別徴収義務者が次の各号の一に該当する場合において，その該当する事実に基き，その地方団体の徴収金を一時に納付し，又は納入することができないと認めるときは，その納付し，又は納入することができないと認められる金額を限度として，その者の申請に基き，1年以内の期間を限り，その徴収を猶予することができる。この場合においては，その金額を適宜分割して納付し，又は納入すべき期限を定めることを妨げない。

（換価の猶予の要件等）

第15条の5　地方団体の長は，滞納者が次の各号の一に該当すると認められる場合（第15条第1項の規定に該当する場合を除く。）において，その者が地方団体の徴収金の納付又は納入について誠実な意思を有すると認められるときは，その納付し，又は納入すべき地方団体の徴収金につき滞納処分による財産の換価を猶予することができる。ただし，その

猶予の期間は，1年をこえることができない。
（固定資産税に係る滞納処分）
第373条　固定資産税に係る滞納者が次の各号の一に該当するときは，市町村の徴税吏員は，当該固定資産税に係る地方団体の徴収金につき，滞納者の財産を差し押えなければならない。
(1) 滞納者が督促を受け，その督促状を発した日から起算して10日を経過した日までにその督促に係る固定資産税に係る地方団体の徴収金を完納しないとき。

国の債権の管理等に関する法律
（強制履行の請求等）
第15条　歳入徴収官等は，その所掌に属する債権（国税徴収又は国税滞納処分の例によつて徴収する債権その他政令で定める債権を除く。）で履行期限を経過したものについて，その全部又は一部が第13条第2項の規定による督促があつた後，相当の期間を経過してもなお履行されない場合には，次に掲げる措置をとらなければならない。ただし，第21条第1項の措置をとる場合又は第24条第1項の規定により履行期限を延長する場合（他の法律の規定に基きこれらに準ずる措置をとる場合を含む。）その他各省各庁の長が財務大臣と協議して定める特別の事情がある場合は，この限りでない。
(1) 担保の附されている債権（保証人の保証がある債権を含む。以下同じ。）については，当該債権の内容に従い，その担保を処分し，若しくは法務大臣に対して競売その他の担保権の実行の手続をとることを求め，又は保証人に対して履行を請求すること。
(2) 債務名義のある債権（次号の措置により債務名義を取得したものを含む。）については，法務大臣に対し，強制執行の手続をとることを求めること。
(3) 前2号に該当しない債権（第1号に該当する債権で同号の措置をとつてなお履行されないものを含む。）については，法務大臣に対し，訴訟手続（非訟事件の手続を含む。）により履行を請求することを求めること。

地方自治法施行令

4 住民監査，損害賠償を請求された事例

(強制執行等)
第171条の2　普通地方公共団体の長は，債権（地方自治法第231条の3第3項に規定する歳入に係る債権（以下「強制徴収により徴収する債権」という。）を除く。）について，<u>地方自治法第231条の3第1項又は前条の規定による督促をした後相当の期間を経過してもなお履行されないときは，次の各号に掲げる措置をとらなければならない。</u>ただし，第171条の5の措置をとる場合又は第171条の6の規定により履行期限を延長する場合その他特別の事情があると認める場合は，この限りでない。
(1) 担保の付されている債権（保証人の保証がある債権を含む。）については，当該債権の内容に従い，その担保を処分し，若しくは競売その他の担保権の実行の手続をとり，又は保証人に対して履行を請求すること。
(2) 債務名義のある債権（次号の措置により債務名義を取得したものを含む。）については，強制執行の手続をとること。
(3) 前2号に該当しない債権（第1号に該当する債権で同号の措置をとつてなお履行されないものを含む。）については，訴訟手続（非訟事件の手続を含む。）により履行を請求すること。

📖 債権回収Q&A☞ 24，77参照

不動産取得税延滞金徴収
（名古屋高判平成18年1月19日裁判所ウェブサイト掲載（28110461））

「徴税をする地方団体の長は，滞納者に対して滞納処分を行う時期やその対象等について，<u>当該滞納者の税の負担能力（担税力）や誠実な納入意思の有無に応じてその事業の継続や経済生活の維持がむやみに損なわれることのないよう配慮しつつ，他方，徴税行為が区々になり，公平を欠き，偏頗（へんぱ）なものとならないようにすべき</u>であり，これらを踏まえて，計画的，能率的かつ実質的にその徴収権の確保を図るに相当な範囲での裁

量が与えられているものと解される。したがって，本件において，本件延滞金に対する督促状を発してから 10 日以内に差押えがなされないからといって，当然にこれが地方税法に違反するとはいえないが，差押え等の滞納処分がとられないことにより，実質的に公金徴収権の確保が図られないと認められる場合，あるいは，一般的にみて公平を欠き，偏頗な徴税行為であると認められる場合等には，地方団体の長は，その裁量を逸脱し，徴収金の徴収を違法に怠るものと解するのが相当である。」

解説

本書 4 — 6 の判決（津地判平成 17 年 2 月 24 日判タ 1217 号 224 頁（28100981））と同様に督促後 10 日を経過して滞納処分をとらなかったとしても違法ではないとしました。

参照条文

地方税法

（不動産取得税に係る滞納処分）

第 73 条の 36　不動産取得税に係る滞納者が次の各号の一に該当するときは，道府県の徴税吏員は，当該不動産取得税に係る地方団体の徴収金につき，滞納者の財産を差し押えなければならない。

(1) 滞納者が督促を受け，その督促状を発した日から起算して 10 日を経過した日までにその督促に係る不動産取得税に係る地方団体の徴収金を完納しないとき。

(2) 滞納者が繰上徴収に係る告知により指定された納期限までに不動産取得税に係る地方団体の徴収金を完納しないとき。

📖 **債権回収 Q&A** ☞ **24，77 参照**

8 特別土地保有税の滞納処分による職務上の義務
（大阪高判平成 19 年 6 月 29 日判例地方自治 302 号 53 頁（28140861））

「地方税法 611 条 1 項が，納税者が納期限までに特別土地保有税に係る地方団体の徴収金を完納しない場合には，市町村の徴税吏員は，納期限後 20 日以内に，督促状を発しなければならないと定めており，同法 613 条 1 項が，特別土地保有税に係る滞納者が次の各号の一に該当するときは，市町村の徴税吏員は，特別土地保有税に係る地方団体の徴収金につき，滞納者の財産を差し押さえなければならないとし，同 1 号として，滞納者が督促を受け，その督促状を発した日から起算して 10 日を経過した日までにその督促に係る特別土地保有税に係る地方団体の徴収金を完納しないとき，と定めているほか，同条 6 項により滞納処分に関して包括的に準用される国税徴収法に同旨の規定があることからすると，<u>遅くとも，滞納者が税を任意に納付することは期待できない状態になったときには，徴税吏員は，すみやかに，納税義務の履行を強制すべく，地方税法及び国税徴収法の規定に則って滞納処分（差押え等）をすべきである。</u>」

解説

督促状の発付と滞納処分の時期に関する規定は訓示規定とされていますが，遅くとも，滞納者が税を任意に納付することが期待できない状態になったときには，徴税吏員は，速やかに，納税義務の履行を強制すべく，地方税法及び国税徴収法の規定に則って滞納処分（差押え等）をすべき職務上の義務があるとして，町長，総務部長，税務課長に連帯して 4,629 万円の損害を支払うよう命じました。

参照条文

地方税法

（特別土地保有税に係る督促）

第 611 条　納税者が納期限（中略）までに特別土地保有税に係る地方団体

の徴収金を完納しない場合には、市町村の徴税吏員は、納期限後20日以内に、督促状を発しなければならない。ただし、繰上徴収をする場合は、この限りでない。

（特別土地保有税に係る滞納処分）
第613条　特別土地保有税に係る滞納者が次の各号の一に該当するときは、市町村の徴税吏員は、当該特別土地保有税に係る地方団体の徴収金につき、滞納者の財産を差し押えなければならない。
(1)　滞納者が督促を受け、その督促状を発した日から起算して10日を経過した日までにその督促に係る特別土地保有税に係る地方団体の徴収金を完納しないとき。
(2)　滞納者が繰上徴収に係る告知により指定された納期限までに特別土地保有税に係る地方団体の徴収金を完納しないとき。

📖 債権回収Q&A☞24，77参照

市税債権を督促，差押え等の時効中断措置をとらず時効完成したことの是非
（水戸地判平成19年8月8日裁判所ウェブサイト掲載（28152662））

「徴収可能な歳入について誤って不納欠損処理がなされ，当該処理に係る不納欠損額を表示した決算について議会の認定がなされた場合であっても，歳入徴収者は，当該処理に係る徴収権が存在するものとして，いつでもこれを復活して徴収することができるのであり，不納欠損額を表示した決算についての議会の認定，その前提となる不納欠損処理のいずれについても，その判断の誤り自体に起因して直ちにつくば市に損害が生ずるということは想定できない。（中略）徴税のために実施される措置として合理的と認めるに足りる程度の措置（中略）が講じられている限りは，仮に当該案件に係る市税債権について差押え等が実施されるこのないまま消滅時効が完成するに至ったとしても，徴税事務の監督者たる被告らに不法行為が成立することはない（中略）督促状の発付若しくは文書，電話又は訪問

4 住民監査，損害賠償を請求された事例

による催告等の徴税に向けられた措置がとられていた事実が認められ，徴税のために実施される措置として合理的と認められる程度の措置が講じられていたものといえる（中略）徴税に向けられた相応の努力が払われたが，徴収が著しく困難な案件については，限りある人員及び予算の中で適正かつ効率的に徴税事務又は行政事務を遂行しなければならないというつくば市における地方行政の実情に照らせば，差押え等の措置が実施されないまま消滅時効が完成したとしてもやむを得ない」

解説

不納欠損は会計上の措置であり，誤った不納欠損は，徴収権は消滅していない限りは復活して徴収できるとし，また，時効により消滅しても，相応の徴収努力が払われた場合は管理を怠っていたということには当たらないとしました。徴収に関する費用対効果から「怠る事実」に該当しないとした判決は本書4―12から15までのとおりです。

行政実例

昭和27年6月12日付け地自行発161号三原市監査委員宛行政課長回答

「不納欠損は，既に調定された歳入が徴収しえなくなつたことを表示する決算上の取扱であるから，時効により消滅した債権，放棄した債権等についてこれを行うべきである。」

昭和29年4月7日付け自治庁税務部市町村税課長回答

税等公債権については，「時効による不納欠損処分は，債権の消滅であつて債権の放棄と異なるから議会の承認を経る必要はないと思料されます。」

📖 債権回収Q&A☞ 88, 102参照

10 特別土地保有税の時効消滅させたことによる損害賠償
（高松高判平成20年2月22日裁判所ウェブサイト掲載（28152813））

（判決要旨）納期限からみて納税義務者から特例譲渡による免除をすべき旨の書面を提出したことは債務承認で時効中断し，さらに，債務承認と認められる日から5年以内に督促を発したことから時効中断が認められ，市には損害は生じていない（納税義務者から特例譲渡による免除をすべき旨の書面の提出（承認による時効中断）：平成11年6月24日，督促状による時効中断：平成16年6月14日）。

実務上のポイント
本判決では納期限後から長期間を過ぎて督促を発したことについても時効中断を認めましたが，時効間際の督促の発付は「権利の濫用」とされることも考慮して早目の督促をすべきものと考えます。

11 特別土地保有税の事務引継懈怠に対する損害賠償
（大阪高判平成21年7月17日「税」2010年3月52頁）

（判決要旨）市税の滞納増加が議会で問題になり，全庁を挙げて滞納減に取り組む中，本税を調定する正規の手続に載せることで高額な滞納が明らかになることから，懸案事項を引き継がずに適切な管理ができず，時効消滅したことにより，当時の理財局長，税務部長，資産税課長に対し2,552万円の損害賠償が認められました。

解説
本事案は退職した職員に対して市税の徴収につき適切な引継ぎをしなかったことにより時効消滅した債権に対して市が損害賠償を求めた事案

であり，延滞金も含めて全額のうち15％相当を賠償額として認めました。（15％の根拠は明らかではありません。）しかし，市長，副市長の責任は「被告らを監督する立場にありその義務は免れない。このことは，住民訴訟が提起された場合とのバランスを考えると当然のことと考えられる。この意味で，被告らの損害賠償義務は減じられうる。（日下文男「月刊 税」74頁（2010年3月号）」との視点からすると賠償金額の算定方法は疑問です。

12 国保料の滞納処分を行わず分割納付誓約したことは違法ではない
（大阪地判平成20年6月27日判例地方自治317号67頁（28151546））

（判決要旨）滞納処分によって当該納付義務者の生活を著しく窮迫させるおそれがあるようなときには，<u>徴収に要する労力と費用にかんがみ，直ちに滞納処分を行わずに，納付義務者に分割納付誓約をさせることにより</u>，滞納保険料について時効中断の措置を講じるとともに，滞納保険料について納付義務者の任意納付による徴収確保を図ることは，必ずしも違法ということができないとしました。

解説
分割納付誓約により徴収確保を図ることは時効中断の措置であるとして，直ちに滞納処分を行わなかったとしても「怠る事実」には当たらないとしました。

13 保育料等不納欠損に対する損害賠償請求
（京都地判平成22年3月18日裁判所ウェブサイト掲載（28160948））

「保育料債権について，督促を行いその後滞納処分を行っても，<u>滞納処分を行う費用の方が滞納処分による回収額を大きく上回ることからする</u>

と，結局徴収を怠らなかった方がむしろ市に損失が生じてしまうことになるのであるから（中略），仮に保育料怠たる事実が違法であったとしても，これを不法行為とする市長及び福祉事務所長らに対する市の損害賠償請求権が発生するとは認められない。（中略）賃料の滞納者は，いずれも滞納家賃納入誓約書を市に退出している以上，滞納者らは，（中略）市への支払を行い，残債権額は徐々に減少している。以上のような事情によれば，滞納者らが残債権について完済する見込みも十分にあるものと認められる。」

14 債権管理条例の債権放棄に対する損害賠償請求
（大阪高判平成25年7月26日判例集未登載（28212700））

「本件各債権の主債務者及び連帯保証人に対して，訴訟手続を経て債務名義を取得し，さらにこれに基づき強制執行を行おうとしても，費用倒れになる可能性が極めて高いといえる。（中略）本件各債権につき，本件債権放棄の時点で，（筆者注：福知山市）債権管理条例11条1項4号に基づき債権放棄をすることが許される場合であったのであるから，これを誤って同条1項3号に基づき債権放棄をしたからといって，本件債権放棄により福知山市に損害が発生したとは認められない。」

解説

債権管理条例による債権放棄が「怠る事実」に問われた事案です。

原審（京都地判平成25年1月24日判例集未登載（28212696））は「消滅時効が完成している債権についても，時効の援用がされない限り当該債権は消滅しないのであるから，消滅時効が完成していない債権と同様の管理を行わなければならず，少なくとも債務者の意向を確認するために，債権管理条例に定める督促等を行う必要があり，これを怠ることは違法とな」り，債権放棄したことが損害に当たるとしましたが，本判決の控訴審では当該債権は時効完成していないとしても徴収見込みのない，価値のない債

権であり，債権放棄しても損害は発生していないとしました。

> 参照条文

地方自治法
（住民監査請求）
第242条　普通地方公共団体の住民は，当該普通地方公共団体の長若しくは委員会若しくは委員又は当該普通地方公共団体の職員について，違法若しくは不当な公金の支出，財産の取得，管理若しくは処分，契約の締結若しくは履行若しくは債務その他の義務の負担がある（当該行為がなされることが相当の確実さをもつて予測される場合を含む。）と認めるとき，又は違法若しくは不当に公金の賦課若しくは徴収若しくは財産の管理を怠る事実（以下「怠る事実」という。）があると認めるときは，これらを証する書面を添え，監査委員に対し，監査を求め，当該行為を防止し，若しくは是正し，若しくは当該怠る事実を改め，又は当該行為若しくは怠る事実によつて当該普通地方公共団体のこうむつた損害を補填するために必要な措置を講ずべきことを請求することができる。

福知山市債権管理条例（平成21年福知山市条例第24号）
（その他の債権の放棄）
第11条　債権管理者は，その他の債権について，次の各号のいずれかに該当する場合においては，当該債権及びこれに係る損害賠償金等を放棄することができる。
(3)　当該債権について　消滅時効に係る時効期間が満了したとき。
(4)　当該債権について　第7条ただし書に規定する債権管理者が特別の事情があると認める場合において，同条に規定する強制執行等の措置をとったとしても履行される見込みがなく，かつ，債務者が無資力又はこれに近い状態にあり，資力の回復が困難で，履行の見込みがないと認められるとき。

15 未収債権の不納欠損に対する住民訴訟
（福岡地判平成 26 年 1 月 30 日判例地方自治 384 号 27 頁（28223467））

　下水道使用料及び受益者負担金の不納欠損につき，「地方公共団体における公金の徴収のための人員及び予算には限りがあること，滞納者からの債権の徴収には人員と費用を要するところ，滞納者の資産状況や滞納の原因は様々であり滞納者の中には資力がないため債権回収の見込みがない者も少なくないこと，地方公共団体においては公金の徴収事務のみならずその他の行政事務全体を適正かつ効率的に遂行する必要があることが認められ，かかる地方行政の実情に鑑みれば，公金の賦課徴収をすべきであり，かつ，その職務権限を適正に行使すれば公金の賦課徴収をすることができるにもかかわらず，故意又は過失によりそれをしない場合に公金の徴収を怠ったことについて地方公共団体の長に不法行為が成立するものと解するのが相当であり，当該地方公共団体の人員や事務，滞納者の資産状況や債権の徴収に要する費用等に照らし，徴収のために実施される措置として合理的と認めるに足りる程度の措置が講じられている限り，地方公共団体の長に不法行為は成立しない」としました。

解説

　本書4—12から15までいずれも滞納処分又は強制執行を行わなかったことについて費用対効果により「怠る事実」には当たらないとした判決ですが，費用対効果だけでは適法とはいえない可能性もあり，「怠る事実」と評価されないためには，とり得るべき手続を怠らないようにすることが必要と考えます。
　なお，控訴審である福岡高判（平成26年7月24日判例地方自治395号24頁（28223469））では控訴を棄却していますが，理由において「納入の通知及び督促によって時効が中断した後，さらに催告し，催告から6か月以内に民法153条に定める裁判上の請求等の措置を講じても，時効中断の効力が生じると解することはできない」としています。しかし，催告の扱

いは国税だけでなく自治体債権も同様であり，本書2―15の最高裁判決（昭和43年6月27日民集22巻6号1379頁（21028281））は強制徴収（滞納処分できる）債権であっても，催告後6か月内に差押えをすれば民法153条により時効中断することを認めたこととは矛盾する判断ですので参考にできません。

16 催告後6月内に時効中断しなかったことの管理懈怠
（東京高判平成13年2月22日裁判所ウェブサイト掲載）

「昭和62年度の市民税の徴収権については，（中略）1審被告は，その到達の日から6か月を経過するまでの間は，民法153条所定の措置をとって平成8年12月2日の時効期間が経過した消滅時効を中断することができたと認められ，したがって，その消滅時効中断の措置をとらなかったことも不行使ないし管理懈怠の中に含まれることとなる」

解説

税においても催告後6か月までは時効が完成していないため，この間に差押え等の時効中断措置をとらなかったことは，管理懈怠があったものとしたところが注目されます。

税（公課）における催告後6か月以内の差押えによる時効中断については，本書2―15を参照してください。

参照条文

民法

（催告）

第153条 催告は，6箇月以内に，裁判上の請求，支払督促の申立て，和解の申立て，民事調停法 若しくは家事事件手続法 による調停の申立て，破産手続参加，再生手続参加，更生手続参加，差押え，仮差押え又は仮処分をしなければ，時効の中断の効力を生じない。

17 債権放棄の議決の違法性

(最二小判平成 24 年 4 月 20 日集民 240 号 185 頁 (28180879))

「地方自治法においては，普通地方公共団体がその債権の放棄をするに当たって，その議会の議決及び長の執行行為（条例による場合には，その公布）という手続的要件を満たしている限り，その適否の実体的判断については，住民による直接の選挙を通じて選出された議員により構成される普通地方公共団体の議決機関である議会の裁量権に基本的に委ねられているものというべきである。（中略）住民訴訟の対象とされている損害賠償請求権又は不当利得返還請求権を放棄する旨の議決がされた場合についてみると，このような請求権が認められる場合は様々であり，個々の事案ごとに，当該請求権の発生原因である財務会計行為等の性質，内容，原因，経緯及び影響，当該議決の趣旨及び経緯，当該請求権の放棄又は行使の影響，住民訴訟の係属の有無及び経緯，事後の状況その他の諸般の事情を総合考慮して，これを放棄することが普通地方公共団体の民主的かつ実効的な行政運営の確保を旨とする同法の趣旨等に照らして不合理であって上記の裁量権の範囲の逸脱又はその濫用に当たると認められるときは，その議決は違法となり，当該放棄は無効となるものと解する」

解説

退職慰労金を条例に基づかずに支出したことが違法とされ，長と担当職員に損害賠償を命じたことに対し，議会により債権放棄しましたが，「普通地方公共団体による債権の放棄は，条例による場合を除き，その議会が債権の放棄の議決をしただけでは放棄の効力は生ぜず，その効力が生ずるには，その長による執行行為としての放棄の意思表示を要するものというべきである。」として原審に差し戻しました。

4 住民監査, 損害賠償を請求された事例

18 生活保護法 78 条による返還金に対する損害賠償
（東京地判平成 25 年 2 月 28 日判例地方自治 375 号 71 頁（28220086））

（本件徴収金決定の適法性）については，「被告の職員に何ら職務義務違反は認められないから，原告の国家賠償法 1 条 1 項に基づく損害賠償請求は理由がない。」とし，「原告が転居先の賃貸借契約を締結する意思がないにもかかわらず，その意思があるかのように装って本件保護申請をし，本件保護費の支給を受けた行為が生活保護法 78 条に規定する不実の申請その他不正な手段に当たるとして，本件保護費の全額を徴収する本件徴収金決定は適法である。」としました。

参照条文

生活保護法
第 78 条　不実の申請その他不正な手段により保護を受け，又は他人をして受けさせた者があるときは，保護費を支弁した都道府県又は市町村の長は，その費用の額の全部又は一部を，その者から徴収するほか，その徴収する額に 100 分の 40 を乗じて得た額以下の金額を徴収することができる。
2　偽りその他不正の行為によつて医療，介護又は助産若しくは施術の給付に要する費用の支払を受けた指定医療機関，指定介護機関又は指定助産機関若しくは指定施術機関があるときは，当該費用を支弁した都道府県又は市町村の長は，その支弁した額のうち返還させるべき額をその指定医療機関，指定介護機関又は指定助産機関若しくは指定施術機関から徴収するほか，その返還させるべき額に 100 分の 40 を乗じて得た額以下の金額を徴収することができる。
3　偽りその他不正な手段により就労自立給付金の支給を受け，又は他人をして受けさせた者があるときは，就労自立給付金費を支弁した都道府県又は市町村の長は，その費用の額の全部又は一部を，その者から徴収するほか，その徴収する額に 100 分の 40 を乗じて得た額以下の金額を

徴収することができる。
4 前3項の規定による徴収金は，この法律に別段の定めがある場合を除き，国税徴収の例により徴収することができる。

5 情報共有，守秘義務

弁護士法23条の2の照会に応じて前科及び犯罪経歴を報告したことは公権力の違法な行使に当たる
（最三小判昭和56年4月14日民集35巻3号620頁（27000139））

「市区町村長が漫然と弁護士会の照会に応じ，犯罪の種類，軽重を問わず，前科等のすべてを報告することは，公権力の違法な行使にあたると解する」

「前科等の有無が訴訟等の重要な争点となつていて，市区町村長に照会して回答を得るのでなければ他に立証方法がないような場合には，裁判所から前科等の照会を受けた市区町村長は，これに応じて前科等につき回答をすることができるのであり，同様な場合に弁護士法23条の2に基づく照会に応じて報告することも許されないわけのものではないが，その取扱いには格別の慎重さが要求されるものといわなければならない。」

解説

大阪高判（平成19年1月30日判時1962号78頁（28130850））では，金融機関に対する照会において「弁護士法23条の2所定の照会を受けた公務所又は公私の団体は，照会に応じずに報告をしなかった場合についての制裁を定めた規定がないものの，当該照会により報告を求められた事項について，照会をした弁護士会に対して，法律上，報告する公的な義務を負うものと解する」としています。

守秘義務と弁護士法23条報告義務との優劣の判断については，郵便事業会社に対する照会において東京高判（平成22年9月29日判時2105号11頁（28171617））では「23条照会を受けた被控訴人としては，弁護士会が濫用的照会でないことを確認したことを前提として，特段の事情のない限り，当該照会に係る事案の個別事情に関する事実（中略）等を調査することなく，郵便法8条1項，2項，プライバシー，個人情報等に基づく守秘義務と23条報告義務との優劣を判断すれば足りる」とし，本最高裁判

決の前科照会については事例判例であるとしています。

参考通知

昭和38年3月15日付け内閣法制局一発第6号内閣法制局第一部長から自治省税務局長宛

「弁護士の受任している事件の依頼者には，いかなる者もなりうることを考えるとき，弁護士の受任している事件の依頼者の利益のうちには，そのために，地方税法第22条にいう「秘密」を犠牲にすることは，とうてい正当視され得ないものがきわめて数多く存在することは，何人も否定しえないであろう。してみれば，弁護士法第23条の2の規定が，地方税法第22条にいう「その事務に関して知り得た秘密」に該当する事項について，弁護士会の求めに応じて報告することを許容しているものと認めることは，困難であり，したがつて，お示しの場合においては，他に違法性阻却事由がある等，特段の事由が認められるときは格別，そうでないときには，地方税法第22条に規定する犯罪が成立するものと解するのを相当とする。」

参考文献

弁護士法23条の照会に対する自治体の回答については，次のような見解があります。

「実務上の対応としては，当該弁護士からの照会理由によって公正な裁判実現に欠くことができず，かつ，照会に回答するのでなければ他に立証方法がないような場合であるとの確信が持てない限り，その照会には応じないとすることはやむをえない（地方税事務研究会編著『新版事例解説地方税とプライバシー』122頁（ぎょうせい，2008年））」

参照条文

弁護士法

（報告の請求）

第23条の2　弁護士は，受任している事件について，所属弁護士会に対し，公務所又は公私の団体に照会して必要な事項の報告を求めることを申し

出ることができる。申出があつた場合において，当該弁護士会は，その申出が適当でないと認めるときは，これを拒絶することができる。
2　弁護士会は，前項の規定による申出に基き，公務所又は公私の団体に照会して必要な事項の報告を求めることができる。

📖 **債権回収 Q&A ☞ 113 参照**

2　弁護士照会と税理士の守秘義務
（大阪高判平成 26 年 8 月 28 日判時 2243 号 35 頁（28230741））

「（筆者注：弁護士法）23条照会を受けた者は，どのような場合でも報告義務を負うと解するのは相当ではなく，正当な理由がある場合には，報告を拒絶できると解すべきである。そして，正当な理由がある場合とは，照会に対する報告を拒絶することによって保護すべき権利利益が存在し，報告が得られないことによる不利益と照会に応じて報告することによる不利益とを比較衡量して，後者の不利益が勝ると認められる場合をいうものと解する」

解説

　本判決では，開示されることによる不利益が本件照会に応じないことによる不利益を上回ることが必要であるとしました。弁護士法23条の2に対する考え方として参考になります。

　また，弁護士照会と金融機関の守秘義務については，東京高判（平成25年4月11日金融法務事情1988号114頁（28211478））では，原告の会社が，銀行に対し，債務名義を有する債務者及びその関係者の預金口座情報等について，弁護士を通じて弁護士法23条の2に基づく照会をしましたが報告しないことから，報告義務があることの確認を求め，また，報告しないことが不法行為に当たるとして損害賠償を請求しましたが。原審である東京地判（平成24年11月26日金融法務事情1964号108頁（28210675））

は銀行の請求人に対する報告義務を認めたのですが,東京高裁は,「当該義務は控訴人が弁護士会に対して負う一般公法上の義務にすぎず,被控訴人に対して直接義務を負うものではない。本件各照会に対して控訴人が回答することによる利益は,被控訴人にとっては反射的利益にすぎない」とし,弁護士照会に対する回答はあくまで弁護士会に対して負う義務であって請求者に対して直接義務を負うものではないとしました。

3 公営住宅法と地方税法の関係
(大阪高判昭和45年1月29日判タ249号157頁(21032181))

「公営住宅法23条の2（筆者注：現行34条）は,事業主体の長は,公営住宅入居者の収入の状況について,官公署に必要な書類の閲覧を求めることができ,長の権限を明示したにとどまらず,官公署に対し入居者の収入状況の調査に協力すべき義務を課したものであり,入居者の収入を確定するに必要な限度で地方税の課税台帳を閲覧することは,割増賃料制度の適正な運用のためであり,入居者が割増賃料を徴収される以外に特別の不利益がない場合は,その閲覧行為は適法な行為であり,地方税法22条にいわゆる『事務に関して知り得た秘密をもらし,又は窃用した場合』に該当しない。」

解説

公営住宅の使用関係は住宅困窮者に対して低廉な家賃で賃貸することにより,国民生活の安定と社会福祉の増進に寄与することを目的とするところから,公営住宅法34条で法律の許容する照会規定等によることを明確にしたものであり,地方税法の守秘義務を解除できることとしたものです。

反対に,税務情報を一般債権の回収に利用するには,法律による授権規定がなければ問題が生じるものと考えます。

公営住宅法34条と同様の照会規定（児童手当法28条等）についても,目的の範囲内では地方税法22条の守秘義務が解除された規定と解釈して

よいと考えます。

> **参考通知**

地方税法22条と公営住宅法23条の2（筆者注：現行34条）の関係等について

昭和38年3月15日付け内閣法制局一発第6号内閣法制局第一部長から自治省税務局長宛

「このような規定が設けられたのは，事業主体の長が，公営住宅の入居者の収入を的確に把握しなければ，右に規定する措置（筆者注：家賃の減免，敷金徴収の猶予等）を適正に行うことができないからにほかならないことはいうまでもないところである。同条は，その文言上は，事業主体の長の権限を規定しているにとどまるが，その実質においては，入居者に対して，事業主体の長の権限に対応する義務，換言すれば，事業者体の長の求めに応じて報告をなすべき義務を課したものであると解するのが相当である。」

> **参考文献**

税務情報を他債権の回収に利用することについては次のような見解があります。

「一般の債権の回収のために税務情報を開示し，利用した場合に，この趣旨（筆者注：税務情報の秘密は税務行政の適正な執行を確保することにある。）が損なわれないかどうか，言い換えれば，一般の債権の回収の方が税務情報を秘密とするよりも重要であり，そのような利用が，公共の利益を害し，又は公務の遂行に著しい支障を生ずるおそれがないかどうかが問題となる（債権管理・回収研究会編集『自治体職員のための事例解説債権管理・回収の手引き』975頁（第一法規，加除式））。」

> **参照条文**

公営住宅法

（収入状況の報告の請求等）

第34条　事業主体の長は，第16条第1項若しくは第28条第2項の規定による家賃の決定，第16条第4項（中略）の規定による家賃若しくは

金銭の減免，第18条第2項の規定による敷金の減免，第19条（中略）の規定による家賃，敷金若しくは金銭の徴収の猶予，第29条第1項の規定による明渡しの請求，第30条第1項の規定によるあつせん等又は第40条の規定による公営住宅への入居の措置に関し必要があると認めるときは，公営住宅の入居者の収入の状況について，当該入居者若しくはその雇主，その取引先その他の関係人に報告を求め，又は官公署に必要な書類を閲覧させ，若しくはその内容を記録させることを求めることができる。

児童手当法

（資料の提供等）

第28条　市町村長は，児童手当の支給に関する処分に関し必要があると認めるときは，官公署に対し，必要な書類の閲覧若しくは資料の提供を求め，又は銀行，信託会社その他の機関若しくは受給資格者の雇用主その他の関係者に対し，必要な事項の報告を求めることができる。

地方税法

（秘密漏えいに関する罪）

第22条　地方税に関する調査（不服申立てに係る事件の審理のための調査及び地方税の犯則事件の調査を含む。）若しくは租税条約等の実施に伴う所得税法、法人税法及び地方税法の特例等に関する法律（昭和44年法律第46号）の規定に基づいて行う情報の提供のための調査に関する事務又は地方税の徴収に関する事務に従事している者又は従事していた者は、これらの事務に関して知り得た秘密を漏らし、又は窃用した場合においては、2年以下の懲役又は100万円以下の罰金に処する。

📖 **債権回収Q&A☞112，114，116参照**

公務員の守秘義務
(東京高判昭和 59 年 6 月 28 日判時 1121 号 26 頁
(21080577))

(筆者注：マスコミ取材に対しての公表につき)「一般に，国税局の収税官吏も国家公務員であるから，職務上知ることのできた秘密を守るべき義務を負うが（国家公務員法 100 条），しかし，右義務の違背は国家公務員としての服務規律の不遵守であつて，右服務規律の違反があるからといつて，直ちに名誉毀損の違法性が阻却されないこととなるものとはいえない。のみならず，右守秘義務は，これを免除すべき正当な理由があれば免除されるのであつて，(中略) 法人税法違反の事実があるものと認めたので，その職責上租税犯罪の一般予防，納税道義の向上等もつぱら公益を図る目的で新聞記者の取材に応じ本件公表をしたものであり，右公表は社会通念上相当と認められる限度を超えたものではないから，守秘義務に違反したものではない」

参照条文

国家公務員法
　（秘密を守る義務）
第 100 条　職員は，職務上知ることのできた秘密を漏らしてはならない。その職を退いた後といえども同様とする。

 滞納処分としての差押処分取消，調査権の範囲
(大阪地判平成 26 年 1 月 23 日判例地方自治 392 号 52 頁
(28231395))

「差押調書に差押えに係る税の年度，税目，納期限及び金額（国税徴収法施行令 21 条 1 項 2 号参照）が記載されていれば，差押処分の根拠法令や消滅時効に関する情報は十分明確にされているというべきであって，原

告主張の各事項を記載すべきであるとの原告の主張は採用できない。(中略)被告の職員が，Ａ證券に対して原告の財産についての調査をし，その回答を大阪府徴税吏員に漏らして，大阪府徴税吏員とともにＡ證券難波支店を訪れ，原告の財産を差し押さえたことが，地方税法 22 条，地方公員法 34 条等に違反すると主張するが，滞納者の財産状況の調査は国税徴収法の規定に基づく調査権の範囲内というべきであるし，これを他の徴収職員と共有することが違法であるとは認め難く，原告の主張は採用できない。」

解説

　滞納処分ができる債権において共通して国税徴収法を適用する関係では，情報共有に関して地方税法 22 条，地方公員法 34 条等の守秘義務は生じないものと考えます。

参考文献

　この判決の滞納者情報の共有については次のように解説されています。
　「国税徴収法 141 条 3 号からすれば，大阪府の徴税吏員には他の債権者である河内長野市に対する調査権があると考えられるため，当該調査に応じることが違法になるとは考え難いことや，大阪府の徴税吏員にも河内長野市の徴税吏員と同じ国税徴収法 141 条に基づく調査権があることからすれば，両者の関係では滞納者の財産状況は秘密として保護するに値する情報でないと考えられることから，守秘義務の問題は生じないと判断したものと思われる（判例地方自治 392 号 53 頁）。」
　反対に，次のような見解もあります。
　「開示を求める者がたとえ調査権限のある官公庁であっても，あらゆる手段を尽くしてみてもなお納税者等の秘密の開示によらなければその行政目的を達成できないと認められるような個別的，かつ，積極的な理由がある場合を除き，照会に応じないとするのが，納税者等の秘密を守る法益を尊重した考え方である（地方税事務研究会編著『新版事例解説地方税とプライバシー』89 頁（ぎょうせい，2008 年））。」

5 情報共有，守秘義務

行政実例

平成19年3月27日付け総務省自治税務局企画課長通知では，次のように解説されています。

地方団体内における各種公金の徴収の連携強化（抄）

「地方団体の歳入を確実に確保する観点からも，地方団体内部では専門的な徴収ノウハウを有する税務担当部局の活用を図ることは有用と考えられますので，それぞれの債権に関する個人情報保護に十分かつ慎重な配慮を行いつつ，各地方団体の実状等に応じ，検討していただきたい。

なお，国民健康保険料については，地方税の滞納処分の例により処分することができる（国民健康保険法79条の2及び地方自治法231の3③）ことから，国税徴収法141条の規定が適用され，滞納者等に対し財産に関する必要な質問及び検査への応答義務が課されている。このため，当該情報は滞納者との関係においては秘密ではないと考えられ，地方税法22条に定める守秘義務に関し，地方税と国民健康保険料を一元的に徴収するため，滞納者の財産情報を利用することについては差し支えない。保育所保育料など，地方税の滞納処分の例によると規定されているものについても同様と考えられますので，参考としていただきたい。」

参照条文

国税徴収法

（質問及び検査）

第141条　徴収職員は，滞納処分のため滞納者の財産を調査する必要があるときは，その必要と認められる範囲内において，次に掲げる者に質問し，又はその者の財産に関する帳簿書類（中略）の作成又は保存がされている場合における当該電磁的記録を含む。第146条の2及び第188条第2号において同じ。）を検査することができる。

(1) 滞納者
(2) 滞納者の財産を占有する第三者及びこれを占有していると認めるに足りる相当の理由がある第三者
(3) 滞納者に対し債権若しくは債務があり，又は滞納者から財産を取得したと認めるに足りる相当の理由がある者

(4) 滞納者が株主又は出資者である法人

地方税法

（秘密漏えいに関する罪）

第22条　地方税に関する調査（不服申立てに係る事件の審理のための調査及び地方税の犯則事件の調査を含む。）若しくは租税条約等の実施に伴う所得税法，法人税法及び地方税法の特例等に関する法律（昭和44年法律第46号）の規定に基づいて行う情報の提供のための調査に関する事務又は地方税の徴収に関する事務に従事している者又は従事していた者は，これらの事務に関して知り得た秘密を漏らし，又は窃用した場合においては，2年以下の懲役又は100万円以下の罰金に処する。

地方公務員法

（秘密を守る義務）

第34条　職員は，職務上知り得た秘密を漏らしてはならない。その職を退いた後も，また，同様とする。

国民健康保険法

（滞納処分）

第79条の2　市町村が徴収する保険料その他この法律の規定による徴収金は，地方自治法第231条の3第3項に規定する法律で定める歳入とする。

地方自治法

（督促，滞納処分等）

第231条の3

3　普通地方公共団体の長は，分担金，加入金，過料又は法律で定める使用料その他の普通地方公共団体の歳入につき第1項の規定による督促を受けた者が同項の規定により指定された期限までにその納付すべき金額を納付しないときは，当該歳入並びに当該歳入に係る前項の手数料及び延滞金について，地方税の滞納処分の例により処分することができる。この場合におけるこれらの徴収金の先取特権の順位は，国税及び地方税に次ぐものとする。

📖 **債権回収 Q&A ☞ 120 参照**

公務員の守秘義務と利用関係
（東京地判平成 14 年 9 月 27 日税務訴訟資料（250 号～）252 号 9207 順号（28072753））

　「相続税又は贈与税に関する調査事務に従事する税務職員に対し，より重い守秘義務を課する趣旨は，税務職員が調査事務に関して知り得た納税者自身や取引先等の第三者の秘密をそれ自体として保護するにとどまらず，<u>秘密を保護することによって，税務調査等の税務事務に対する納税者や第三者の信頼と協力を確保し，納税者や第三者による真実の開示を促して，これをもって，相続税又は贈与税の適正かつ公平な賦課徴収を可能とし，申告納税制度の下における税務行政の適正な執行を確保しようとする点にあると解される。</u>（中略）公務員に守秘義務が課されている場合であっても，他のより重要な目的があるときには，それが，公共の利益を害し，又は公務の遂行に著しい支障を生ずるおそれがない限り，必要な限度において，前記の守秘義務が解除される規定が設けられていることからすれば，相続税又は贈与税に関する調査事務に従事する税務職員が調査事務に関して知り得た納税者ないし第三者の秘密に属する事項であっても，それを開示することが，相続税又は贈与税の適正かつ公平な賦課徴収を可能とし，税務行政の適正な執行を確保しようとする上で必要であり，かつ，当該納税者ないし第三者の秘密保持の利益との衡量の上で社会通念上相当であると認められる場合であって，それが公共の利益を害し，又は公務の遂行に著しい支障を生ずるおそれがないときには，相続税法 72 条及び国家公務員法 100 条 1 項に規定された守秘義務は，その限度において，解除されるものと解する」

参考文献
　税情報を一般債権の回収に利用することについては，次のような見解が

あります。

本書5―3（大阪高判昭和45年1月29日判タ249号157頁（21032181））の参考文献と同様の見解です。

「一般の債権の回収のために税務情報を開示し、利用した場合に、この趣旨（筆者注：税務行政の適正な執行の確保）が損なわれないか、言い換えれば、一般の債権の回収の方が税務情報を秘密とするよりも重要であり、そのような利用が、公共の利益を害し、又は公務の遂行に著しい支障を生ずるおそれがないと言えるかどうかが問題となるが、そのように言い切れるかは疑問である（橋本勇『自治体財務の実務と理論―違法・不当といわれないために』301頁（ぎょうせい、2015年））。」

参照条文
国家公務員法

（秘密を守る義務）

第100条　職員は、職務上知ることのできた秘密を漏らしてはならない。その職を退いた後といえども同様とする。

6 その他

支払督促と議会の議決の関係
（最一小判昭和59年5月31日民集38巻7号1021頁（27000010））

「普通地方公共団体の申立に基づいて発せられた支払命令（筆者注：督促）に対し債務者から適法な異議の申立があり，民訴法442条1項（筆者注：現行395条）の規定により右支払命令申立の時に訴えの提起があつたものとみなされる場合においても，地方自治法96条1項11号（筆者注：現行12号）の規定により訴えの提起に必要とされる議会の議決を経なければならない」

解説

当初，自治省（総務省）通知では，支払督促は異議があっても議会の議決を経ることは不要としていました（昭和41年2月2日付け自治行第11号宮崎県総務部長宛行政課長回答）が，通知に従った自治体は敗訴する結果となりました。判決を受け，昭和60年2月23日行政課決定により議決が必要である旨に変更しました。

実務上のポイント

○○万円以下の法的措置であれば長の専決処分によることができる（自治法180条）とすることを，あらかじめ，議会との取り決めておくことにより，訴訟等の手段が使いやすくなることはいうまでもありません。

支払督促で異議が出ない場合の議決は不要ですが，議会の会期を考慮して異議が出ることも想定してあらかじめ議決をとっておくことも自治法96条1項12号の趣旨から反するものではありません。

> **行政実例**

和解の場合も議決が必要ですので訴訟等の進め方には注意しなければなりません。

昭和30年3月12日付け自丁行発43号横浜市衛生局長宛行政課長回答
「和解には，民法上の和解（民法695条），訴訟上の和解（民事訴訟法89条）及び即決和解のすべてを含む。」

> **参考文献**

支払督促の異議と議決の時期については次のような見解があります。

「訴えとは，原告が被告を相手方として裁判所に対し権利又は法律関係の存否を主張し，その存否について自己に有利な判決を求める申立てですから，支払督促は訴えには該当しません。したがって，支払督促の申立てをするときには，議決は必要なかったわけです。しかし，支払督促に対し適法な督促異議があったときは，支払督促が訴えの提起とみなされ，通常訴訟に移行するのですから，この時点で議会の議決が必要になります。（中略）議決の時期については，督促異議の申立てにより訴訟に移行する場合，地方裁判所では，支払督促申立書に加えて，請求の趣旨及び請求原因を記載した「訴状に代わる準備書面」の提出を求める傾向にあり，簡易裁判所でも債務者が債権の成立を争っているときは「訴状に代わる準備書面」を提出することになりますので，この提出のときに議決を得ればよいと思われます（石津廣司・中村次良編集『Q＆A地方公務員のための法的トラブル解決術─示談・和解』3412，3413頁（ぎょうせい，加除式))。」

> **参照条文**

民事訴訟法

（督促異議の申立てによる訴訟への移行）

第395条　適法な督促異議の申立てがあったときは，督促異議に係る請求については，その目的の価額に従い，支払督促の申立ての時に，支払督促を発した裁判所書記官の所属する簡易裁判所又はその所在地を管轄する地方裁判所に訴えの提起があったものとみなす。この場合においては，督促手続の費用は，訴訟費用の一部とする。

地方自治法

（議決事件）

第96条　普通地方公共団体の議会は，次に掲げる事件を議決しなければならない。

⑿　普通地方公共団体がその当事者である審査請求その他の不服申立て，訴えの提起（普通地方公共団体の行政庁の処分又は裁決（中略）に係る同法第11条第1項（中略）又は同法第43条第1項において準用する場合を含む。）の規定による普通地方公共団体を被告とする訴訟（中略）に係るものを除く。），和解（普通地方公共団体の行政庁の処分又は裁決に係る普通地方公共団体を被告とする訴訟に係るものを除く。），あっせん，調停及び仲裁に関すること。

（議会の委任による専決処分）

第180条　普通地方公共団体の議会の権限に属する軽易な事項で，その議決により特に指定したものは，普通地方公共団体の長において，これを専決処分にすることができる。

2　前項の規定により専決処分をしたときは，普通地方公共団体の長は，これを議会に報告しなければならない。

専決処分規定の例

地方自治法第180条第1項の規定による知事専決処分指定事項（昭和39年3月24日香川県議会議決）

(1)　緊急を要する純県費負担1件50万円以下の歳入歳出予算の補正をすること。

(2)　地方自治法（昭和22年法律第67号）第243条の2第8項の規定により議会の同意を得ることとされている賠償責任の免除のうち，その金額が10万円以下であるもの

(3)　1件2万円未満の権利を放棄すること。

(4)　法律上その義務に属する損害賠償で，1件の金額100万円以下の賠償額の決定及びその和解に関すること。

(5)　議会の議決を経た契約又は財産の取得若しくは処分に関し，その金額又は面積の10分の1以内の変更（金額の変更にあっては，その変更に係る金額が3,000万円以下である場合に限る。）をすること。

(6) 県営住宅の滞納家賃等の支払及び明渡しの請求に係る訴え提起前の和解に関すること。
(7) 県の申立てに基づいて発せられた支払督促に対し、債務者から適法な督促異議の申立てがあった場合に、民事訴訟法（平成8年法律第109号）第395条の規定により当該支払督促の申立ての時にあったものとみなされる訴えの提起及び当該訴えの提起に係る事件の和解に関すること。
　附　則
1　この議決は、昭和39年4月1日から効力を生ずる。

📖 債権回収 Q&A ☞ 49 参照

2　訴訟等における議決の意義
（東京高判平成13年8月27日判時1764号56頁（28062349））

「（筆者注：地方自治）法96条1項12号は、普通地方公共団体が、紛争の一方当事者として、民事上の紛争を解決するについては、その紛争解決手段及び内容が地方公共団体の利害及び権利義務関係に重大な影響を及ぼす場合があることにかんがみ、当該和解の可否自体を議会が決するよう定めているものと解される。なお、和解は、長その他の執行機関による和解交渉が行われることが前提となるのであるから、同条項の議会の議決の法的性質は、当該和解に関する地方公共団体の意思を決定し、長その他の執行機関にその和解締結権限を付与するものと解される。」

解説

訴訟事件に係る和解のすべてを都知事の専決処分とした都議会の議決は、自治法180条1項に違反して無効であるが、この議決が一義的明白に違法であるとはいえないとして、専決処分として和解を成立させた元都知事個人に対する自治法242条の2第1項4号に基づく代位損害賠償請求は棄却すべきものとしました。

自治法 96 条 1 項 12 号及び 180 条は本書 6 ― 1 支払督促と議会の議決の関係（最一小判昭和 59 年 5 月 31 日民集 38 巻 7 号 1021 頁（27000010））の判決の参照条文を参照ください。

3 和解の範囲
（岡山地判平成 14 年 1 月 30 日判例地方自治 238 号 12 頁（28071809））

「地方自治法 96 条 1 項 12 号には，地方公共団体が紛争の一方当事者として和解をする場合には議会の議決を要するものと定められているところ，和解は，当該紛争の経緯と内容，争いの対象となった利益，両当事者や関係者の利害状況，紛争解決の経済性など諸般の事情に応じて各事案毎にその時期，方法，内容等について異なるものである。このような和解の性質に照らすならば，和解につき，地方公共団体の長に与えられた裁量権の範囲はかなり広範なものと言うべきであり，本件のように議会の議決を経ている和解は原則として適法と考えるべきである。しかし，当該和解内容に重大な法令違反が存するものであったり，議会が相手方と通謀して専ら相手方の利益を図るような和解を成立させるなど，明らかにその裁量の範囲を逸脱していると認められる特段の事情が存する場合に，このような和解をすることは，地方公共団体の長に与えられた裁量権の範囲を逸脱した違法なものとなる。」

参考文献
「同号にいう『和解』は，民事上の争議の和解，民訴法 89 条の訴訟上の和解および同法 275 条の訴え提起前の和解のすべてを含むと解される（村上順・白藤博行・人見剛編「別冊法学セミナー　新基本法コンメンタール地方自治法」124 頁，（日本評論社，2011 年））。」

給与支払いの相殺
（最二小判昭和 45 年 10 月 30 日民集 24 巻 11 号 1693 頁（27000680））

「賃金支払に関する（中略）相殺は，過払のあつた時期から見て，これと賃金の清算調整の実を失わない程度に合理的に接着した時期においてなされる場合であり，しかも，その金額，方法等においても，<u>労働者の経済生活の安定をおびやかすおそれのない場合に限つて許される</u>ものと解するのが相当である（当裁判所昭和 40 年（行ツ）第 92 号同 44 年 12 月 18 日第一小法廷判決，民集 23 巻 12 号 2495 頁参照）。そうして，このような相殺を許容すべき例外的な場合に当たるか否かの判断にあたつては，前記 24 条 1 項本文の法意を害することのないよう，慎重な配慮と厳格な態度をもつて臨むべきものであり，みだりに右例外の範囲を拡張することは，厳につつしまなければならない。」

解説

給与（賃金）による相殺は，生活をおびやかすおそれのない場合に限って許されるとしました。

生活保護費の返還金を生活保護費から天引きする場合は，本人の同意はもちろんのこと，生活保護法の趣旨から過度な負担にならないよう，慎重な配慮が必要です。

 ### 下水道使用料と損害賠償請求権との相殺
（大阪地判平成 20 年 10 月 1 日判例地方自治 322 号 43 頁（28153752））

「下水道使用料債権は，その性質上，適正かつ公正な賦課（同法（筆者注：下水道法）20 条 2 項参照）とその迅速かつ確実な徴収が強く要請される債権であるということができる（これらにかんがみ，地方自治法附則 6 条

は,下水道使用料を同法231条の3第3項の歳入として規定しているものと解される。)。しかるところ,下水道使用料について使用者からの一方的意思表示による反対債権との相殺を許すとすれば,相殺の意思表示がされるごとに自働債権の存否及び額を調査し確定しなければならないことになって,下水道使用料の迅速かつ確実な徴収に著しい支障を来し,ひいては公共下水道設置の目的をも阻害することが明らかであり,下水道法その他の法令がそのような事態を容認しているとは到底考え難い。そうであるとすれば,下水道使用料は,その性質が相殺を許さない債権であると解する」

解説

本書3-30不服申立てに関する議会の諮問1(大阪地判平成20年10月1日判例地方自治322号43頁(28153752))と同じ判決です。判決では下水道使用料と損害賠償請求権は債権の性質上,相殺できないとしたことは理解できますが,どのような場合に相殺できるかどうか明らかではありません。地方税では他の債権との相殺を禁止しています(地方税法20条の9)。

参考文献

どのような債権で相殺できるかについては,「公法上の債権と公法上の債権との,公法上の債権と私法上の債権との相殺自体が禁止される理由はなく,相殺が債権回収手段の選択肢となりうる場合は少なくない。(債権管理・回収研究会編集『自治体職員のための事例解説 債権管理・回収の手引き』903頁(第一法規,加除式)」という見解もありますが,滞納処分できる債権にあっては差押えをして回収を図ればよいことです。

参照条文

下水道法

(使用料)

第20条 公共下水道管理者は,条例で定めるところにより,公共下水道を使用する者から使用料を徴収することができる。

2 使用料は，次の原則によつて定めなければならない。
(1) 下水の量及び水質その他使用者の使用の態様に応じて妥当なものであること。
(2) 能率的な管理の下における適正な原価をこえないものであること。
(3) 定率又は定額をもつて明確に定められていること。
(4) 特定の使用者に対し不当な差別的取扱をするものでないこと。

地方税法
（地方税に関する相殺）
第20条の9　地方団体の徴収金と地方団体に対する債権で金銭の給付を目的とするものとは，法律の別段の規定によらなければ，相殺することができない。還付金に係る債権と地方団体に対する債務で金銭の給付を目的とするものについても，また同様とする。

📖 **債権回収 Q&A** ☞ **61 参照**

6　税の充当は行政処分に当たる
（最小三判平成6年4月9日集民172号363頁）

「国税通則法57条による充当は，納税者に還付すべき還付金又は国税に係る過誤納金（以下「還付金等」という。）を，還付に代えて，同一納税者の納付すべき国税に充当する行為であって，その効果は，充当に適することとなった時にその還付金等に相当する額の国税の納付があったものとみなされるものであるから，その機能の面では，債権の一般的清算方法として民法に規定される相殺と異なるところはない。（中略）充当は，国税局長等が，<u>行政機関としての立場から法定の要件の下に一方的に行う行為</u>であって，それによって国民の法律上の地位に直接影響を及ぼすものというべきであり，抗告訴訟の対象となる行政処分に当たるものと解する」

解説

相殺は，弁済期が来れば債権者，債務者両方から主張できるのに対し，相殺と同様の機能を持つ税における充当は行政側からだけ認められ，行政処分であるとしました。本書3―11においても充当は行政処分としています(最二小判平成5年10月8日集民170号1頁(22006661))。もちろん，充当通知には教示が必要になります。地方税法17条の2も国税通則法57条と同じ内容です。

参照条文

国税通則法

（充当）

第57条　国税局長，税務署長又は税関長は，還付金等がある場合において，その還付を受けるべき者につき納付すべきこととなつている国税（中略）があるときは，前条第1項の規定による還付に代えて，還付金等をその国税に充当しなければならない。この場合において，その国税のうちに延滞税又は利子税があるときは，その還付金等は，まず延滞税又は利子税の計算の基礎となる国税に充当しなければならない。

2　前項の規定による充当があつた場合には，政令で定める充当をするのに適することとなつた時に，その充当をした還付金等に相当する額の国税の納付があつたものとみなす。

3　国税局長，税務署長又は税関長は，第1項の規定による充当をしたときは，その旨をその充当に係る国税を納付すべき者に通知しなければならない。

公営住宅の入居の地位は承継の対象とならない
（最一小判平成2年10月18日民集44巻7号1021頁(27807221)）

「公営住宅法は，住宅に困窮する低額所得者に対して低廉な家賃で住宅を賃貸することにより，国民生活の安定と社会福祉の増進に寄与すること

を目的とするものであって（1条），そのために，公営住宅の入居者を一定の条件を具備するものに限定し（17条（筆者注：現行23条）），政令の定める選考基準に従い，条例の定めるところにより，公正な方法で選考して，入居者を決定しなければならないものとした上（18条（筆者注：現行25条）），さらに入居者の収入が政令で定める基準を超えることになった場合には，その入居年数に応じて，入居者については，当該公営住宅を明け渡すように努めなければならない旨（21条の2第1項（筆者注：現行32条1項））（中略）を規定しているのである。以上のような<u>公営住宅法の規定の趣旨にかんがみれば，入居者が死亡した場合には，その相続人が公営住宅を使用する権利を当然に承継すると解する余地はない</u>」

解説

民間の賃貸借においては入居の権利は相続により承継されますが，公営住宅の場合は公営住宅法の趣旨から承継しないものとされています。

参照条文

公営住宅法

（入居者資格）

第23条　公営住宅の入居者は，少なくとも次に掲げる条件を具備する者でなければならない。

(1) その者の収入がイ又はロに掲げる場合に応じ，それぞれイ又はロに定める金額を超えないこと。

　　イ　入居者の心身の状況又は世帯構成，区域内の住宅事情その他の事情を勘案し，特に居住の安定を図る必要がある場合として条例で定める場合　入居の際の収入の上限として政令で定める金額以下で事業主体が条例で定める金額

　　ロ　イに掲げる場合以外の場合　低額所得者の居住の安定を図るため必要なものとして政令で定める金額を参酌して，イの政令で定める金額以下で事業主体が条例で定める金額

(2) 現に住宅に困窮していることが明らかであること。

（入居者の選考等）

第25条　事業主体の長は，入居の申込みをした者の数が入居させるべき公営住宅の戸数を超える場合においては，住宅に困窮する実情を調査して，政令で定める選考基準に従い，条例で定めるところにより，公正な方法で選考して，当該公営住宅の入居者を決定しなければならない。

2　事業主体の長は，借上げに係る公営住宅の入居者を決定したときは，当該入居者に対し，当該公営住宅の借上げの期間の満了時に当該公営住宅を明け渡さなければならない旨を通知しなければならない。

（公営住宅の明渡し）

第32条　事業主体は，次の各号のいずれかに該当する場合においては，入居者に対して，公営住宅の明渡しを請求することができる。

(1)　入居者が不正の行為によつて入居したとき。
(2)　入居者が家賃を3月以上滞納したとき。
(3)　入居者が公営住宅又は共同施設を故意に毀損したとき。
(4)　入居者が第27条第1項から第5項までの規定に違反したとき。
(5)　入居者が第48条の規定に基づく条例に違反したとき。
(6)　公営住宅の借上げの期間が満了するとき。

債権回収Q&A☞151参照

8　名義人に対する勝訴判決により同居家族を退去させることができる
（最二小判昭和28年4月24日民集7巻4号414頁（27003322））

「被上告人Bの家族として何れも，占有補助者として本件家屋に居住するものと認むべきであるから，上告人に本件家屋についての上告人の独立の占有を認め得ず従つてこれを前提とする本件土地についての独立の占有を認め難しとする原判示には違法は認められない。」

参考文献

判決は，「家族は，名義人の占有を補助する立場で建物に居住する者で

あるとして，名義人に対する勝訴判決をもって，同居の家族も退去させることができる。（公営住宅問題研究会「自治体における公営住宅の実務的問題に基づくＱ＆Ａ(2)」自治体法務 NAVI（VOL.60）24 頁）」としています。

迷惑行為に対する明渡請求
（大阪地判平成 1 年 4 月 13 日判タ 704 号 227 頁（27804759））

「集合住宅の（中略）賃貸借契約においては，賃借人（中略）において他の居住者の生活妨害となる行為をしないことが当然の前提として黙示的に約定されているものと認めるのが相当である（中略）原告その他の近隣居住者に対する前記生活妨害行為は右約定に違反しかつ被告との間の信頼関係を破壊するに足りるものであるから，被告は説得等の方法により右行為をやめようとしなかった（者）に対し右信頼関係の破壊を理由に右賃貸借契約を解除のうえ明渡を求めることができるものというべきである。」

解説
公営住宅に関する法令に迷惑行為による明渡しが規定されていなくても，「信頼関係の破壊」という点から明渡請求ができるものとしました。

不法占拠に対する損害賠償請求
（名古屋高判平成 12 年 8 月 10 日裁判所ウェブサイト掲載（28152056））

「町の財産である 180 番の住宅に不法占有者がいるのを知りながら，警察に対する被害届以上の手段をとらずにこれを放置した控訴人の不作為につき，控訴人主張の右諸事情を考慮しても，その違法性が阻却されるものとは認められない。なお，控訴人は，180 番の財産管理を怠っていても，不法占有者に対する賃料相当損害金債権は消滅しない旨主張するが，その

ことが違法性を阻却する事由になるとは解されない。」

解説

不法占有者に対する賃料相当損害金債権は消滅しないとしても、不法占拠が6か月を経過した以降は、財産管理を怠ったものとして違法であると評価されました。

11 明渡請求の際の近傍同種家賃による請求
（福岡高判平成16年7月21日裁判所ウェブサイト掲載（28092147））

明渡請求をした場合に明渡期限の翌日から明け渡すまでの間は近傍同種家賃の2倍の額を請求することにつき「明渡期限後の損害賠償金の額の趣旨は、明渡しの促進を図るというものであり、使用料滞納者を不正入居者と必ずしも別異に扱う必要はなく、各地方公共団体の事情に応じて定めることができる」としました。

参照条文

公営住宅法
第29条
6　事業主体は、第一項の規定による請求を受けた者が同項の期限が到来しても公営住宅を明け渡さない場合には、同項の期限が到来した日の翌日から当該公営住宅の明渡しを行う日までの期間について、毎月、近傍同種の住宅の家賃の額の二倍に相当する額以下の金銭を徴収することができる。

応能応益家賃導入の是非
（広島高判平成14年10月15日裁判所ウェブサイト掲載（28080360））

「社会状況等の変化に応じて，本件改良住宅にも応能応益家賃制度を導入し，それにより入居者ごとの収入状況に応じたきめ細かな家賃決定が可能になったこと，しかも，その家賃は旧公営住宅法12条の規定による家賃額限度内であることなどからすれば，新市営住宅条例が定める家賃の決定方法は，十分合理性を有するものであって，新住宅地区改良法29条3項，旧公営住宅法12条に反するということはできない」

路上喫煙防止条例に基づく過料処分
（東京高判平成6年6月26日判時2233号103頁（28222990））

「被控訴人が通常人の注意をもって本件違反場所を通行していれば，容易に路上喫煙禁止の表示及び標識を発見し，本件違反場所において路上喫煙が禁止されていることを認識することが可能な状況にあったものであり，それにもかかわらず路上喫煙が禁止されていることを知らなかったとする被控訴人には明らかに過失がある。控訴人の設置した路面表示は，白地の円形シートに赤色の円の中に黒色でたばこが描かれた上に，赤色で禁止を意味する斜線が描かれており，白色，黒色，赤色のコントラストで，当該路面表示の直上を通過する者が一瞥して喫煙禁止を意味することを容易に理解することができる。（中略）全国に20ある政令指定都市のうち仙台市を除く19都市，及び東京都内の23の特別区すべてで，多数の人が往来する屋外の場において，路上喫煙は危険かつ他者の健康を蝕む迷惑行為であって規制されるべきものとの認識が広く周知されている。かかる社会状況に照らすと，政令指定都市の中でも最も人口の多い都市である控訴人の市内であり，かつ人通りの多い駅前付近の地区である以上，通常の

喫煙者であれば、路上喫煙の危険性を認識し、喫煙禁止地区に該当する可能性が高いことは当然に予見しうる。被控訴人は、市内全域が歩行喫煙の禁止区域とされている立川市に居住しているのであるから、路上喫煙が禁止されている地区に該当するかどうかを確認すべき注意義務を怠った。漫然と喫煙行為を継続した被控訴人には明白な過失が存する。（中略）責任主義は、憲法上の原則であり、刑罰だけでなく、その他の行政制裁にも妥当すべきである。行為者を全く非難できない場合にまで制裁を科すべきではない。」

解説

　原審（横浜地判平成26年1月22日判例地方自治383号82頁（28222142））では、「我が国においていわゆる路上喫煙が禁止されている地域は現在のところ極めて限られているから（公知の事実）、そこが喫煙禁止地区であることを知らないまま喫煙をし、かつ、知らなかったことに過失もないという場合が当然にあり得る。（中略）本件条例30条に基づき過料処分をするためには、その相手方に、同条例11条の3違反について少なくとも過失があったことが必要であると解すべきであって、このように解することが過失責任主義という法の一般的原則にも合致する」とし、表示板が不十分で過失がないから過料は違法としました。

　本控訴審判決では一転して「路上で喫煙するのなら、その区域が喫煙禁止区域でないかどうか注意する義務があると判断。注意して確認を怠らなければ禁止区域として認識することができた」として、市の主張を認めました。

　高裁では勝訴したものの、過料処分するに当たり、路上喫煙禁止区域の明示は当該自治体外からの一般の者が明確に認識できるような表示をすべき点で参考になる判決です。

　路上喫煙禁止の取組は各自治体で定着してきましたが、反対に、当該自治体外の者にも理解できるような喫煙可能な場所へ誘導するよう表示を設けるということも効果的な取組の一つと考えられます。

参考文献

本判決に関するコメントです。

「裁判長は『路上禁煙の取り組みは拡大しており,あえてたばこを吸う人は禁煙地区かどうか事前に確認する注意義務がある』と判断し,男性側逆転敗訴の判決を言い渡した。一審・横浜地裁判決は『禁煙地区を示す路面表示や看板が小さく,読み取ることは困難だった』として男性の過失を否定し,過料処分を取り消していた。判決によると,男性は 2012 年 1 月,横浜駅近くの『喫煙禁止地区』の路上で喫煙し,過料処分を受けた。付近には,<u>直径 30 センチの円形の路面表示が 2 カ所と看板が 1 つあった</u>。高裁の田村裁判長は判決理由で『受動喫煙防止のために路上喫煙を規制する条例を制定している自治体は多い。<u>この程度の表示があれば十分で,確認を怠らなければ禁煙地区かどうか認識することは可能だった</u>』と指摘した(平成 26 年 6 月 26 日 日経新聞)。」

参照条文

地方自治法

(条例)

第 14 条

3　普通地方公共団体は,法令に特別の定めがあるものを除くほか,その条例中に,条例に違反した者に対し,2 年以下の懲役若しくは禁錮(こ),100 万円以下の罰金,拘留,科料若しくは没収の刑又は 5 万円以下の過料を科する旨の規定を設けることができる。

 ### 過料の範囲
(名古屋地判平成 16 年 9 月 22 日判例地方自治 266 号 68 頁 (28092871))

「本件においては,原告は,本件不正配管を設置する方法により,量水器を経由することなく春日井市の下水道に汚水の約半分を排水し,またその発覚を免れるために本件不正配管の設置箇所を埋め戻していたのである

から，その不正免脱行為の態様自体は巧妙で，模倣性も十分に考えられる。また，原告が下水道使用料の徴収を免れた期間も約4年7月に及び，その免れた金額も1881万2890円と大きいことなどに照らせば，その情状が悪質でないとはいえない。したがって，これらの客観的事情だけを考慮するならば，徴収を免れた金額の3倍に相当する過料を科した被告の判断は，必ずしも相当でないとはいえない。

　しかしながら，（中略）少なくとも本件不正工事が行われることを認識したにもかかわらず，それに異議を述べることなく容認した事実自体は認定することができるものの，現実に同工事を誰が発案し，提案し，業者に依頼し，業者と打ち合わせ，工事代金を支払ったのかといった具体的態様については何ら明らかにされず，Aがどの場面でどのように具体的に関与したのかについても何ら特定されていない。そうすると，Aがどの程度積極的に本件の不正免脱行為を推進していたかという情状面における最も重要な事実関係は，必ずしも十分に解明されているとはいえない（中略）これに加えて，原告は，本件不正工事の発覚後は速やかに本件不正配管の撤去・復旧工事を行った上で，被告の調査にも全面的に協力していること，不正免脱に係る下水道使用料については，分割払によって納付する旨の合意が成立し，現在，原告はこれを履行していることなどの事情を総合考慮すると，下水道の使用料の徴収を免れるための不正を防止し，適正な使用料の徴収を確保するという行政目的を達成するためには，原告に対して不正免脱金額の2倍に相当する3762万5000円の過料を科すことで足りると考えられ，したがって，本件処分のうちこれを超える部分については，その裁量権を逸脱したものと判断する」

解説

　下水道使用料の過料の金額につき，下水道使用料の不正免脱につき事実関係が明らかでなく，適正な使用料の徴収を確保するという行政目的を達成するためには，法人に対して不正免脱金額の2倍に相当する額の過料を科すことで足りると考えられ，前記処分のうちこれを超える部分については裁量権を逸脱したものと判断するのが相当であるとしています。

　なお，過料の額については，2012年10月に徴収を免れた金額と過料を

算定した際，2008 年 8 月から 2011 年 11 月までの約 11 年間を対象としましたが，本来は水道料金の消滅時効期間（2 年間）までとすべきで，行政罰の趣旨も越えており違法と認定し，処分を命じた 12 年 10 月から過去 2 年間のみを認め，それ以前の過料を取り消しました（大津地判平成 27 年 2 月 3 日判例集未登載）。

このように，事案にもよりますが，過料の期間と額は類似例を参照して判断すべきものと考えます。

参考文献

本判決は 3 倍の過料を 2 倍にしたものですが，「制裁としての過料の額は不正免脱額の 3 倍と 2 倍のどちらが妥当かというのは，ケースごとの個別事情によってしか判断できない問題である（曽和俊文・山田洋・亘理格『現代行政法入門』，172 頁，（有斐閣，第 3 版，2015 年））」ことから何倍の過料を適正とするのかはより慎重な判断が必要です。

15 検査章の呈示
（最二小判昭和 27 年 3 月 28 日刑集 6 巻 3 号 546 頁（21004090））

「相手方が検査章の呈示を求めたのに対し，収税官吏が之を携帯せず又は携帯するも呈示しなかつた場合には，相手方はその検査を拒む正当の理由があるものと認むべきである。しかし，さればといつて，収税官吏の前記検査権は右検査章の携帯によつて始めて賦与されるものではないことは前期のとおりであるから，相手方が何等検査章の呈示を求めていないのに収税官吏において偶々これを携帯していなかつたからといつて直ちに収税官吏の検査行為をその権限外の行為と解すべきではない。」

解説

大審院判決（大正 14 年 5 月 7 日大審院刑事判例集 4 巻 276 頁（20000548））では「国税徴収法第 11 条ハ訓示的規定ニシテ市吏員カ県税市税ノ滞納処

分トシテ財産ノ差押ヲ為スニ際シ其ノ資格ヲ証明スヘキ証票ヲ示ササルモ之ニ因リ其ノ処分ヲ無効ナラシムルモノニ非ス」としており，吏員証がなくても滞納処分は無効にはならないとしています。

> 実務上のポイント

　国税徴収法による調査権限等が与えられていることを考えますと，相手方に対して権限が明示できることから各公課の吏員証を規則で定めることが適切です。

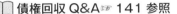

16 課税後に登記簿の所有者が変更されても不当利得とはならない
（大阪地判昭和51年8月10日行裁例集27巻8号1461頁（21055191））

　「土地に対する固定資産税の賦課については，土地に関する権利関係の調査，確定の煩を避けるため課税技術上いわゆる台帳課税主義がとられているのであつて，登記簿上所有者として公示されている者は，真実の権利関係の如何にかかわらずその年度の固定資産（筆者注：税）の納税義務者として決定されているのである。（中略）本件租税につき，その間の登記簿上の所有名義人である原告に対してこれを賦課，徴収したことは適法であり，したがつて被告は法律上の原因なくしてこれを取得した者には該当しないから，たとえ原告が右期間真実の所有者でなくまたその後右登記が抹消されたとしても，本件租税を原告に返還すべき義務はない。」

> 解説

　登記名義人に対する差押えの有効性については，国税滞納処分と民法177条の適用をめぐる判決（最三小判昭和31年4月24日民集10巻4号417頁（21007341））が参考になります。

17 真実の所有者を知っていても登記簿上の課税は適法
(福岡地判昭和56年4月23日行裁例集32巻4号616頁(21073181))

「地方税法が固定資産税の賦課について台帳課税主義を採用したのは，原告も自認するとおり，徴税機関をして一々実質的所有権の帰属者を調査させ，所有者の変動するごとにその所有期間に応じて税額を確定賦課させることは，徴税事務を極めて複雑困難ならしめるものであることにかんがみ，徴税の事務処理の便宜上，納税義務者の判定にあたつては，画一的形式的に登記簿上の所有名義人を所有者として取り扱えば足りるとしたものであり，こうした地方税法の規定に照らすと，賦課期日である毎年1月1日現在登記簿上に所有者として登記されている者は，真実の権利関係の如何にかかわらず，それだけで当該年度の固定資産（筆者注：税）の納税義務を負うというべきである。（中略）被告が本件土地の実質的所有者を知つていたとしても，それだけで明文の記載なしにその例外を認めることはできないと解する」

解説

反対に，台帳上の名義人であっても死亡者を納税義務者とする課税は無効なものとされています（仙台地判昭和30年11月16日行裁例集6巻12号2798頁(21006901)）。

「賦課期日であるその年の1月1日前に固定資産税課税台帳に所有者として登録されているものが死亡しているときは，台帳上の名義によらずその期日における現実の所有者をもつて納税義務者とすることは前示地方税法第343条の規定するところであり，賦課期日後に台帳上の所有者名義の変更登録手続がなされたかどうかによつて納税義務者に変動を生ずるものではない」

参考文献

所得税の申告につき，「租税法律関係の早期安定を重視すれば，課税要

件に合致するか否かが重要であり，納税者の意思の尊重は問題とならない（吉野夏己『行政救済法』27頁（成文堂，2009年））」とされています。

18 地方税法の課税免除と減免
（千葉地判平成12年12月20日判例地方自治216号25頁（28062097））

「同法（筆者注：地方税法）6条の規定する課税免除は，各地方公共団体が，地場産業の育成などの各種の政策目的や税負担の均衡等の事由により課税を不適当と判断する場合に，一定の範囲の者に対して課税しないことを認めたもので，いわば条例による非課税措置ともいうべきものであり，同法367条の税の減免とは基本的な趣旨を異にするものであるから，同法367条を受けて規定された本件条例57条1項の一部である本件条項の趣旨を解釈するに当たり，同法6条の趣旨を読み込むことはできないというべきである。（中略）地方税法367条の税の減免が，法令及び条例の定めるところにより市町村がいったん課税権を行使して地方税債権が発生した後にこれを放棄するものであることや，減免し得る事由を天災や貧困その他特別の事情に限定していることなどに照らすと，同条に基づく固定資産税の減免は，原則として，徴収猶予や納期限の延長等によっても到底納税が困難であるなど客観的にみて納税義務者の担税力が著しく減少している場合に行われることが予定されているというべきであり，公益性の観点から固定資産税の減免を行う場合であっても，租税負担の公平の観点からみて減免を，相当とする程度の強い公益性がある場合，すなわち，当該固定資産がその性質上担税力を生み出さないような用途（道路，公園など）に使用されている場合などに限って減免を行うことができると解する」

解説
課税免除は非課税と同様の措置であり，減免は納税義務者の資力及び公益性がある場合に認められるとしましたが，判決理由ではその違いは不明確です。

参照条文

地方税法

（公益等に因る課税免除及び不均一課税）

第6条　地方団体は，公益上その他の事由に因り課税を不適当とする場合においては，課税をしないことができる。

2　地方団体は，公益上その他の事由に因り必要がある場合においては，不均一の課税をすることができる。

（固定資産税の減免）

第367条　市町村長は，天災その他特別の事情がある場合において固定資産税の減免を必要とすると認める者，貧困に因り生活のため公私の扶助を受ける者その他特別の事情がある者に限り，当該市町村の条例の定めるところにより，固定資産税を減免することができる。

19　審査申出，取消訴訟等を経ていない国家賠償請求の可否

（最一小判平成22年6月3日民集64巻4号1010頁（28161470））

「固定資産の価格の決定及びこれに基づく固定資産税等の賦課決定に無効事由が認められない場合であっても，公務員が納税者に対する職務上の法的義務に違背して当該固定資産の価格ないし固定資産税等の税額を過大に決定したときは，これによって損害を被った当該納税者は，地方税法432条1項本文に基づく審査の申出及び同法434条1項に基づく取消訴訟等の手続を経るまでもなく，国家賠償請求を行い得るものと解すべきである。」

解説

判決理由は違法な課税は不服申立てを経なくても国家賠償請求ができるとし，誤った賦課，決定は不法行為の時効20年に該当することにもなり，他の公課の違法な決定にも該当すると考えられますので注意が必要です。

参照条文

地方税法

（固定資産課税台帳に登録された価格に関する審査の申出）

第432条　固定資産税の納税者は、その納付すべき当該年度の固定資産税に係る固定資産について固定資産課税台帳に登録された価格（中略）について不服がある場合においては、第411条第2項の規定による公示の日から納税通知書の交付を受けた日後60日まで若しくは第419条第3項の規定による公示の日から同日後60日（中略）までの間において、又は第417条第1項の通知を受けた日から60日以内に、文書をもつて、固定資産評価審査委員会に審査の申出をすることができる。ただし、当該固定資産のうち第411条第3項の規定によつて土地課税台帳等又は家屋課税台帳等に登録されたものとみなされる土地又は家屋の価格については、当該土地又は家屋について第349条第2項第1号に掲げる事情があるため同条同項ただし書、第3項ただし書又は第5項ただし書の規定の適用を受けるべきものであることを申し立てる場合を除いては、審査の申出をすることができない。

（争訟の方式）

第434条　固定資産税の納税者は、固定資産評価審査委員会の決定に不服があるときは、その取消しの訴えを提起することができる。

民法

（不法行為による損害賠償請求権の期間の制限）

第724条　不法行為による損害賠償の請求権は、被害者又はその法定代理人が損害及び加害者を知った時から3年間行使しないときは、時効によって消滅する。不法行為の時から20年を経過したときも、同様とする。

📖 債権回収Q&A☞ 15 参照

20 地方税法の過納金還付は民法の不当利得の特則である
（広島地判昭和 56 年 6 月 9 日行裁例集 32 巻 6 号 889 頁（21073662））

「過納金が実質的には不当利得金と目すべきものであることは，（中略）過納金の還付に関する地方税法の規定は民法上の不当利得との関係ではその特則というべきものであり，これについて，さらに民法の不当利得規定が適用になることはない」

解説

地方税の還付金は誤納と過納の場合を分けて地方税法に規定しているところから，民法の不当利得の規定は適用されないとしました。

税以外の公課は，当該還付の規定がなければ自治法 231 条の 3 第 4 項が適用され，地方税と同様の還付手続をとることになります。

参考通知

本条本項（筆者注：自治法 231 条の 3 第 1 項）の歳入の還付と加算金
昭和 38 年 12 月 19 日付け自治庁行発第 93 号各都道府県総務部長宛行政課長通知のうち

問　（筆者注：自治）法第 231 条の 3 第 1 項の歳入を還付する場合は，同条第 4 項の規定により当然地方税法第 17 条の 4 の規定の例によって計算した金額を加算しなければならないと思うがどうか。
答　お見込のとおり。

参照条文

地方税法
（還付加算金）
第 17 条の 4　地方団体の長は，過誤納金を第 17 条又は第 17 条の 2 第 1 項から第 3 項までの規定により還付し，又は充当する場合には，次の各号に掲げる過誤納金の区分に従い当該各号に定める日の翌日から地方団

体の長が還付のための支出を決定した日又は充当をした日（同日前に充当をするのに適することとなつた日がある場合には，当該適することとなつた日）までの期間の日数に応じ，その金額に年7・3パーセントの割合を乗じて計算した金額（以下「還付加算金」という。）をその還付又は充当をすべき金額に加算しなければならない。

民法
（不当利得の返還義務）
第703条　法律上の原因なく他人の財産又は労務によって利益を受け，そのために他人に損失を及ぼした者（中略）は，その利益の存する限度において，これを返還する義務を負う。

📖 債権回収Q&A☞ 15参照

21 公示送達の要件1
（東京地判昭和44年3月5日判時558号45頁（21029991））

「地方団体の長は，地方団体の徴収金の賦課徴収又は還付に関する書類について，（中略）書類を送達すべき場所が不明のため，書類を送達することができないときは，徴収金の賦課徴収又は還付についての手続の進行が不能になり，地方団体の徴収金の確保および納税者の権利の保護を全うしえないから公示送達という特別の送達手段を認めたものである。しかしながら，公示送達の送達方法（同法20条の2第2項，第3項）は，送達に関する一種の擬制であり，送達名宛人がこれを了知することは殆ど不可能に近いから，調査をすれば，住所又は居所が判明すべきであったにもかかわらず，単に1回限りの郵便送達による書類が，あて先人不明で戻されてきたことのみを理由として直ちに受送達者の住所又は居所が明らかでない場合と認めて，公示送達をするときは，相手方は不測の損害を蒙むるおそれがある。従って，地方団体の長が故意又は過失によって，所要の調査もせずに書類の受送達者の住所が明らかでないと判断して，書類を公示送

達にした場合には，右送達によって生じた損害について地方団体の長が名宛人に対しこれを賠償しなければならないことはいうまでもないところである。而して，右にいわゆる所要の調査とは，いかなる範囲・程度のものをいうかについては，直接法の明示するところではないけれども，<u>当該地方団体が管掌する受送達者の住民票関係の書面調査，租税賦課関係帳簿書類の調査，実地調査をなす等，当該事情に応じて具体的にその必要性を判断すべきもの</u>と解する」

解説

公示送達の要件として，1回限りの郵便返戻により公示送達するのではなく，事情に応じて書類，実地調査が必要かどうかを判断すべきとしています。

📖 債権回収 Q&A ☞ 153 参照

---

22 公示送達の要件2
（東京地判昭和 59 年 9 月 28 日税務訴訟資料（1 〜 249 号）139 号 662 頁（21080797））

「税務署の担当職員は，近隣や町内会への聞きあわせ，住民登録の調査，固定資産税関係の調査，郵便局の転出届関係調査，子供の通学校の調査，所轄警察署への聞き合せ，水道局調査と，通常考えられる調査手段を尽くして原告の転居先を捜索したのであるが，原告が転出届や郵便局への転居届の手続を経ていなかったため，ついにその転居先を把握しえなかったものであり，かかる手段を尽くしても原告の住所及び居所が判明しなかった以上，これは通常期待し得べき方法による調査を実施しても知れない場合に該当すると認めるのが相当である。したがつて旧被告において本件処分の通知を公示送達に付した点に違法はない」

6 その他

解説

　公示送達につき地方税法20条の2が掲示を始めた日から7日を経過したら送達されたものとみなしているのに対し，民法98条では2週間とされています。地方税法の規定は税債権を早期に確定，終息させる意図がこの規定にも表れています。

　行政限りの公示送達と裁判所の公示送達の要件は，同じものと考えて差し支えありません。

参照条文

地方税法

（公示送達）

第20条の2　地方団体の長は，前条の規定により送達すべき書類について，その送達を受けるべき者の住所，居所，事務所及び事業所が明らかでない場合又は外国においてすべき送達につき困難な事情があると認められる場合には，その送達に代えて公示送達をすることができる。

2　公示送達は，地方団体の長が送達すべき書類を保管し，いつでも送達を受けるべき者に交付する旨を地方団体の掲示場に掲示して行う。

3　前項の場合において，掲示を始めた日から起算して7日を経過したときは，書類の送達があつたものとみなす。

民法

（公示による意思表示）

第98条　意思表示は，表意者が相手方を知ることができず，又はその所在を知ることができないときは，公示の方法によってすることができる。

2　前項の公示は，公示送達に関する民事訴訟法（平成8年法律第109号）の規定に従い，裁判所の掲示場に掲示し，かつ，その掲示があったことを官報に少なくとも1回掲載して行う。ただし，裁判所は，相当と認めるときは，官報への掲載に代えて，市役所，区役所，町村役場又はこれらに準ずる施設の掲示場に掲示すべきことを命ずることができる。

3　公示による意思表示は，最後に官報に掲載した日又はその掲載に代わる掲示を始めた日から2週間を経過した時に，相手方に到達したものとみなす。ただし，表意者が相手方を知らないこと又はその所在を知らな

いことについて過失があったときは，到達の効力を生じない。
4　公示に関する手続は，相手方を知ることができない場合には表意者の住所地の，相手方の所在を知ることができない場合には相手方の最後の住所地の簡易裁判所の管轄に属する。
5　裁判所は，表意者に，公示に関する費用を予納させなければならない。

民事訴訟法

（公示送達の要件）

第 110 条　次に掲げる場合には，裁判所書記官は，申立てにより，公示送達をすることができる。
(1)　当事者の住所，居所その他送達をすべき場所が知れない場合
(2)　第 107 条第 1 項の規定により送達をすることができない場合
(3)　外国においてすべき送達について，第 108 条の規定によることができず，又はこれによっても送達をすることができないと認めるべき場合
(4)　第 108 条の規定により外国の管轄官庁に嘱託を発した後 6 月を経過してもその送達を証する書面の送付がない場合
2　前項の場合において，裁判所は，訴訟の遅滞を避けるため必要があると認めるときは，申立てがないときであっても，裁判所書記官に公示送達をすべきことを命ずることができる。
3　同一の当事者に対する 2 回目以降の公示送達は,職権でする。ただし，第 1 項第 4 号に掲げる場合は，この限りでない。

免職処分の県公報への掲載は処分通知と同様の効果である

（最一小判平成 11 年 7 月 15 日集民 193 号 469 頁（28041261））

「所在不明となった職員に対する懲戒免職処分の手続について，「辞令及び処分説明書を家族に送達すると共に，処分の内容を公報及び新聞紙上に公示すること」によって差し支えないとしている昭和 30 年 9 月 9 日付け自丁公発第 152 号三重県人事委員会事務局長あて自治省公務員課長回

答を受けて，当該職員と同居していた家族に対し人事発令通知書を交付するとともにその内容を兵庫県公報に掲載するという方法で行ってきたというのであり，記録上そのような事実がうかがわれるところである。そうであるとするなら，兵庫県職員であった被上告人は，自らの意思により出奔して無断欠勤を続けたものであって，右の方法によって懲戒免職処分がされることを十分に了知し得たものというのが相当であるから，出奔から約2箇月後に右の方法によってされた本件懲戒免職処分は効力を生じたものというべきである。」

解説

免職処分を県公報に掲載したことは処分通知と同様の効果になるものとして認めた判決ですが，行政限りで公示送達できない債権にあっては，通常，裁判所の公示手続によるべきことになりますので本判決は一般的な参考例となるものではないと考えます。

参照条文

民法
（隔地者に対する意思表示）
第97条　隔地者に対する意思表示は，その通知が相手方に到達した時からその効力を生ずる。
2　隔地者に対する意思表示は，表意者が通知を発した後に死亡し，又は行為能力を喪失したときであっても，そのためにその効力を妨げられない。

職員の懲戒の手続及び効果に関する条例（昭和38年兵庫県条例第31号）
（懲戒の手続）
第3条　戒告，減給，停職又は懲戒処分としての免職の処分は，その理由を記載した書面を当該職員に交付して行わなければならない。

📖 債権回収 Q&A ☞ 66 参照

24 法令解釈を誤ったとして損害賠償を求めた事例
（最一小判昭和49年12月12日民集28巻10号2028頁（27000403））

「ある事項に関する法律解釈につき異なる見解が対立して疑義を生じ，拠るべき明確な判例，学説がなく，実務上の取扱いも分かれていて，そのいずれについても<u>一応の論拠が認められる場合</u>に，公務員がその一方の解釈に立脚して公務を執行したときは，後にその執行が違法と判断されたからといつて，ただちに右公務員に過失があつたものとすることは相当でなく，これと同趣旨の原審の判断は正当である。」

解説

競売裁判所において異議のある配当につき供託する義務があるかどうか，よるべき判例，学説，明確な基準がなく，配当せずにそのまま保管したことは正当と認めました。

25 法令解釈が分かれるものにつき担当者の過失の有無
（最二小判平成16年1月15日民集58巻1号226頁（28090332））

本書3—19と同じ判決ですが，韓国で永住資格を失い，台湾で在留期間が更新される見込みがなくなり，保険証を交付しなかった担当者の過失につき，「国民健康保険の適用対象となるかどうかについては，定説がなく，下級審裁判例の判断も分かれているが，本件処分当時には，これを否定する判断を示した東京地裁平成6年（行ウ）第39号同7年9月27日判決・行裁集46巻8・9号777頁（筆者注：28010245）があっただけで，（筆者注：国民健康保険）法5条の<u>解釈につき本件各通知と異なる見解に立つ裁判例はなかった</u>というのであるから，本件処分をした被上告人横浜市の担当者及び本件各通知を発した被上告人国の担当者に過失があったという

ことはできない。」としました。

> **解説**

本書6-24，25のいずれの判決についても，法令解釈に対して拠るべき判例がなく，説が分かれているとしても，相応の根拠がある場合には処分庁としての過失はなく，損害賠償は認められないものとしました。

規定がない場合に処分を行うには相応の根拠が求められることとして実務の参考になる判決です。

東京地判（平成7年9月27日行裁集46巻8・9号777頁）

「国民健康保険の制度は，一定地域の住民を強制加入させて，それら住民が相互に保険料を負担しあい，その拠出と国庫負担金などをもとに保険給付を行うものであり，基本的には，地域社会を構成する住民の連帯意識を基盤として運営される性質のものであるから，このような国民健康保険制度の持つ相互扶助及び社会連帯の精神からすると，その制度に強制的に加入せしめる対象となる被保険者は，少なくとも，わが国社会の構成員として社会生活を始めることができる者を当然の前提としているものと解すべきであり，不法に入国した外国人（特別在留許可によって在留資格が付与されない限り，法的には，わが国社会の構成員となることを拒否されている者である。）についてまで，かかる制度の適用の対象者とし，保険に強制加入させることは，国保法の予定しないところというべきである。」

> **参照条文**

国民健康保険法

（被保険者）

第5条　市町村又は特別区（以下単に「市町村」という。）の区域内に住所を有する者は，当該市町村が行う国民健康保険の被保険者とする。

26 租税法律関係における信義則の法理の適用
（最三小判昭和 62 年 10 月 30 日集民 152 号 93 頁（22002024））

「租税法規に適合する課税処分について，法の一般原理である信義則の法理の適用により，右課税処分を違法なものとして取り消すことができる場合があるとしても，法律による行政の原理なかんずく租税法律主義の原則が貫かれるべき租税法律関係においては，右法理の適用については慎重でなければならず，租税法規の適用における納税者間の平等，公平という要請を犠牲にしてもなお当該課税処分に係る課税を免れしめて納税者の信頼を保護しなければ正義に反するといえるような特別の事情が存する場合に，初めて右法理の適用の是非を考えるべきものである。そして，右特別の事情が存するかどうかの判断に当たつては，少なくとも，税務官庁が納税者に対し信頼の対象となる公的見解を表示したことにより，納税者がその表示を信頼しその信頼に基づいて行動したところ，のちに右表示に反する課税処分が行われ，そのために納税者が経済的不利益を受けることになつたものであるかどうか，また，納税者が税務官庁の右表示を信頼しその信頼に基づいて行動したことについて納税者の責めに帰すべき事由がないかどうかという点の考慮は不可欠のものである」

解説

租税関係において信義則を適用するには次のような要素が必要としました。

1 信義則の法理の適用は，租税法律関係については慎重でなければならない。

2 租税法規の適用における平等・公平を犠牲にしても，納税者の信頼を保護すべき特別な事情があるときに信義則の法理を適用する。

3 特別な事情とは，税務官庁が公的見解を表示し，納税者が公的見解に基づき行動し，課税処分の結果納税者が経済的不利益を受け，納税者の責任がないことが必要である。

27 地方税法17条の6第3項3号にいう決定，裁決又は判決があった場合の意義

（最三小判平成27年5月26日裁判所時報1628号2頁（28231826））

「個人の道府県民税及び市町村民税の所得割に係る賦課決定の期間制限につき，その特例を定める同項3号にいう所得税に係る不服申立て又は訴えについての決定，裁決又は判決があった場合とは，当該不服申立て又は訴えについてその対象となる所得税の課税標準に異動を生じさせ，その異動した結果に従って個人の道府県民税及び市町村民税の所得割を増減させる賦課決定をすべき必要を生じさせる決定，裁決又は判決があった場合をいうものと解するのが相当である。（中略）上告人の平成15年分から同17年分までの所得税については，それぞれ更正によってその課税標準が増加されるという異動が生じ，これに応じて，上告人の平成16年度分から同18年度分までの各市民税及び各県民税につきその所得割を増加させる賦課決定をすべきこととなったものであるが，前訴においては上告人の平成15年分から同17年分までの所得税の更正等につきその取消しを求める請求を棄却する旨の前訴判決が確定しており，同判決は上記更正により増加された所得税の課税標準（ただし，平成15年分及び同16年分については審査請求に対する裁決により一部取り消された後のもの）に異動を生じさせるものではなく，同判決があったことをもって地方税法17条の6第3項3号にいう所得税に係る訴えについての判決があった場合に当たるということはできない。したがって，本件各処分は，同号に掲げる場合においてするものに該当しないから，同号の規定による期間制限の特例を適用することはできない。」

解説

所得税の更正決定に伴い住民税の賦課決定の時期を問われた事例ですが，判決を待っている間に2年を経過し，住民税の賦課決定ができなくなったものです。

参考文献

　係争期間中の税額更正につき，本判決を踏まえた見解です。

　「裁判所の判断が確定する前に住民税の賦課決定をすることは好ましくないという判断がなされていたものと思われる。本件訴訟における地裁判決も高裁判決もこの判断を是とし（少なくともやむを得ないものとし），本件各処分は前訴判決が確定した日の翌日から起算して2年を経過する日（同法17条の6第3項3号）より前の日になされたのであるから，本件各処分は適法であるとした。しかし，最高裁は，この判断は誤りであるとしたのである。行政的な立場からみると，市民が不服を申し立てている最中にその不服を無視した形でさらなる処分をすることを躊躇するのは極めて自然であり，この市長の判断はやむを得ないようにも思われるが，行政，特に<u>税務行政は厳格な法律の規制の下にあるのであるから，その躊躇が法律的にどのように評価されるのか十分に検証することが必要である</u>（橋本勇「判例を読む10」自治実務セミナー67頁2015年9月号）。」

参照条文

地方税法

　（更正，決定等の期間制限の特例）

第17条の6

3　道府県民税若しくは市町村民税の所得割（中略）若しくは法人税割，事業税（中略）又は地方消費税に係る更正，決定又は賦課決定で次の各号に掲げる場合においてするものは，当該各号に定める日の翌日から起算して2年を経過する日が，前条又は第1項の規定により更正，決定又は賦課決定をすることができる期間の満了する日後に到来するときは，前条又は第1項の規定にかかわらず，当該各号に定める日の翌日から起算して2年間においても，することができる。当該所得割若しくは法人税割とあわせて課する均等割に係る更正，決定若しくは賦課決定又は当該事業税若しくは地方消費税に係る加算金の決定についても，また同様とする。

　(3)　所得税，法人税又は消費税に係る不服申立て又は訴えについての決定，裁決又は判決（以下この号において「裁決等」という。）があつ

た場合（当該裁決等に基づいて当該所得税，法人税又は消費税について更正又は決定があつた場合を除く。）　当該裁決等があつた日

28 施設分担金支払債務不存在確認請求事件
（最二小判平成27年5月19日判例地方自治397号50頁（28233029））

（判決要旨）法人である原告が，担保権の実行としての競売手続により買い受けた土地について，水道事業給水条例に基づく施設分担金の支払義務を負わないと主張し，支払債務の不存在確認を求めた件につき，同条例に基づく施設分担金は住宅地を造成しようとする者のみがその納付義務を負い，住宅地の分譲のみを行う者は納付義務を負わないことを確認された事例。

参考判例

大阪高判昭和57年11月26日判例集未登載

「本件のように専用水道を統合することにより給水区域が拡張され，住民からの新たな給水申込みに応じて必要な水道施設の建設をする場合の工事負担金の徴収については，あくまで右給水拡張区域内の需要者相互間の負担について適正な定め方が要求され，特定の者に対して不当な差別的取扱いをしないことが要請されているのであって，これを水道料金を支払うことを条件とする市内の一般需要者と比較して，それとの間の差別的取扱いのいかんを問題にする余地はないものと解すべきであるから，本件協定における工事負担金の徴収の約定，その根拠である市水道条例の規定は無効ということはできない（「水道関係判例集」日本水道協会，1990年，100頁）。」

本判決は最高裁においても支持されています。

解説

水道事業の給水につき，施設分担金の納付義務は住宅地を造成する者が

負うことを明確にしました。

索　引

い
違法性阻却事由……………… 200

え
延滞金… 26, 47, 48, 122, 123, 124, 130, 174, 185, 186, 191, 208
延滞税………… 125, 127, 132, 219
援用権の喪失… 61, 62, 63, 64, 65

お
公の施設…… 11, 12, 14, 15, 18, 19, 40, 41, 51, 59, 162
公の施設使用料…………… 14, 59
公の施設の使用料…… 18, 19, 51
怠る事実… 111, 138, 176, 177, 178, 180, 189, 191, 192, 193, 194

か
過失責任主義………………… 225
課税免除………………… 231, 232
仮差押え…… 76, 79, 104, 105, 119, 195
換価の猶予…… 157, 158, 159, 181, 183

き
期限の利益喪失…… 70, 83, 96, 97
寄託契約……………… 44, 45, 46
求償権………… 53, 54, 92, 140

給水停止…… 3, 148, 149, 150, 151
給付行政……………… 25, 30
強行法規……………… 121
行政行為………… 6, 17, 35, 45
行政財産………… 31, 32, 41
強制徴収… 78, 108, 114, 123, 125, 127, 130, 138, 172, 185, 195
行政庁の処分………… 17, 213
行政罰……………… 176, 228

く
繰上徴収… 122, 126, 127, 128, 129, 186, 188
訓示規定………… 121, 182, 187

け
継続的給付契約………………… 1
限定承認………… 14, 15, 128, 172
減免… 9, 46, 51, 52, 203, 204, 231, 232
権利の濫用…… 121, 133, 135, 136, 137, 182, 190

こ
公権力の行使… 2, 3, 9, 11, 17, 23, 24, 30, 45
抗告訴訟………… 23, 30, 45, 218
公示送達… 235, 236, 237, 238, 239
交付要求……………… 153, 154

公法上の管理関係………… 6, 11
公法上の返還請求権…………33
国税滞納処分の例による…… 173
国税徴収の例による………… 173

さ

財団債権………………………1
裁判上の請求… 67, 76, 77, 79, 105, 109, 118, 119, 194, 195
債務免除………………… 91, 112
裁量権…………… 196, 215, 227
先取特権………… 1, 26, 124, 208
差押禁止債権…………… 154, 156

し

時効の援用… 14, 18, 19, 21, 61, 62, 64, 65, 72, 73, 75, 76, 83, 84, 89, 90, 91, 93, 110, 116, 192
自然債務……………………… 168
執行機関……………110, 178, 214
執行停止……………………… 170
自由裁量………………………23
住宅扶助………… 135, 136, 137
住民訴訟… 112, 178, 191, 194, 196
取得時効………………………61
守秘義務… 199, 201, 202, 205, 206, 207, 209
商行為…… 6, 35, 39, 54, 55, 57, 91, 92
商事時効………………………35
商事利息………………………5

自力執行………… 78, 109, 110
信義則…… 62, 63, 65, 66, 135, 136, 137, 242
審査請求… 40, 42, 45, 52, 161, 162, 163, 164, 165, 213, 243
信頼関係の破壊…… 137, 141, 222
信頼関係の法理………………14
信頼関係理論…………………19

せ

専決処分…… 52, 211, 213, 214

そ

相殺適状…………… 68, 69, 70
相当の期間… 24, 53, 56, 137, 138, 142, 173, 182, 184, 185
双務契約…………… 1, 2, 151, 152
贈与契約………………………25
訴状に代わる準備書面……… 212
租税法律主義………………… 242

た

代位弁済…………… 53, 139, 140
第三者行為損害賠償請求権……43
第三者納付………………… 174
第三者弁済………………… 73, 74
台帳課税主義…………… 229, 230
第二次納税義務…………… 174
立替金…………… 53, 54, 55

ち

遅延損害金… 4, 5, 46, 47, 73, 102, 131, 145, 179
遅延利息…………………… 47, 112
地方税の滞納処分の例… 34, 122, 124, 173, 174, 207, 208
徴収停止…………… 170, 171, 172
徴収猶予… 13, 181, 182, 183, 231

て

定期給付金………………… 58, 59
転付命令…………………………157

と

同時履行の抗弁権……… 149, 151
督促手数料……………… 123, 131
取消訴訟…… 30, 45, 46, 125, 232
取立命令……………………… 157

に

日常家事債務… 145, 146, 147, 148

は

破産債権… 1, 87, 92, 153, 168, 169
破産免責決定………… 14, 15, 83

ふ

附合契約………………… 2, 3, 4
普通財産……………………… 32
不当利得…… 33, 34, 35, 38, 39, 57, 73, 94, 111, 114, 130, 178, 179, 196, 229, 234, 235
不法行為…… 33, 36, 56, 180, 188, 192, 194, 201, 232, 233
分割債務…………………… 173
分割納付誓約……… 112, 113, 191

へ

弁済供託………… 25, 44, 45, 46

ほ

包括保証…………………… 140
法定納期限……………… 110, 132
法定利率…… 5, 6, 47, 48, 49, 131

み

未成年者……………… 100, 101

め

免責決定……………… 14, 15, 83

ゆ

優先債権……………… 168, 169

り

履行延期特約……… 112, 113, 167

れ

連帯債務……… 91, 133, 148, 173

判例年次索引

※章ごとに判例を年次に並べ、本書の目次タイトルと書誌情報、「D1-Law.com判例体系」（有料）の判例IDを掲載しています。

◼ 債権の性質

年月日	タイトル
昭和34年9月18日	4　住宅使用料の性質1（大阪地判・下級民集10巻9号1916頁）…… 6
昭和41年1月28日	27　廃棄物処理手数料は自治法227条の手数料である（金沢地判・判時439号107頁（27602982））…… 49
昭和41年6月18日	5　住宅使用料の性質2（名古屋地判・判時471号23頁（27661199））…… 7
昭和41年6月18日	12　市営住宅入居者への収入超過認定及び付加使用料納付通知は，私法上の意思表示である（名古屋地判・判時471号23頁（27661199））…… 17
昭和41年12月8日	14　地方公務員の日直手当請求権（最一小判・民集20巻10号2059頁（27001135））…… 21
昭和42年3月15日	6　住宅使用料の性質3（名古屋地判・判時479号19頁（27460731））…… 8
昭和42年11月30日	1　水道料金の性質1（大阪地判・判時514号70頁（27201268））…… 1
昭和44年3月27日	20　借地権確認土地引渡請求事件（東京高判・高裁民集22巻1号181頁（27200785））…… 31
昭和44年9月29日	2　水道料金の性質2（大阪高判・藤田宙靖・地方自治判例百選〔別冊ジュリスト71〕1981年，154頁）…… 2
昭和45年1月29日	7　住宅使用料の性質4（大阪高判・判タ249号157頁（21032181））…… 10
昭和45年2月9日	8　住宅使用料の性質5（松江地判・下級民集21巻1・2号275頁（27403462））…… 11
昭和45年7月15日	25　弁済供託の性質（最大判・民集24巻7号771頁（27000711））…… 44
昭和49年12月10日	11　公営住宅法の入居決定は行政処分である（大阪地決・判時770号76頁（27818130））…… 16
昭和49年12月17日	32　民法724条の短期消滅時効の趣旨（最三小判・民集28巻10号2059頁（27000401））…… 56
昭和54年7月30日	15　補助金の支給の性質1（大阪高判・行裁例集30巻7号1352頁（27603762））…… 23

昭和55年1月24日	33 利息制限法を超えた利息の不当利得返還請求権は，商行為による場合でも，10年の消滅時効になる（最一小判・民集34巻1号61頁（27000185））……………………………………… 57
昭和57年5月19日	9 住宅使用料の性質6（東京地判・判時1062号110頁（27460903））…………………………………………… 12
昭和59年12月13日	10 住宅使用料の性質7（最一小判・民集38巻12号1411頁（27000001））…………………………………………… 13
平成3年4月26日	22 商法の時効と不当利得（最二小判・集民162号769頁（27809113））…………………………………………… 38
平成10年9月10日	24 第三者行為損害賠償請求権の性質（最一小判・集民189号887頁（28032716））…………………………………… 43
平成11年9月29日	31 ホテルディナーショー代金債権の時効（東京地判・判タ1086号147頁（28071052））………………………… 54
平成13年5月22日	3 水道料金の性質3（東京高判（28100339））………………… 4
平成15年9月4日	19 労働者災害補償保険法による労災就学援護費の決定は行政処分である（最一小判・集民210号385頁（28082411））……… 29
平成15年10月10日	3 水道料金の性質3（最二小決・判例集未登載（28100340））………………………………………………………………… 4
平成15年11月12日	29 水道料金の減免は行政処分に当たる（奈良地判・判例地方自治271号56頁（28110112））…………………………… 51
平成16年4月23日	34 マンション管理費の時効は民法169条に該当する（最二小判・民集58巻4号959頁（28091161））………………… 58
平成16年5月11日	26 自動車損害賠償保障法に基づく填補金請求権（大阪高判・交通事故民事裁判例集37巻3号573頁（28091692））……… 46
平成16年9月9日	17 条例による乳幼児医療費助成の処分性（名古屋地判・判タ1196号50頁（28092873））………………………………… 25
平成17年6月30日	21 生活保護費返還金の性質（仙台地判・裁判所ウェブサイト掲載（28131527））……………………………………… 33
平成17年11月21日	13 公立病院診療債権の性質（最二小判・民集59巻9号2611頁（28102401））…………………………………………… 18
平成18年11月8日	16 補助金の支給の性質2（大阪高判・裁判所ウェブサイト掲載（28152454））…………………………………………… 24
平成18年11月27日	28 大学と学生の在学関係（最二小判・民集60巻9号3597頁（28112531））……………………………………………… 51
平成19年3月28日	30 立替金支払請求権（求償権）には短期消滅時効は適用されない（東京地判・判例集未登載）……………………… 53
平成23年12月9日	23 下水道使用料の性質（東京地判・判例集未登載）……… 39
平成26年1月16日	18 障害者自立支援法29条による支払決定は行政処分ではない

|（東京高判・裁判所ウェブサイト掲載（28230173））……… 27
平成26年9月5日 | 35　NHK受信料の消滅時効期間（最二小判・判時2240号60頁（28223724））……………………………………………… 58

2 時効

年月日	タイトル
大正6年8月22日	24　1人の時効の援用は他の者に及ぶことはない（大判・民録25輯1095頁）…………………………………………………… 90
大正6年8月22日	39　利息の時効1（大判・大審院民録23　輯1293頁（27522477））………………………………………………………… 102
大正7年6月3日	1　時効完成後に納税義務を承認しても効力はない（行裁一部判・法律新聞1426号23頁）……………………………… 60
大正8年6月30日	13　催告を繰り返しても時効中断されない（大判・大審院民録25輯1200頁（27522881））…………………………… 75
大正8年7月4日	12　債権者は時効援用できない（大判・大審院民録25　輯1215頁（27522883））…………………………………… 75
大正8年10月29日	38　遅延損害金の時効（大判・大審院民録25　輯1854頁（27522926））………………………………………… 102
大正15年3月25日	34　執行に着手して差し押えるべき物がなくても時効中断を生ずる（大判・大審院民集5巻214頁（27510769））……… 98
昭和3年3月24日	32　利息の支払いは時効中断の効力ある債務の承認である（大判・法律新聞2873号13頁（27550926））……………… 96
昭和5年9月17日	23　保証人のした債務の承認は主債務者に対する時効中断の事由にならない（大判・法律新聞3184号9頁（27540166））…… 90
昭和10年12月24日	2　時効の援用は裁判外でもなし得る（大判・民集14巻2096頁（27500768））………………………………………… 61
昭和12年12月17日	40　利息の時効2（大判・大審院裁判例集11巻民311頁（27545530））………………………………………………… 103
昭和13年2月4日	37　未成年者の債務承認（大判・大審院民集17巻87頁（27500351））………………………………………………… 100
昭和16年2月28日	29　一部納付による時効中断1（大判・法律学説判例評論全集30巻民法84頁（27825243））……………………… 94
昭和35年12月23日	9　相殺の撤回をしても時効中断は生じる（最二小判・民集14巻14号3166頁（21014111））……………………… 71
昭和36年8月31日	30　一部納付による時効中断2（最一小判・民集15巻7号2027頁（27002262））…………………………………… 94
昭和39年2月20日	7　時効完成した債権の相殺（最一小判・集民72号223頁（27402406））…………………………………………… 68

昭和41年4月20日	3	時効援用権の喪失（最大判・民集20巻4号702頁（27001201））……………………………………………………………… 61
昭和42年1月31日	35	滞納処分と時効中断の効力（名古屋地判・訟務月報13巻4号490頁（21025092））……………………………………… 98
昭和42年6月23日	33	期限の利益喪失条項のある契約につき消滅時効の起算点（最二小判・民集21巻6号1492頁（27001066））…………… 96
昭和43年6月27日	15	国税徴収権の消滅時効の中断と民法153条の準用の有無（最一小判・民集22巻6号1379頁（21028281））…………… 78
昭和43年9月26日	21	他人の債務のために自己の所有物件に抵当権を設定した者は，右債務の消滅時効を援用することができる（最一小判・民集22巻9号2002頁（27000918））………………… 88
昭和43年10月17日	16	主債務の時効が10年に延長された場合の保証債務の時効（最一小判・集民92号601頁（27403243））………………… 79
昭和43年11月15日	25	保証人の1人に対する債務免除は他の保証人に及ばない（最二小判・民集22巻12号2649頁（27000893））…………… 91
昭和45年5月21日	6	債務承認後の時効進行（最一小判・民集24巻5号393頁（27000727））……………………………………………………… 66
昭和45年6月18日	22	保証人は主たる債務の時効を主張して保証債務の消滅を主張できる（最一小判・民集24巻6号544頁（27000718））…… 89
昭和59年4月24日	36	動産執行による時効中断の効力（最三小判・民集38巻6号687頁（27000018））…………………………………………… 99
昭和59年11月28日	11	第三者弁済は債務者承認の下で時効中断する（東京地判・判タ553号195頁（27443055））………………………………… 73
昭和61年3月17日	10	時効による債権消滅の効果（最二小判・民集40巻2号420頁（27100036））………………………………………………… 71
平成7年3月23日	26	破産手続において保証人が債権者に弁済した場合，求償権は時効中断する（最一小判・民集49巻3号984頁（27826861））……………………………………………………… 92
平成7年7月26日	4	誤信させたことによる時効援用権の喪失（東京地判・金融・商事判例1011号38頁（28020377））…………………… 64
平成8年4月23日	41	あらかじめ相殺の意思表示を要しないとした約定書は承認に該当しない（東京高判・判時1567号100頁（28010818））… 103
平成10年9月24日	18	10年延長後の弁済による消滅時効期間（大阪地判・金融法務事情1534号72頁（28040161））…………………………… 82
平成10年11月24日	42	仮差押えと時効中断の効力（最三小判・民集52巻8号1737頁（28033352））……………………………………………… 104
平成11年11月9日	19	主債務者の破産と保証人の時効援用（最三小判・民集53巻8号1403頁（28042623））…………………………………… 83
平成12年7月7日	17	時効10年延長後の差押えによる時効期間（東京地判・金融・

253

		商事判例1123号59頁（28061805））………………………… 81
平成15年3月14日	20	破産と法人の債務（最二小判・民集57巻3号286頁（28080937））………………………………………………… 85
平成17年2月18日	31	一部納付による時効中断3（東京地判・判例集未登載）………………………………………………………………… 95
平成18年5月30日	14	催告6か月以内の承認は時効中断する（大阪高判・判タ1229号264頁（28130508））…………………………… 77
平成21年7月16日	28	保証人は保証債務を完全に支払った後，主債務の時効の援用はできない（名古屋高判・裁判所ウェブサイト掲載（28153305））……………………………………………… 93
平成23年8月30日	43	税の減額と介護保険料の減額（大阪高判・判例集未登載（28212056））…………………………………………… 105
平成24年10月15日	5	時効完成後の債務につき一部弁済の有効性（宇都宮簡判・金融法務事情1968号122頁（28210966））……… 65
平成25年2月28日	8	相殺適状の要件（最一小判・民集67巻2号343頁（28210715））……………………………………………………… 70
平成25年9月13日	27	保証人が主債務を相続した場合は保証債務の弁済であっても主債務の承認になる（最二小判・民集67巻6号1356頁（28212942））……………………………………………… 93

3 債権管理の手法

年月日		タイトル
昭和7年6月21日	12	督促状を発付せず督促手数料を徴収したことは違法である（行裁判・行政録43輯545頁）…………………… 130
昭和30年12月27日	8	督促状の発付及び差押え時期は訓示規定である（徳島地判・行裁例集6巻12号2887頁（27601340））… 121
昭和32年7月31日	7	告知は最初のものに限り時効中断する（福岡高判・訟務月報3巻7号43頁（27440330））……………… 120
昭和32年9月18日	21	日常家事債務の範囲1（札幌地判・下級民集8巻9号1722頁（27401179））……………………………………… 145
昭和34年9月8日	19	公営住宅明渡の要件（大阪地判・下級民集10巻9号1916頁（27401545））……………………………………… 140
昭和37年4月13日	38	相続による債務は分割債務である（東京高判・判タ142号74頁（27450841））………………………………… 173
昭和41年2月23日	1	滞納処分ができる債権は裁判所による徴収手段は使えない（最大判・民集20巻2号320頁（21022862））……… 108
昭和41年5月19日	2	差し押さえるべき財産がないときは時効中断のために訴訟が認められる（岡山地判・行裁例集17巻5号549頁（21023601））

		……………………………………………………………………… 109
昭和44年5月29日	24	給水停止の適法性1（岡山地判・判時568号39頁（27603242））…………………………………………………………………… 148
昭和44年12月18日	22	日常家事債務の範囲2（最一小判・民集23巻12号2476頁（27000753））……………………………………………………………… 146
昭和48年6月21日	32	教示を怠った場合の審査請求期間の進行（最一小判・集民109号403頁（27670703））……………………………………… 163
昭和51年11月11日	10	税における督促は行政処分である（山口地判・訟務月報22巻12号2887頁（21056061））………………………………… 125
昭和53年3月17日	6	国のする私債権の納入告知による時効中断（最二小判・民集32巻2号240頁（27000251））…………………………… 116
昭和61年4月10日	4	履行延期特約に延納利息を付さない条件は違法（京都地判・判時1213号74頁（27803730））……………………………… 112
昭和63年2月29日	35	免責債権につき支払合意することは無効（横浜地判・判タ674号227頁（27802558））…………………………………… 167
平成5年10月8日	11	充当は行政処分であり，督促は滞納処分の前提である（最二小判・集民170号1頁（22006661））…………………… 126
平成9年11月13日	17	保証人の責任の範囲4（最一小判・集民186号105頁（28030098））…………………………………………………………… 137
平成9年11月25日	18	保証人の責任の範囲5（和歌山地田辺支判・判時1656号129頁（28033090））…………………………………………… 139
平成10年2月10日	27	差押禁止財産と預金口座（最三小判・金融法務事情1535号64頁（28040133））…………………………………………… 154
平成11年1月28日	25	給水停止の適法性2（神戸地判・判例地方自治191号52頁（28042648））………………………………………………… 149
平成11年9月9日	33	生命保険解約返戻金の取立請求（最一小判・民集53巻7号1173頁（28042084））………………………………………… 165
平成16年1月15日	20	国民健康保険法5条の「住所を有する者」の判断要素（最二小判・民集58巻1号226頁（28090332））…………… 142
平成16年4月23日	3	債権管理に関する自治体の裁量（最二小判・民集58巻4号892頁（28091160））…………………………………………… 111
平成17年9月26日	34	借用書に記載したみなし送達の有効性（東京地判・判時1934号61頁（28101840））………………………………………… 166
平成19年2月6日	5	自治法236条2項の意味（最三小判・民集61巻1号122頁（28130401））……………………………………………………… 115
平成20年2月21日	14	保証人の責任の範囲1（広島地福山支判・裁判所ウェブサイト掲載）……………………………………………………………… 132
平成20年10月1日	30	不服申立てに関する議会への諮問1（大阪地判・判例地方自

平成22年11月5日	23 日常家事債務の範囲3（札幌高判・判時2101号61頁（28170517））……………………………………………… 147
平成23年1月21日	37 執行停止による免除は更正処分及び加算税賦課決定も消滅する（東京地判・税務訴訟資料（250号～）261号11596順号（28220106））……………………………………………… 170
平成23年7月7日	39 「地方税の滞納処分の例」の範囲（福岡高那覇支部判・判タ1376号153頁（28181985））……………………………… 173
平成23年9月23日	29 債権差押における差押債権の特定（最三小決・民集65巻6号2710頁、ジュリスト1470号73頁）……………………… 159
平成24年2月17日	26 交付要求の性質（大阪地判・裁判所ウェブサイト掲載（28206498））……………………………………………… 152
平成24年7月18日	15 保証人の責任の範囲2（東京地判・判例地方自治374号90頁（28213817））……………………………………… 134
平成24年7月24日	31 不服申立てに関する議会への諮問2（東京地判・判例集未登載）……………………………………………… 161
平成25年4月24日	16 保証人の責任の範囲3（東京高判・判時2198号67頁（28213816））……………………………………………… 135
平成25年6月25日	9 督促の法的効果（東京地判・判例地方自治373号91頁（28213555））……………………………………………… 122
平成25年11月27日	28 児童手当の差押え（広島高松江支判・判例地方自治387号25頁（28220186））……………………………………… 155
平成26年3月18日	36 差押財産の解除の要否（東京高判・判例集未登載）…… 168
平成26年12月12日	13 増額更正された場合の延滞税の発生（最二小判・判時2254号18頁（28224911））……………………………………… 131

4 住民監査，損害賠償を請求された事例

年月日	タイトル
平成2年11月16日	1 過料を科さないことは公金の賦課・徴収を怠る事実でない（徳島地判・判時1398号57頁（27809035））……………… 176
平成12年4月24日	2 市民税の徴収権を時効消滅させたことによる怠る事実の認定（浦和地判・判例地方自治210号35頁（28060662））……… 177
平成13年2月22日	16 催告後6月内に時効中断しなかったことの管理懈怠（東京高判・裁判所ウェブサイト掲載）……………………………… 195
平成14年9月19日	3 遅延損害金徴収を怠ったことに対する損害賠償（神戸地判・判例地方自治243号77頁（28082697））………………… 179
平成16年4月23日	4 自動販売機占用料の損害賠償又は不当利得返還請求権（最二小判・民集58巻4号892頁（28091160））………………… 179

平成17年2月24日	6	固定資産税滞納処分の裁量（津地判・判タ1217号224頁（28100981））……………………………………… 181
平成18年1月19日	7	不動産取得税延滞金徴収（名古屋高判・裁判所ウェブサイト掲載（28110461））……………………………… 185
平成19年6月29日	8	特別土地保有税の滞納処分による職務上の義務（大阪高判・判例地方自治302号53頁（28140861））…………… 187
平成19年8月8日	9	市税債権を督促，差押え等の時効中断措置をとらず時効完成したことの是非（水戸地判・裁判所ウェブサイト掲載（28152662））…………………………………………… 188
平成20年2月22日	10	特別土地保有税の時効消滅させたことによる損害賠償（高松高判・裁判所ウェブサイト掲載（28152813））………… 190
平成20年6月27日	12	国保料の滞納処分を行わず分割納付誓約したことは違法ではない（大阪地判・判例地方自治317号67頁（28151546））… 191
平成21年4月28日	5	損害賠償請求権に対する「怠る事実」の要件（最三小判・集民230号609頁（28151363））………………………… 180
平成21年7月17日	11	特別土地保有税の事務引継懈怠に対する損害賠償（大阪高判・「税」2010年3月52頁）…………………………… 190
平成22年3月18日	13	保育料等不納欠損に対する損害賠償請求（京都地判・裁判所ウェブサイト掲載（28160948））…………………… 191
平成24年4月20日	17	債権放棄の議決の違法性（最二小判・集民240号185頁（28180879））………………………………………… 196
平成25年2月28日	18	生活保護法78条による返還金に対する損害賠償（東京地判・判例地方自治375号71頁（28220086））………… 197
平成25年7月26日	14	債権管理条例の債権放棄に対する損害賠償請求（大阪高判・判例集未登載（28212700））……………………… 192
平成26年1月30日	15	未収債権の不納欠損に対する住民訴訟（福岡地判・判例地方自治384号27頁（28223467））…………………… 194

5 情報共有，守秘義務

年月日		タイトル
昭和45年1月29日	3	公営住宅法と地方税法の関係（大阪高判・判タ249号157頁（21032181））……………………………………… 202
昭和56年4月14日	1	弁護士法23条の2の照会に応じて前科及び犯罪経歴を報告したことは公権力の違法な行使に当たる（最三小判・民集35巻3号620頁（27000139））……………………………………… 199
昭和59年6月28日	4	公務員の守秘義務（東京高判・判時1121号26頁（21080577））……………………………………………… 205
平成14年9月27日	6	公務員の守秘義務と利用関係（東京地判・税務訴訟資料（250

平成26年1月23日	5 滞納処分としての差押処分取消，調査権の範囲（大阪地判・判例地方自治392号52頁（28231395））……………… 205
平成26年8月28日	2 弁護士照会と税理士の守秘義務（大阪高判・判時2243号35頁（28230741））………………………………………… 201

6 その他

年月日	タイトル
昭和27年3月28日	15 検査章の呈示（最二小判・刑集6巻3号546頁（21004090））……………………………………………………… 228
昭和28年4月24日	8 名義人に対する勝訴判決により同居家族を退去させることができる（最二小判・民集7巻4号414頁（27003322））…… 221
昭和44年3月5日	21 公示送達の要件1（東京地判・判時558号45頁（21029991））……………………………………………………… 235
昭和45年10月30日	4 給与支払いの相殺（最二小判・民集24巻11号1693頁（27000680））………………………………………… 216
昭和49年12月12日	24 法令解釈を誤ったとして損害賠償を求めた事例（最一小判・民集28巻10号2028頁（27000403））……………… 240
昭和51年8月10日	16 課税後に登記簿の所有者が変更されても不当利得とはならない（大阪地判・行裁例集27巻8号1461頁（21055191））… 229
昭和56年4月23日	17 真実の所有者を知っていても登記簿上の課税は適法（福岡地判・行裁例集32巻4号616頁（21073181））……………… 230
昭和56年6月9日	20 地方税法の過納金還付は民法の不当利得の特則である（広島地判・行裁例集32巻6号889頁（21073662））……… 234
昭和59年5月31日	1 支払督促と議会の議決の関係（最一小判・民集38巻7号1021頁（27000010））………………………………… 211
昭和59年9月28日	22 公示送達の要件2（東京地判・税務訴訟資料（1～249号）139号662頁（21080797））……………………… 236
昭和62年10月30日	26 租税法律関係における信義則の法理の適用（最三小判・集民152号93頁（22002024））…………………………… 242
平成1年4月13日	9 迷惑行為に対する明渡請求（大阪地判・判タ704号227頁（27804759））…………………………………………… 222
平成2年10月18日	7 公営住宅の入居の地位は承継の対象とならない（最一小判・民集44巻7号1021頁（27807221））……………… 219
平成6年4月9日	6 税の充当は行政処分に当たる（最三小判・集民172号363頁）……………………………………………………… 218
平成6年6月26日	13 路上喫煙防止条例に基づく過料処分（東京高判・判時2233号103頁（28222990））……………………………… 224

平成11年7月15日	23	免職処分の県公報への掲載は処分通知と同様の効果である（最一小判・集民193号469頁（28041261））……………… 238
平成12年8月10日	10	不法占拠に対する損害賠償請求（名古屋高判・裁判所ウェブサイト掲載（28152056）） …………………………………… 222
平成12年12月20日	18	地方税法の課税免除と減免（千葉地判・判例地方自治216号25頁（28062097）） ………………………………………… 231
平成13年8月27日	2	訴訟等における議決の意義（東京高判・判時1764号56頁（28062349）） …………………………………………………… 214
平成14年1月30日	3	和解の範囲（岡山地判・判例地方自治238号12頁（28071809））………………………………………………………………… 215
平成14年10月15日	12	応能応益家賃導入の是非（広島高判・裁判所ウェブサイト掲載（28080360）） …………………………………………… 224
平成16年1月15日	25	法令解釈が分かれるものにつき担当者の過失の有無（最二小判・民集58巻1号226頁（28090332）） ………………… 240
平成16年7月21日	11	明渡請求の際の近傍同種家賃による請求（福岡高判・裁判所ウェブサイト掲載（28092147）） ………………………… 223
平成16年9月22日	14	過料の範囲（名古屋地判・判例地方自治266号68頁（28092871）） ………………………………………………………… 226
平成20年10月1日	5	下水道使用料と損害賠償請求権との相殺（大阪地判・判例地方自治322号43頁（28153752）） ……………………… 216
平成22年6月3日	19	審査申出，取消訴訟等を経ていない国家賠償請求の可否（最一小判・民集64巻4号1010頁（28161470）） ………… 232
平成27年5月19日	28	施設分担金支払債務不存在確認請求事件（最二小判・判例地方自治397号50頁（28233029）） ……………………… 245
平成27年5月26日	27	地方税法17条の6第3項3号にいう決定，裁決又は判決があった場合の意義（最三小判・裁判所時報1628号2頁（28231826）） ……………………………………………… 243

著者紹介
青田 悟朗
立命館大学法学部卒業。1982年芦屋市に入庁。固定資産税係、諸税、病院総務課、収税係、行政担当（法規担当）、行政経営担当課長、総務部参事（行政経営担当部長）、上下水道部長を経て、現在、会計管理者を務める。

監修者紹介
前川 拓郎
北海道大学法学部卒業。2003年11月司法試験合格。2005年10月大阪弁護士会弁護士登録。あさひパートナーズ法律事務所パートナー弁護士、行政問題委員会、憲法問題特別委員会、刑事弁護委員会所属。多数の自治体の債権管理に関与。

サービス・インフォメーション
―― 通話無料 ――
①商品に関するご照会・お申込みのご依頼
　　TEL 0120 (203) 694／FAX 0120 (302) 640
②ご住所・ご名義等各種変更のご連絡
　　TEL 0120 (203) 696／FAX 0120 (202) 974
③請求・お支払いに関するご照会・ご要望
　　TEL 0120 (203) 695／FAX 0120 (202) 973

●フリーダイヤル（TEL）の受付時間は、土・日・祝日を除く9：00〜17：30です。
●FAXは24時間受け付けておりますので、あわせてご利用ください。

裁判例から読み解く 自治体の債権管理

平成28年7月15日　初版発行
著　者　　青　田　悟　朗
監　修　　前　川　拓　郎
発行者　　田　中　英　弥
発行所　　第一法規株式会社
　　　　　〒107-8560　東京都港区南青山2-11-17
　　　　　ホームページ　http://www.daiichihoki.co.jp/

自治体債権裁判例　ISBN 978-4-474-05532-2　C2032 (7)